DICTIONAIRE ABREGÉ DE PEINTURE ET D'ARCHITECTURE.

TOME PREMIER.

DICTIONAIRE ABREGÉ *DE PEINTURE* ET D'*A*RCHITECTURE, OU

L'on trouvera les principaux termes de ces deux Arts avec leur explication, la vie abrégée des grands Peintres & des Architectes célébres, & une Description succincte des plus beaux ouvrages de Peinture, d'Architecture, & de Sculpture, soit antiques, soit modernes.

TOME PREMIER.

A PARIS,

Quay des Augustins,

Chez { NYON fils, à l'Occasion.
BARROIS, à la Ville de Nevers.

M. DCC. XLVI.

Avec Approbation & Privilége du Roy.

DICTIONAIRE DE PEINTURE ET D'ARCHITECTURE.

A

ABAJOUR, terme d'Architecture, espéce de fenêtre en forme de soupirail, dont l'embrasement de l'appui est en talus, pour recevoir le jour d'en-haut. *L'Abajour* sert à éclairer les offices & les étages souterrains. Les Marchands d'étoffes ont d'ordinaire des fenêtres en *Abajour*. La lumiére sombre efface moins le lustre des étoffes, & les fait paroître avantageusement.

On appelle encore *Abajour*, la fermeture en glacis d'un vitrail d'Eglise ou de Dôme, qui se fait pour en raccorder & réunir la décoration intérieure & extérieure.

Il y a une troisiéme sorte *d'Abajours*, aujourd'hui fort communs, & d'une invention très-récente. Ce sont des chassis de bois composés de petites planches séparées par intervales, mais posées en talus, de telle maniére que le Soleil n'y sauroit pénétrer. Il y a de ces *Abajours* qui se baissent & qui se levent comme des Stores.

ABAQUE, terme d'Architecture. C'est la partie supérieure ou le couronnement du chapiteau de la colonne. Il est quarré au Toscan, au Dorique, & à l'Ionique antique, & échancré sur ses faces aux chapiteaux Corinthien & Composite.

On appelle encore *Abaque* un ornement gothique qui a un filet ou chapelet, que l'on nomme pour cette raison, le filet ou chapelet de *l'Abaque*. Dans l'ordre Corinthien, *l'Abaque* est la septiéme partie du chapiteau.

On donne aussi le nom *d'Abaque*, à la Plinthe, qui est autour de l'Ove, ou quart de rond appellé *échine*. L'Abaque sert comme de couvercle à la corbeille ou panier de fleurs que l'échine représente.

ABOUTS, terme de Charpenterie. Ce sont les extrêmités de toutes les piéces de Charpenterie & de Menuiserie mises en œuvre. *About* se dit au lieu de *Bout*.

ACADEMIE. Dessein fait au craïon d'après le modéle. *Voyez Etude.*

ACADEMIE, Ecole publique. *Academie* de Peinture, d'Architecture.

L'ACADEMIE Romaine de Peinture, autrement appellée l'*Academie de S. Luc*, est la plus célébre de toutes les Academies de Peinture. Elle fut fondée par Grégoire XIII, à la sollicitation du Mutian, Peintre fameux, qui lui légua deux maisons, & qui l'institua son heritiere, supposé que ses enfans ne laissassent point de postérité.

En 1676 l'*Academie* Romaine désira de s'unir avec l'*Academie* des Peintres François, & lui proposa de faire une aggrégation mutuelle des deux compagnies. La proposition fut acceptée, & les Lettres de réunion furent expediées au Conseil, & verifiées au Parlement. Pour commencer cette union, l'*Academie* Romaine choisit le Brun pour son Prince, honneur qui n'avoit jamais été accordé aux Etrangers.

LOUIS XIV fonda à Rome en 1665 une *Academie* pour les Peintres François, dont Errard fut le premier Directeur.

L'ACADEMIE de Peinture & de Sculpture de Paris, dut sa naissance aux demêlés qui survinrent entre les Maîtres Peintres & Sculpteurs de Paris, & les Peintres Privilegiés du Roi, que la Communauté des Peintres voulut inquieter. Le Brun, Sarrazin, Corneille, & les autres Peintres du Roi formerent le projet d'une Academie particuliere, & ayant présenté à ce sujet une Requête au Conseil, ils obtinrent un Arrêt, tel qu'ils le demandoient, datté du 20 Janvier 1648. Ils s'assemblerent d'abord chez Charmois, Sécrétaire du Maréchal de Schomberg, qui dressa les premiers Statuts de l'*Academie* [voyez *Charmois*]

L'*Academie* tint ensuite ses Conférences dans la maison d'un des amis de Charmois, située proche S. Eustache. Delà elle passa dans l'Hôtel de *Clisson* ruë des deux *Boules*, ou elle continua ses exercices jusqu'en 1653, que les Academiciens se transporterent dans la ruë des *Déchargeurs*. En 1654 & au commencement de 1655 elle obtint du Cardinal Mazarin un Brevet & des Lettres patentes, qui furent enregistrées au Parlement, & en reconnoissance, elle choisit le Cardinal pour son *Protecteur*, & le Chancelier Séguier pour *vice-Protecteur.*

Nota que ce Chancelier dès la premiere institution de l'Academie en avoit été nommé *Protecteur*; mais pour faire sa cour au Cardinal Mazarin, il se démit de cette dignité, & se contenta du titre de vice-Protecteur.

En 1656, Sarrazin céda à l'Academie un logement qu'il avoit dans les galeries du Louvre; mais en 1661 elle fut obligée d'en sortir, & Mr de Ratabon, sur Intendant des Bâtimens, la transféra au Palais Royal, où elle demeura trente & un ans. Enfin son domicile fut fixé au vieux Louvre.

En 1663, elle obtint par le crédit de Mr Colbert 4000 livres de pension.

Cette *Academie* est composée d'un *Protecteur*, d'un *vice-Protecteur*, d'un *Directeur*, d'un *Chancelier*, de quatre *Recteurs*, de quatorze *Professeurs*, dont un pour l'*Anatomie*, & l'autre pour la *Geometrie*, de plusieurs Adjoints & Conseillers, d'un Sécrétaire, d'un Historiographe, & de deux Huissiers. Les premiers membres de cette Academie furent *le Brun*, *Errard*, *Bourdon*, *la Hire*, *Sarrazin*, *Corneille*, *Perrier*, *Beaubrun*, *le Sueur*, *d'Egmont*, *Vanobstat*, *Guillin* &c. *Description de Paris par Mr Pig.*

La Communauté des Maîtres Peintres de Paris, prend le titre d'*Academie* de St Luc : elle fut établie par le Prevôt de Paris, le 12 Août 1391. Charles VII lui accorda en 1430 plusieurs Priviléges, qui furent confirmés en 1583 par Henri III. En 1613, la Communauté des Sculpteurs fut unie à celle des Peintres.

Cette Communauté occupe proche S. Denis de la Chartre une maison, où elle tient non-seulement son Bureau, mais encore une Ecole publique de dessein.

Il y a dans Paris une troisiéme Ecole de Peinture, c'est l'Ecole de l'Hôtel Royal des Gobelins. *voyez Gobelins.*

Il y a aussi en France une *Academie* Royale d'Architecture : elle fut fondée en 1671, & eut pour premiers membres, le Vau, Gitard, le Pautre, d'Orbay &c.

ACANTHE, ornement d'Architecture, qui imite la feuille d'Acanthe, & qu'on emploie ordinairement dans les Chapiteaux.

Un Chapiteau taillé à feuilles *d'Acanthe*.

On en distingue de deux sortes, *l'Acanthe* cultivée, & *l'Acanthe* sauvage. Les Sculpteurs Gotiques ont employé la derniere qui est la moins belle. *L'Acanthe* cultivée est plus refendue, plus découpée, & fait un plus bel effet. C'est ainsi qu'elle a été employée dans les Chapiteaux composites des Arcs de Titus & de Septime Sévére, & dans les Chapiteaux Corinthiens de la Cour du Louvre.

ACCOMMODEMENT, terme de peinture, qui signifie ajustement, maniére d'Arranger, d'Accommoder. Il ne se dit que des draperies : mais il comprend tout ce qui concerne leur ajustement, le choix des étoffes, & l'agencement des plis. On dit : les *Accommodemens* des draperies, un bel *Accommodement*.

ADOUCIR, terme de peinture. On *adoucit* les couleurs en affoiblissant les teintes.

On *adoucit* les traits en les marquant moins.

On *adoucit* un visage en lui donnant plus de douceur, & en corrigeant la rudesse des traits qui tranchent trop.

ADOUCISSEMENT, en terme d'Architecture, est le raccordement qui se fait d'un corps avec un autre par un Chamfrain, ou par un Cavet, comme le congé du Fût d'une colonne, ou lorſque la Plinthe d'une Baze eſt jointe à la corniche de ſon Pié-deſtal par un Cavet. *Daviler*.

AGENCEMENT, AGENCÉ, termes de peinture. *Agencement* & arrangement ſont des mots à peu près ſinonymes. *Agencement* des parties : *Agencement* des plis : un bel *agencement* : des plis bien *agencés*.

AIGUILLE. *voyez* Obéliſque.

AILE, ſe dit en terme d'Architecture des côtés d'un batiment qui s'avancent en ſaillie.

Aîle droite.

Aîle gauche.

Nota que *l'aîle droite* doit s'entendre non pas par rapport à la perſonne qui regarde, mais par rapport au bâtiment même. Ainſi la grande gallerie du Louvre eſt l'aîle droite du Château des Thuileries, quoiqu'elle ſoit à la gauche de celui qui regarde le Palais des Thuileries des cours.

AIR, ce mot eſt terme de peinture dans les phraſes ſuivantes, de beaux *airs* de tête. Le Guide donne de beaux *airs* de tête à ſes figures.

AIRE, ſe dit proprement de l'endroit d'une grange où l'on bat le bled. *L'Aire* doit être ſéche & bien battuë.

AIRE & plancher, ſignifient ſouvent la même choſe. *L'Aire* d'une chambre, c'eſt la capacité du plancher. Généralement parlant, *Aire* s'entend de toute ſuperficie plane, ſur laquelle on marche, il eſt dérivé du mot latin, *Area.*

AIS, *voyez* planche.

ALAQUE, c'eſt un membre d'Architecture quarré & plat, qui ſert d'aſſiſe à la Baze des colonnes; on l'appelle auſſi *Plinthe.*

ALBANE, [L'] naquit à Bologne l'an 1578. Il apprit les principes de ſon art ſous Denis Calvart, & enſuite ſous les Carraches. Il fut auſſi l'éleve & l'ami du Guide, mais la jalouſie les brouilla. Il fit un voyage à Rome pour s'y perfectionner; il s'y maria, & ayant perdu ſa premiere femme, il revint à Bologne où il en épouſa une ſeconde, qui lui apporta en dot peu de richeſſes, mais une grande beauté. Elle ſervit plus d'une fois de modéle à *l'Albane*, qui la peignoit tantôt en Nymphe, tantôt en Venus & en Déeſſe. Il prit le même plaiſir à peindre en Amours les enfans qu'il en eut. Sa femme les tenoit dans ſes bras, ou les ſuſpendoit avec des bandelettes, & les lui préſentoit dans toutes les attitudes touchantes qu'il a exprimées dans ſes Tableaux. Mais comme il ſe ſervoit toujours des mêmes modéles, il étoit ſujet à ſe répéter. L'agrément, la légéreté, l'enjouement, la facilité, & la grace caractériſent tous les ouvrages de *l'Albane.* Il vécut juſqu'à l'âge de quatre-vingt-deux ans.

ALBATRE, pierre polie & tranſparente, moins dure que le marbre. On en trouve de pluſieurs couleurs. L'Albâtre est très-facile à tailler ; on en fait des vases, des statues, des colonnes &c.

ALCOVE, espéce de réduit pratiqué dans une chambre, où l'on place ordinairement un lit.

Des colonnes, ou pilastres, un ceintre, des ronds, & d'autres ornemens entrent dans la décoration d'une *Alcove*.

ALDEGRAF, [*Albert*] naquit à Soust en Westphalie; il eut pû exceller dans la peinture, comme on le voit par quelques uns de ses Tableaux ; mais il aima mieux s'attacher à la gravure. Il nous a laissé un grand nombre d'Estampes, où l'on remarque une grande correction de dessein, & une expression fort délicate.

ALDOBRANDINE, [La Nôce,] c'est un morceau de Peinture antique, une Frise qu'on a trouvée dans les ruines de Rome, & qu'on a portée dans le Palais *Aldobrandin*, avec la partie du mur sur laquelle elle étoit peinte. Cette Frise représente une Nôce, la Mariée est assise sur le bord du lit, elle panche la tête & *fait la dolente & la difficile*, ce sont les termes de Misson, pendant qu'une Matrone la console d'un air riant, l'instruit, la persuade, & lui fait entendre raison. L'Epoux couronné de lierre & tout deshabillé, est assis auprès du lit avec un air hardi, & dans l'impatience sans doute que son Epouse ait achevé toutes ses simagrées. Quatre ou cinq servantes préparent en divers endroits des bains & des onguens aromatiques ; & une Muſicienne joüe de la Lyre, pendant qu'une autre chante apparemment quelque Epithalame. Cette Peinture s'eſt aſſez bien conſervée. Miſſon, *voyage* d'Italie.

ALETTE, les côtés d'un Trumeau, poſé entre deux Arcades, s'appellent *Alettes*, comme qui diroit *petites aîles* ; on les appelle autrement jambages.

ALEXANDRE, ce Prince qui fût le protecteur de tous les Arts, accorda une protection particuliere à la Peinture : & comme le progrès des ſciences dépend de la faveur des Princes, l'art de peindre fut porté ſous ſon régne au plus haut dégré de perfection. Son ſiécle vit fleurir Zeuxis, Parrhaſius, Timante, Protogéne, & Apelle. *Voyez* Apelle.

ALIGNER, tirer au Cordeau. *Voyez* Cordeau.

AMAIGRIR, ſe dit en terme de Charpenterie & de Maçonnerie de la coupe du bois ou de la pierre qu'on fait en angle aigu. On ſe ſert du mot *engraiſſer* quand cette coupe ſe fait en angle obtus. Les Sculpteurs diſent des moules ou des figures de terre cuite qu'elles *s'amaigriſſent*, lorſque venant à ſécher, leurs parties ſe reſſerrent & deviennent plus minces & plus délicates.

On dit auſſi *démaigrir*. On dit de même *délarder*. On dit, par exemple *délarder* une marche de pierre, lorſqu'on la coupe obliquement par dessous, pour la poser en recouvrement. Les dégrés d'un escalier portent leur *délardement*.

AMARRES, les Architectes & les Charpentiers appellent *Amarres* deux morceaux de bois, percés au milieu d'une ouverture, par où l'on fait passer le bout d'un moulinet.

AMATEUR, c'est un terme particulierement consacré à la Peinture. Il se dit de tout homme qui *aime* cet Art, & qui à un goût décidé pour les Tableaux. Les Italiens disent *virtuoso*.

AMI, AMITIE', se dit des couleurs qui simpatisent entr'elles, & dont les tons ou les nuances s'unissent agréablement. Cette union, cette simpatie s'appelle *Amitié*. Le blanc & l'incarnat sont des couleurs *Amies*.

AMOUR, travailler un ouvrage, le rechercher, le finir, c'est ce qu'on appelle peindre avec *Amour*. Il se dit particulierement de la mignature, des Portraits, des paysâges, & des autres Tableaux de ce genre, qui doivent être plus recherchés. Felibien a dit en parlant des Portraits : non-seulement il faut les dessiner savamment, mais les peindre avec beaucoup de soin & *d'Amour*.

AMPHITHEATRE, bâtiment spacieux, circulaire, ou ovale, où l'on voyoit divers rangs de siéges élevés par dégrés, qui contenoient un peuple innombrable ; tel étoit le *Theâtre* de Pompée, celui de Vespasien, autrement appellé le *Colisée*, celui de Verone &c. Pline rapporte que Curion fit construire un *Amphitheâtre*, qui tournoit sur de gros pivots de fer, & qui renfermoit deux *Theâtres* sur lesquels on représentoit des piéces toutes différentes.

Le plus fameux *Amphitheâtre*, à été celui de Néron, construit de pierre Tiburtine, dont la dureté & la beauté approche de celle du marbre. On l'appelloit le *Colisée* du Colosse de Néron; il étoit large de six-vingt pieds, & long de cinq cens vingt-cinq, capable de contenir quatre-vingt sept mille personnes assises à leur aise; sa hauteur étoit de cent soixante cinq pieds de Roi.

Dans les premiers temps on ne bâtissoit point de Theâtre ni d'Amphitheâtre permanents; ils étoient seulement construits de bois, & on les ôtoit après les jeux: Dion rapporte qu'un de ces *Amphitheâtres* fondit, & écrasa sous ses ruines, un peuple innombrable.

Auguste fut le premier qui en fit construire un de pierre dans le champ de Mars, l'an de la fondation de Rome 725. ce premier *Theâtre* ayant été brulé sous Neron, Vespasien en fit rebatir un nouveau sous son huitiéme Consulat, deux ans avant sa mort, mais il ne put le voir achevé. Tite y mit la derniere main.

Les *Amphitheâtres* anciens étoient distribués en trois parties principales.

La premiere qui étoit comme le Theâtre, étoit la plus basse, & faisoit comme un parterre de sable : on l'appelloit *Cavea*, c'est-à-dire *Cave*, à cause qu'elle étoit pleine de caveaux souterrains & artificiels, dont les uns servoient à enfermer les bêtes, les autres à conserver les eaux nécessaires pour les divertissemens des Naumachies, & pour la commodité des Spectateurs assemblés. On y serroit encore les outils & ustenciles nécessaires aux jeux. Ce lieu étoit uni & sablé, ce qui lui fit aussi donner le nom *d'Arene*, du mot latin *Arena*.

Les Gladiateurs combattoient dans cette Arene, ou dans cette place sablée.

La seconde partie étoit l'enceinte de cette Arene, qui comprenoit un grand corps de bâtiment, où il y avoit divers dégrés qui alloient en montant, ce qui faisoit que les Spectateurs les plus proches n'empêchoient pas, étant assis, les plus éloignés de voir.

La troisiéme partie servoit à garder diverses espéces d'animaux, des chevaux pour les courses, & pour les chasses, & pour les Athletes.

Il y a encore quelques restes d'anciens *Amphitheâtres*. Les deux plus célébres sont celui de Verone, & celui de Nîmes. On ne sait quand, & par qui celui de Nîmes a été construit. Il est long de 470 pieds, bâti de pierres de taille, si grandes que les Architectes ont peine à comprendre comment on a pû transporter & mettre en œuvre des matériaux aussi lourds, & aussi massifs, que ceux que l'on y remarque.

Quelques Auteurs assurent que les Goths s'y fortifierent autrefois, & s'en servirent de forteresse.

Il y avoit aussi un Amphitheâtre à Plaisance dont les anciens ont parlé avec éloge.

Celui de Pola Ville d'Italie étoit remarquable en ce que l'extérieur qui étoit construit de pierres de taille étoit permanent, au lieu que les parties intérieures comme les escaliers, les bancs, & les balustrades qui n'étoient faits que de bois, se démontoient.

Il ne nous reste aucun Amphitheâtre ancien, plus entier que celui de Verone.

AMSTERDAM, aujourd'hui la plus grande Ville de la Hollande, & une des plus superbes qui soit dans l'Univers, n'étoit anciennement qu'un petit village nommé *Amstel*, & n'avoit pour habitans que des pêcheurs, qui demeuroient dans des cabannes couvertes de chaume.

Elle commença à devenir considérable en 1482, qu'on l'entoura de murailles. En 1593 on l'agrandit de plus de cent pas de tous côtés. En 1601 son étendue augmenta encore du côté de l'Orient. En 1652 on recula la porte *d'Harlem* de plus de 600 pas en-dehors; enfin par les dernieres augmentations, qu'on y fit en 1675, elle est devenue une des plus grandes Villes du monde.

Son enceinte eſt plus grande que celle de Paris, mais ſes maiſons ſont moins ſerrées, & beaucoup moins hautes.

Amſterdam eſt bâtie ſur un terrain ſi bas, que les inondations ſeroient à craindre pour cette Ville, ſi elle n'avoit ſoin d'oppoſer ſes digues & ſes écluſes à la hauteur des flots. La petite riviere d'Amſtel qui paſſe au milieu de la Ville, y forme le grand Canal d'Ammerack. Ce Canal a deux ponts , celui qui eſt à l'embouchure du Canal, nommé *NieW-pont*, ou le Pont-neuf, eſt des plus beaux, ſoit à cauſe des écluſes qui y ſont, ſoit parce que delà on découvre ce fameux port, où la diverſité des navires & des bâtimens, le concours des étrangers, la richeſſe des marchandiſes, & le nombre infini de matelots, ſont un ſpectacle digne d'admiration. Il y a encore le Canal de l'Empereur, celui des Seigneurs, celui du Cingel, &c. qui ſont tous larges & tous profonds , & revêtus de quais de pierres de taille, de bois ou de briques, & embellis de Tilleuls, & d'Ormes de chaque côté.

Les ruës *d'Amſterdam* ſont la plupart belles, grandes, & extrêmement propres. Les boutiques des Marchands ſont fournies d'étoffes les plus précieuſes & les plus rares; & l'on y trouve ce que la Chine & les Indes produiſent de plus riche & de plus exquis. Les Places, les Temples, & les Edifices publics y ſont magnifiques. On admire ſurtout la Maiſon de Ville, dont la façade eſt remarquable par ſon Architecture moderne. Il y a ſept portes moyennes, par où peuvent paſſer au plus trois perſonnes de front. La façade eſt embellie de trois ſtatuës de bronze, très-hautes, qui repréſentent la juſtice, la force & l'abondance, & d'un Tableau de marbre, où eſt en relief une femme qui ſoutient les armes de la Ville, avec un Neptune, des Lions, des Licornes, & quelques figures de Héros. Il y a une Tour en forme de Dôme, où eſt un fort bel Horloge, avec un carillon. Les dedans répondent à la magnificence & à la beauté des dehors. La place où les Marchands s'aſſemblent, avant d'entrer à la Bourſe, ſe nomme le *Dam*. La Bourſe, qui fut bâtie l'an 1608, eſt encore un lieu fort remarquable. C'eſt un Edifice de belles pierres de taille, fondé ſur plus de 2000 pilotis. La place où s'aſſemblent les Marchands, eſt longue de 200 pieds, & large de 124. Il y a des Galeries qui ſont ſoutenuës par 46 colonnes, & l'on y voit des Marchands de toutes les parties du Monde.

La Maiſon des Indes mérite auſſi d'être vûë; elle renferme de grands magaſins, remplis de diverſes ſortes de marchandiſes qui viennent des Indes, où les navires Hollandois vont toutes les années, auſſi-bien que ſur la mer Baltique, & dans la Méditerranée.

On voit à *Amſterdam* divers Arſénaux, bien

Bien construits & bien pourvus. L'Eglise de S. Nicolas, qu'on appelle le vieux Temple, est la plus grande de la Ville. Celle de Ste. Catherine, est une des plus belles; on dit que la seule Chaire du Prédicateur a couté 22000 écus, & les Orgues cent mille. C'est dans cette Eglise qu'on voit le Tombeau du fameux Amiral *Ruyter*.

ANGELI [Philippe d'] naquit à Rome, mais il passa sa vie à Naples, ce qui lui fit donner le surnom de Napolitain. Il s'adonna particulierement au païsage, & il a fort bien réussi dans cette partie.

ANGLE, encognure. L'Angle d'un bâtiment est le point où ses deux faces viennent à s'unir.

ANTIPATHIE, se dit des couleurs mal assorties, & dont le mélange est désagréable: on l'oppose à amitié. *Voyez* ennemi.

ANTIQUE, on appelle *Antique*, les statues, les bas reliefs, les vases, les Tableaux, & les autres monumens curieux qui nous sont restés de *l'Antiquité*. Dessiner sur *l'Antique*, d'après *l'Antique*. *L'Antique* à toujours été la régle de la beauté.

On appelle proprement *Antique*, tout ce qui s'est fait depuis Alexandre le Grand, jusqu'à l'invasion des barbares. Il nous reste plusieurs Antiquités de sculpture, telles que le *Laocoon*, la *Venus* de Medicis, *l'Apollon*, *l'Hercule* Farnêse. Mais en fait d'Antiquités pittoresques, nous n'avons que la Nôce Aldobrandine, les Figurines de la Pyramide de Cestius, le Nymphée du Palais Barberin, la Venus, une figure de Rome qui tient le Palladium qu'on voit dans le même lieu, & quelques morceaux de Fraisque tirés des ruines d'Adriane, & des Thermes de Tite.

Il s'est trouvé des Sculpteurs qui ont contrefait *l'Antique*, jusqu'à surprendre le jugement du Public. Michel-Ange fit la statuë d'un Cupidon, & après en avoir cassé un bras qu'il retint, il enterra le reste de la figure dans un endroit, ou il sçavoit qu'on devoit fouiller : le Cupidon en ayant été tiré, tout le monde le prit pour *Antique* : mais Michel-Ange ayant présenté à son tronc le bras qu'il avoit réservé, chacun fut obligé de convenir de sa méprise.

ANTONIN (Colonne *d'*) La Colonne *Antonine* est un des plus considérables monumens de l'ancienne Rome. Cette Colonne qui est d'un beau marbre, monte en ligne spirale depuis la base jusqu'au chapiteau. Au-dessus de ce chapiteau étoit autrefois la statuë *d'Antonin-Pie*, à la place de laquelle est aujourd'hui celle de S. Paul, en bronze doré. Elle est ornée par tout de bas reliefs, qui représentent les belles actions *d'Antonin*. Dans le milieu on a creusé un escalier de deux cent six dégrés, qui monte jusqu'au chapiteau. Le vif de cette

Colonne porte cent ſoixante pieds romains : elle n'eſt compoſée que de vingt-huit pierres.

On a trouvé au Champ de Mars, ſous le Mont *Citorio*, une autre colonne avec cette inſcription, en caractéres de métal encaſtrés, dont il ne reſte plus que les vuides.

DIVO ANTONINO AUG. PIO
ANTONINUS AUGUSTUS ET
VERUS AUGUSTUS FILII.

Cette Colonne n'eſt point en ligne ſpirale comme l'autre ; elle eſt toute unie, & de Granite d'Egypte : ſa hauteur eſt environ de 40 pieds. Elle porte cinq pieds huit pouces de Diametre. Son piédeſtal qui s'eſt admirablement conſervé, à quatre faces, qui ont chacune cinq pieds de large. Il y en a trois, qui ſont ornées d'excellens bas reliefs. Sur la quatriéme eſt l'inſcription dont j'ai parlé.

ANVERS, cette Ville, autrefois l'une des plus riches & dés plus belles de l'Europe, eſt ſituée dans une grande plaine à la droite de l'Eſcaut, dans l'endroit où cette riviére ſépare le Duché de Brabant, du Comté de Flandre. Elle a été ſouvent agrandie, ſous Jean I du nom Duc de Brabant en 1201 : ſous Jean III en 1314, & ſous Charles V en 1543.

On y compte deux cens douze ruës, vingt-deux places publiques, dont la plus belle est la place de mer ; & un grand nombre de très-beaux édifices saints & prophanes.

L'Eglise de Notre-Dame, qui est la Cathedrale, est un ouvrage admirable ; sa longueur est de plus de cinq cens pieds, sa largeur de deux cens quarante.

Elle contient soixante six Chapelles ornées de colonnes de marbre, & de belles Peintures.

La Tour a 420 pieds de hauteur, & trente trois grosses Cloches. Il y a aussi trois portes principales construites de marbre, & dorées.

On y voit encore un grand nombre de Maisons Ecclésiastiques & Religieuses, & de très-belles Eglises. Celle des Jesuites étoit très-magnifique ; mais le 18 Juillet 1718. la foudre tomba sur cette Eglise, & mit le feu à un grenier au-dessus du maître-Autel, d'où il se communiqua à toute la charpente avec tant de furie, qu'en moins de trois heures elle fut entierement brulée, à l'exception du maître-Autel & de deux chapelles qui furent fort endommagées.

Plusieurs Tableaux de Rubens y furent consumés. Elle étoit pavée de marbre, & à deux bas côtés, soutenus par cinquante-six colonnes de marbre : les quatre voûtes étoient ornées de trente-huit grands Tableaux ; les murs qui étoient percés de quarante croisées étoient revêtus de marbre. La grande voûte étoit d'une sculpture de très-bon goût.

APELLE étoit de l'Isle de Co. Il fut fils de Pithius, disciple de Pamphile : il étoit le favori d'Alexandre le Grand. Ce Prince ne voulut être peint que de sa main, & défendit à tous les autres de faire son Portrait. Un jour qu'*Apelle* faisoit celui de Campaspe, une des concubines d'Alexandre, ce Prince ayant remarqué qu'elle ne lui étoit point indifférente, la lui donna.

La renommée a mis *Apelle* au-dessus de tous les Peintres de l'Antiquité. Mr de Felibien, & Mr de Piles le mettent au-dessus de Raphael, & de tous les Peintres modernes. Mr Poussin à poussé l'éxagération jusqu'à dire : que Raphael étoit un Ange en comparaison des autres Peintres, mais que comparé avec *Apelle*, il n'étoit qu'un âne.

Parmi les chef-d'œuvre d'*Apelle*, on vantoit surtout l'*Alexandre* couronné par la Victoire, le *Mars* enchainé, l'*Hercule*, l'*Alexandre* foudroyant, & cette belle *Venus* qu'il avoit moulée sur cent des plus belles filles de la Grece. C'est d'elle qu'Ovide a dit :

Si Venerem Cous nunquam pinxisset Apelles,
Mersa sub Æquoreis illa lateret aquis.

APLOMB, ligne perpendiculaire. Ce mur tient bien son *aplomb*. Cette Tour commence à se détourner de son *aplomb* ; c'est un seul mot.

APOLLODORE, fleurissoit dans

la 93e Olympiade, c'eſt-à-dire environ 400 ans avant J. C. Il ſurpaſſa tous les Peintres qui l'avoient précédé, non-ſeulement dans le coloris, mais dans le deſſein, dans l'élégance & dans le beau choix des parties. Avant lui on s'étoit contenté de peindre la Nature en lui laiſſant tous ſes défauts : Apollodore la rectifia & l'embellit : cependant ce ne fut qu'un Peintre médiocre en comparaiſon de ceux qui le ſuivirent, & ſurtout de Zeuxis qui fut ſon éléve.

APPAREIL, ſignifie quelquefois en Architecture, épaiſſeur, calibre : pierre de haut *appareil*, c'eſt une pierre d'une grande épaiſſeur.

On entend auſſi par ce mot l'art de bien couper la pierre, & dans ce ſens on appelle *Appareilleur* celui qui marque les pierres, & qui en arrête les meſures avec préciſion, pour guider ceux qui les doivent tailler.

APPENTIS, toit de charpente adoſſé contre un mur, & enclavé ordinairement dans le mur même, ſans autre ſoutien.

APPUI, ſoutien. Donner de l'*appui* à une muraille.

Un mur à hauteur d'*appui*, eſt un mur ſur lequel on peut s'appuyer. Les murs d'une terraſſe doivent être à hauteur d'*appui*.

On appelle encore *appui*, les pierres, ou les piéces de bois, qui forment la rampe des eſcaliers. *Appuis* rampans, *appuis* quarrés.

APRE'S, [d'] dessiner d'*après* nature, d'*après* l'Antique, d'*après* Michel-Ange.

APPREST, préparation. *Apprest* des couleurs, ce terme n'est usité qu'en parlant des Peintures en verre où en émail. *Voyez* verre.

APPRESTEUR, on appelle ainsi celui qui peint sur le verre,

AQUEDUC, canal ou conduit de pierre, pour conserver le niveau de l'eau, & la conduire d'un lieu à un autre, malgré l'inégalité du terrain. Rien n'égale la magnificence des anciens *Aqueducs* de Rome.

ARABESQUES, ornemens de caprice que les Peintres emploient pour la décoration des Galeries, des Cabinets, & sur-tout des Grotes. On prétend que les *Arabes* ont été les premiers inventeurs de ces ornemens. On voit à Grenade un ancien Palais, bâti & orné dans ce goût par les Maures. *Voyez* Grotesques.

ARBALESTRIERS, les Charpentiers appellent ainsi les piéces de bois qui composent la charpente d'un bâtiment, & qui sont appuyées par un bout l'une contre l'autre en forme d'Arc, portant de l'autre bout sur une poûtre mise en bas, en forme de corde, avec une autre poûtre mise au milieu en forme de fléche : c'est pour cela qu'on les appelle *Arbalestriers*.

ARC, se dit de tout membre d'Architecture fait en demi-cercle, comme les voûtes, les trompes courbées, &c.

ARC biais, ou de biais. C'est un *Arc* de côté, dont les pieds droits ne sont pas d'équerre.

ARC-BOUTANS, ce sont de grandes *Arcades* appuyées sur des murs solides, qu'on fait pour soutenir les voûtes des grandes Eglises, & des autres Edifices de cette nature.

ARC DE TRIOMPHE, c'est une construction de pierre ou de charpente, qu'on fait dans les réjouissances publiques, pour les entrées des Princes, &c. & que l'on décore de divers ornemens de Sculpture & de Peinture, d'inscriptions, de bas reliefs, &c. tels que l'*Arc* de Constantin, l'*Arc* de Sévére, &c.

Ces sortes de monumens ont été appellés *Arcs de triomphe*, ou Arcs triomphaux, parce que les Romains les éleverent originairement en l'honneur de ceux, qui avoient mérité le Triomphe.

Au commencement ces *Arcs* n'avoient rien de magnifique : ils étoient grossiérement construits de simple brique, comme celui de Romulus, ou de grosses pierres mal polies, comme celui de Camille : mais dans la suite le marbre y fut employé, comme à ceux de César, de Drusus, de Trajan, de Gordien, de Gratien & de Théodose ; on y ajouta des Trophées taillés dans le marbre, & des inscriptions, pour servir de monument des Victoires remportées.

Ces *Arcs* eurent pendant un tems la forme d'un demi-cercle, comme le *Fornix*

nix Fabianus dont il eſt parlé dans Ciceron : depuis on les fit quarrés, de maniére qu'au milieu s'élevoit un grand portail voûté, accompagné de côté & d'autre d'une porte de moindre hauteur.

Cette magnificence commença du tems d'Auguſte, & fut portée encore plus loin par ſes Succeſſeurs, à qui l'on érigea des Arcs ſuperbes : tel fut l'*Arc* de Tite qui s'eſt conſervé. En l'une des faces, on voit le Char de triomphe du Prince avec une Victoire derriere qui ſemble vouloir le couronner ; au-devant ſont des Officiers qui portent la hache & les faiſceaux : dans l'autre face, on voit le reſte de la pompe du Triomphe, comme les deux Tables du Décalogue, la Table d'or, les vaſes du Temple de Salomon, & le Chandelier d'or à ſept branches; tout cela avoit été enlevé du Temple de Jeruſalem.

On voit aujourd'hui dans la Ville de Paris, pluſieurs *Arcs* de triomphe, bâtis pour laiſſer à la poſtérité des monumens durables des Victoires de Louis XIV : comme ceux des portes de S. Denis, de S. Martin, de S. Bernard & de S. Antoine. Si l'on eut achevé le grand *Arc* de Triomphe (dont on avoit élevé le modéle au bout du Fauxbourg ſaint Antoine, l'an 1660, pour l'entrée de la Reine Marie Thereſe, Epouſe de Louis XIV, lequel a ſubſiſté juſqu'à l'an 1716) il eut ſurpaſſé de beaucoup en magnificence, tous les plus fameux ouvrages d'Architecture de l'antiquité & de notre temps.

Il y avoit dans l'ancienne Rome une infinité d'*Arcs* de triomphe, dont les principaux étoient :

L'*Arc* de Romulus : il y en avoit deux à Rome, & ils étoient tous deux de brique.

L'*Arc* de Camille, bâti de pierre de taille, & ſans ornemens.

L'*Arc* de Scipion l'Afriquain, au bas de la Montagne du Capitole.

L'*Arc* de Fabius, pour le cenſeur Fabius, après la Victoire remportée ſur les Allobroges.

L'*Arc* d'Auguſte, aux deux extrêmités du chemin de Rome à Rimini, que cet Empereur avoit fait rétablir.

On érigea encore un autre *Arc* de triomphe en l'honneur d'Auguſte, ſur le ſommet d'une montagne des Alpes, après que les habitans de ces montagnes eurent été ſoumis.

L'*Arc* d'Octavius, dreſſé par Auguſte.

L'*Arc* de Druſus, proche la porte Capene.

L'*Arc* de Tibere, qui étoit de marbre, proche l'amphitheâtre de Pompée.

L'*Arc* de Germanicus, au bas du Capitole.

L'*Arc* de Neron, dreſſé par ordre du Senat au milieu de la colline, ou étoit le Capitole.

L'*Arc* de Tite, dont il eſt parlé ci-deſſus.

L'*Arc* de Claude dont on a trouvé les débris en 1641, en fouillânt les fondemens du Palais des Colonnes.

L'*Arc* de Domitien, entre le chemin d'Appius, & celui de Domitien.

L'*Arc* de Marc-Aurele & de Faustine, bâti par l'Empereur Commode, avec une colonne pour servir de monument des Victoires que cet Empereur avoit remportées.

L'*Arc* de Lucius Verus, dans la place Trajane, en mémoire de la Victoire remportée contre les Parthes, par Avidius Cassius, sous les ordres de Lucius Verus.

L'*Arc* de Trajan, dans la place Trajane, en mémoire de ses Victoires sur les Daces, les Armeniens & les Parthes.

Un autre *Arc* de Trajan proche la porte Capéne.

L'*Arc* de Gordien.

L'*Arc* de Gallien.

L'*Arc* de Septimius Severus, au bas du Capitole.

L'*Arc* de Constantin, au bas du mont-Palatin.

L'*Arc* des Bœufs, près du mont-Palatin, bâti par des Marchands de bœufs du temps de Septimius Severus, où étoient représentés des Sacrifices de bœufs, avec tous les instrumens servant à les immoler, &c.

ARCADE, petite voute. Les *Arcades* d'un Aqueduc. Un berceau en *Arcade*.

ARCADIE [L'] c'est le nom d'un des plus beaux Tableaux du Poussin. On y voit un païsage charmant, qui représente cette contrée fameuse que les Poëtes appelloient l'*Arcadie*, & dont ils nous ont laissé de si riantes descriptions. Au milieu est un tombeau sur lequel est couchée la statuë d'une jeune fille, morte à la fleur de son âge, avec cette inscription : ET IN ARCADIA EGO : *J'étois aussi en Arcadie.* Deux Bergers & deux Bergeres parés de guirlandes rencontrent ce monument, & témoignent par les expressions les plus touchantes, leur surprise & leur douleur. » On s'imagine entendre, dit un Ecrivain » moderne, les réfléxions de ces jeunes » personnes sur la mort, qui n'épargne » ni l'âge ni la beauté... On se figure ce » qu'elles vont se dire de touchant lors- » qu'elles seront revenuës de la premiere » surprise. » *Réflexions sur la Peinture & sur la Poësie.*

ARCHE, espace voûté renfermé entre deux piles d'un pont. La maîtresse *Arche* : c'est la plus grande. Il y a des ponts en Orient qui ont plus de 300. arches.

Arche elliptique : c'est celle dont le trait est demi-ovale, ou une ellipse.

Arche extradossée ; c'est celle dont les voussoirs sont égaux en longueur, & paralleles à la doüelle, & ne font point liaison avec les assises des reins.

Arche surbaissée ; c'est celle qui a moins de montée, & dont la courbure est médiocre.

ARCHITECTE, qui sçait l'art de bâtir, qui entreprend, & qui conduit l'ouvrage d'un bâtiment.

ARCHITECTURE, L'art de bâtir.

Architecture civile ; c'est l'art de bâtir des maisons pour la nécessité & la commodité des particuliers.

Architecture militaire ; c'est l'art de fortifier les places. La Peinture imite tous ces genres ; les Edifices que l'on fait entrer dans les Tableaux, s'appellent Fabriques. *Voyez ce mot.*

Il y a en France une Académie Royale d'*Architecture* ; elle fut établie en 1671. Les premiers membres de cette Académie furent le Vau, Gitart, le Pautre d'Orbay, &c.

Les Grecs ont appris des Egyptiens à bâtir, & les Romains des Grecs. Chez ces derniers l'*Architecture* arriva à sa perfection sous Auguste. Depuis cet Empereur elle n'a fait que décheoir.

Les Goths qui ravagerent l'Italie dans le cinquiéme siecle introduisirent l'*Architecture* barbare qui a porté leur nom. Dans la renaissance des Arts, l'*Architecture* s'est relevée avec la Peinture.

Les plus célébres Architectes anciens ont été Archimede, Vitruve, Apollodore, &c.

Parmi les Modernes les plus illustres sont Michel-Ange, Palladio, Serlio, Scamozzi, Vignole, de Lorme, Perrault, la Brosse, Mansart, Boffrant, &c.

ARCHITRAVE, terme d'Architecture ; c'est la partie qui pose directement sur le chapiteau des colonnes, & qui porte la frise.

Ce mot, ſuivant ſon étimologie, ſignifie la même choſe que principale poûtre. C'eſt en effet une groſſe poûtre qui fait la principale partie de l'entablement, & qui porte ſur la colonne.

L'*Architrave* d'une porte : c'eſt la potence qui joint les montans.

Montagne a dit fort plaiſamment : » Je » ne puis m'empêcher de rire quand je » vois nos Architectes s'enfler de ces » grands mots de *Pilaſtres* & d'*Architrave*, » & que je trouve que ce ſont les chetives » pieces de la porte de ma cuiſine. »

ARCHIVOLTE, arc contourné ; c'eſt le bandeau orné de moulures qui regne à la tête des vouſſoirs d'une arcade, & dont les extrêmités portent ſur les impoſtes. Il eſt different, ſelon les divers ordres d'Architecture. Il n'a qu'une ſimple face au Toſcan, deux faces couronnées au Dorique & à l'Ionique, & les mêmes moulures que l'*Architrave* dans le Corinthien & dans le Compoſite.

Archivolte retourné ; c'eſt celui dont le bandeau n'eſt point coupé, mais retournant ſur l'impoſte ſe joint à un autre bandeau. *Archivolte* eſt maſculin.

Archivolte ruſtique ; c'eſt celui dont les moulures ſont interrompues par une clef de boſſages ſimples ou ruſtiques. *Daviler*.

ARCUEIL, Village des environs de Paris, nommé en Latin *Arcus Juliani*, à cauſe du fameux Aqueduc que l'Empereur Julien y fit conſtruire, pour faire venir de l'eau dans ſon Palais, connu ſous le nom de Thermes de Julien; c'eſt aujourd'hui l'Hôtel de Clugny, proche les Mathurins. D'*Arcus Juliani* on a fait par corruption *Arcuëil*.

En 1624. Marie de Medicis fit conſtruire dans le même lieu l'Aqueduc qui ſubſiſte aujourd'hui. Il fut bâti ſur les deſſeins de la Broſſe. Il a environ deux cens toiſes de long, ſur douze de hauteur. Il a vingt arcades, dont neuf à jour, fortifiées d'éperons, de grands piliers & de contreforts, avec de grands modillons qui font un fort bel effet. La conduite des eaux eſt au-deſſus de la corniche; elle conſiſte dans un canal voûté, avec des banquettes de chaque côté. On y a pratiqué des jours.

ARCY [Grottes d'] Ce ſont des grottes ſituées à ſept lieues d'Auxerre, aſſez près du Village d'*Arcy*; C'eſt un morceau d'Architecture naturelle fort curieux.

Là on voit une Caverne fort ſpacieuſe; ſa longueur eſt d'environ trois cens toiſes, & elle eſt ſi obſcure qu'on n'y entre qu'avec des flambeaux. Toute la voûte eſt remplie de congellations qui forment des eſpeces de culs de lampes de differentes groſſeurs. On en voit auſſi aux côtés, & l'on y remarque des ruſtiques admirables, aſſez ſemblables aux grottes artificielles des Jardins. On remarque à terre de pareilles congellations, qui repreſentent une diverſité prodigieuſe d'objets : tantôt ce ſont des Chapelles où l'on voit ſuſpendus des eſpeces d'Ex VOTO, comme des bras, des jambes, des têtes, des mains de cire, &c. Tantôt ce sont des linges, comme chemises, caleçons, qu'il semble qu'on ait étendus là pour sécher.

On y voit aussi des colonnes qui paroissent cannelées & assises sur des piédestaux avec tout l'art imaginable. Enfin l'on y découvre des Dômes, des Cabinets, des hommes, des poissons, des fruits, & une infinité d'autres objets.

» Il y a un endroit de cette voûte, *dit » M. Perrault*, où il n'y a point de con» gellation, & où elle paroît de pierre » fort unie, sans ceintre, couverte d'une » petite broderie de quelque matiere plus » brune, & de relief, à petits comparti» mens, ou guillochis, à peu près com» me des traces que font des vers sur » le bois, entre le tronc & l'écorce, & » que l'on voit quand on leve cette écor» ce, lorsqu'elle est à demi pourrie. *Cet en» droit qui est fort vaste* s'appelle la salle du » bal, ou de M. le Prince. *Perrault, origi» ne des Fontaines.*

ARDOISE, espece de pierre que tout le monde connoît, & dont les Architectes se servent principalement pour la couverture des maisons. Les Dessinateurs s'en servent quelquefois pour y tracer leurs esquisses, & elle entre dans la composition de quelques couleurs.

ARENE, c'étoit proprement le lieu du Cirque, où se battoient les Gladiateurs. Ce lieu étoit sablé; delà vient le nom d'*Arêne*. L'*Arêne* de Nismes est un des plus beaux & des plus entiers monumens de ce genre, qui se soient conservés

AREOPAGE, c'étoit à Athenes un Edifice bâti sur une colline, & qui n'avoit que l'étage du retz de chaussée, où le Sénat de cette Ville s'assembloit & rendoit ses jugemens, qu'on regardoit comme les Oracles du plus intégre tribunal qui fut dans le monde.

Cet Edifice subsiste encore aujourd'hui, au moins en partie; mais au lieu qu'il étoit anciennement presqu'au milieu de la Ville d'Athenes, il est aujourd'hui hors des murs, l'enceinte de cette Ville s'étant considérablement resserrée : on y remarque des restes considerables de ce bâtiment, qui étoit construit en demi-cercle. De prodigieux quartiers de roche, taillés en pointe de diamant, soutiennent une Esplanade d'environ cent quarante pas de long, qu'on juge avoir été la Salle où se tenoit cet auguste Sénat. On sçait d'ailleurs que ce lieu étoit découvert. Au milieu il y a une espece de Tribune, taillée dans le roc, avec des bancs creusés des deux côtés dans la même roche.

ARESTE. En architecture on appelle vive-arête, les angles vifs de pierres & des autres corps taillés en angle. Voûte en *Arête* : c'est une voûte dont le trait, au lieu d'être en berceau, est coupé diagonalement. Les voûtes d'*Arête* n'ont pas tant de poussée : les voûtes de la plûpart des bâtimens gothiques sont des voûtes en *Arête*.

ARESTIER. Les Charpentiers appellent ainſi la piece de bois qu'on met en longueur au haut des couvertures, & qui ſert à les joindre & à les *arrêter*.

ARGILE, terre graſſe dont les Peintres font certains mêlanges.

ARISTIDE. C'étoit un Peintre Thebain, qui parut quelque temps après Apelle, & qui le ſurpaſſa même à ce qu'on prétend pour la partie de l'expreſſion. Il peignoit ſéchement, mais avec beaucoup de force & de vérité; il fit un Tableau fameux de l'expédition d'Alexandre contre les Perſes, où il fit entrer cent figures. Annibal Carrache qui ne vouloit pas qu'on mit plus de douze figures dans un Tableau, n'auroit pas approuvé l'Ordonnance de celui-ci.

ARISTOTE, fameux Architecte, vivoit dans le quinziéme ſiécle; il naquit à Boulogne, & étoit de la famille des *Alberti*. Il pouſſa ſi loin la ſcience des Méchaniques, qu'il trouva, dit-on, le moyen de tranſporter une tour d'un lieu à un autre. Ce fait mémorable eſt rapporté par pluſieurs témoins, entr'autres par Beroalde, qui le raconte de la maniere ſuivante:

» Il n'y a pas long-tems qu'Ariſtote no» tre compatriote & l'homme du monde » le plus verſé dans les méchaniques, re» mua une tour de ſa place, & la tranſ» porta par le moyen des machines dans » un lieu qui n'étoit pas éloigné. Le fait » n'eſt nullement équivoque, puiſqu'il reste encore des gens qui l'ont vû. *Beroald. in Suet. Vespas.* c. 18.

Jean Basilide, Grand Duc de Moscovie, l'attira dans ses Etats, & lui fit construire plusieurs Eglises. *Bayle.*

ARONDE. Queuë d'*Aronde*; c'est une entaillure faite dans le bois, large à l'ouverture, & qui va toujours en s'étrécissant. Assembler deux pieces de bois en *queuë d'Aronde.*

ARRETER, finir, terminer. *Arrêter* un dessein; un dessein *arrêté.* Son opposé est esquisser, ébaucher.

ARRONDIR, donner du relief à une figure; en marquer, en prononcer avec élégance les contours, la détacher de la toile par des ombres jettées sçavamment, c'est ce qu'on appelle l'*arrondir.*

ARSENAL, magasin d'armes, où l'on tient tout ce qui sert pour la guerre; comme canons, mortiers, bombes, grenades, boulets de plomb, mousquets, pistolets, piques, hallebardes, épées, cuirasses, &c. On y conserve aussi la poudre en un lieu écarté, pour éviter le danger d'un incendie.

Les plus célébres Arsenaux de l'Europe sont, celui de Paris, d'Amsterdam, de Berlin, de Besançon, de Brest, de Bruxelles, de Coppenhague, de Dantzic, de Dresde, de Geneve, de Lisbonne, de Londres, de Marseille, de Munich, de Naples, de Stockolm, de Strasbourg, de Toulon, de Turin & de Venise.

Un ancien préjugé a fait regarder ce

dernier comme un des plus confidérables du monde, quoiqu'il y en ait plusieurs de beaucoup mieux pourvûs. *Voyez ce que dit Misson dans ses Voyages, article Venise.*

ASCLEPIODORE, Peintre Grec, dont Apelle faisoit beaucoup de cas. Il excella dans la partie du dessein, & pour la beauté des proportions.

ASSEOIR; *asseoir* une figure. Une figure bien *assise*. Un corps est mal *assis*, lorsqu'il n'est pas en équilibre, qu'il ne se soutient pas sur son centre, & qu'il semble prêt à tomber.

ASSISE, rang de pierres posées de niveau. *Assise* des fondemens. Ce bâtiment n'est qu'à la seconde *assise*.

ASSORTIMENT, terme de Peinture, Proportion & convenance entre les parties. Un bel *assortiment*, un mauvais *assortiment*.

ASTRAGALE, ornemens d'Architecture. C'est un petit membre rond fait en forme d'anneau, de bracelet, ou de chapelet, dont on orne le chapiteau & la base des colonnes.

ATHENE'E, c'étoit une maison publique, que l'Empereur Adrien fit bâtir à Rome pour l'usage des Poëtes & des Orateurs qui vouloient lire ou réciter leurs ouvrages en présence du peuple.

Ce lieu servoit aussi de College, & non-seulement les Auteurs y lisoient leurs ouvrages, mais des Professeurs y donnoient des leçons.

L'Athénée de Lyon fut pour le moins

aussi célebre que celui de Rome, soit à cause des grands hommes qui y professerent, soit à cause des jeux célebres que Caligula y institua. Ces jeux n'étoient ouverts qu'aux Sçavans : les vainqueurs y étoient magnifiquement récompensés ; mais la condition des vaincus étoit fort triste. Ils étoient condamnés à effacer avec leur langue la mauvaise piece, qui avoit osé disputer le prix, s'ils n'aimoient mieux être fustigés sur le lieu même, ou être précipités dans la Saone : reglement fort sage, digne d'un Prince moins extravagant que Caligula.

ATHÉNES, ville de Grece, Capitale de l'Attique, étoit dans le tems de sa splendeur, c'est-à-dire, 480. ans avant J. C. une des plus belles & des plus florissantes Villes de l'Univers. Jamais République ne fut plus féconde en grands hommes dans tous les genres, soit pour la valeur, soit pour l'éloquence, soit pour la Peinture, la Sculpture, l'Architecture & les autres Arts. Tout étoit magnifique dans *Athénes*, l'Areopage, le Lycée, la Citadelle, les Temples, les Places publiques, le Port, &c. Il y avoit un si grand nombre de statuës, que suivant l'expression ingénieuse de Ciceron, c'étoit un autre peuple au milieu du peuple d'*Athénes*.

Cette Ville, après avoir éprouvé un grand nombre de révolutions, après avoir été prise & saccagée plusieurs fois, subsiste encore aujourd'hui sous le nom de *Setines*.

Elle contient environ dix mille habitans, dont les trois quarts sont Grecs. On y voit encore quelques antiquités, sur tout dans le Château. On y remarque un ancien Temple fort magnifique & fort spacieux, bâti de marbre blanc, & soutenu par un grand nombre de colonnes de marbre noir & de porphire; la façade est décorée de statues, & les murs de bas-reliefs: à côté de ce Temple on voit les débris d'un ancien Palais de marbre blanc. Outre ces antiquités, on trouve à *Athénes* le Temple de Minerve, qui s'est assez bien conservé, & des restes assez considérables de l'Aréopage, du Temple de la Victoire & de l'ancien Palais de Thesée, dont dix-sept colonnes de marbre subsistent encore.

ATTELIER. C'est ainsi qu'on appelle le Laboratoire d'un Peintre; être à son *Attelier*, travailler à son *Attelier*.

On entend aussi par *Attelier* l'endroit où plusieurs ouvriers travaillent en commun. *Attelier* de Sculpteurs, de Charpentiers, de Maçons. Dans le tems qu'on bâtissoit le Louvre on y comptoit plusieurs *Atteliers*.

ATTIQUE. On entend par *Attique* le dernier étage qui termine le haut d'une Façade, & qui n'a ordinairement que la moitié, ou les deux tiers de l'étage inférieur.

On appelle encore *Attique* un petit étage exhaussé, décoré de pilastres, ou sans pilastres, qu'on éleve au-dessus des pavillons angulaires, ou au milieu d'un grand bâtiment.

Attique continu ; c'eſt celui qui regne au pourtour d'un bâtiment ſans interruption.

Attique interpoſé ; c'eſt celui qui eſt poſé entre deux grands étages.

ATTIQUE de cheminée ; c'eſt la partie revêtuë de plâtre, depuis le chambranle juſqu'à la premiere corniche.

ATTIQUE (l'Ordre) c'eſt un petit Ordre de pilaſtres avec la plus courte proportion. *Voyez Ordre.*

ATTITUDE ; c'eſt l'action & la poſture où l'on met les figures qu'on repréſente. Il vient du mot Italien *Attitudine.* » c'eſt dans le goût antique, dit M. du » Freſnoy, qu'il faut choiſir les *Attitudes.*

Le moyen de les rendre belles, eſt de choiſir les plus ſimples ou les plus nobles ſelon le ſujet, les plus variées, les plus expreſſives, & les plus naturelles ; de bien prononcer les membres, de faire paroître les Grands, plûtôt que les petits, de les faire contraſter dans leur poſition.

ATTRAPER, atteindre, ſaiſir, exprimer. Ce Peintre *attrape* bien les reſſemblances, les caractéres ; il *attrape* la maniere du Correge.

AUDRAN (Gerard) étoit fils d'un Graveur de qui il reçut les premieres leçons de ſon Art. Il voyagea à Rome, & les deux années qu'il y paſſa contribuerent beaucoup à le perfectionner.

Il a gravé un grand nombre de planches qui lui ont acquis une haute réputation.

Les quatre planches des batailles d'Alexandre, qu'il a exécutées d'après les Tableaux de le Brun sont comparables à tout ce qu'il y a de plus beau dans ce genre. Son burin étoit ferme, moëleux, correct, élégant.

Audran mourut en 1703. âgé de 63. ans. Il a laissé deux neveux fort célébres, Benoît & Jean Audran.

AVENTURINE, pierre jaunâtre, mêlée de petits grains d'or qui lui donnent un grand luisant. On en trouve de fort grands morceaux dans la Bohême & dans la Silesie.

On fait une *Aventurine* artificielle avec du verre mêlé de limaille de cuivre. On prétend que le hazard, qui a eu part à tant d'autres découvertes, a produit celle-ci. Des Verriers ayant laissé tomber des morceaux de limaille de cuivre dans leurs fourneaux, ces morceaux s'attacherent à l'émail sans se parfondre, & produisirent une composition assez semblable à l'*Aventurine* naturelle.

AUREOLE; on appelle ainsi le cercle de lumiere, ou les rayons dont les Peintres environnent la tête des Saints: les Peintres & les Sculpteurs Payens donnoient aussi des *Aureoles* à leurs Dieux.

AURORE (couleur d') c'est un jaune vif & doré.

AUSTERE, terme de Peinture, signifie la même chose que rude, sec & dur. Une maniere *austere*, un coloris *austere*.

Le

Le Perugin peignoit *austerement*, d'une maniere seche & *austere*.

AXE spiral; dans la colonne torse on appelle *Axe Spiral* l'*Axe* tourné à vis qui embrasse la colonne, & qui en trace les circonvolutions.

AZUR, autrement appellé Outremer, est une couleur d'un fort beau bleu. *Voyez Outremer*.

B

BABYLONE. Semiramis, femme de Ninus, voulant s'immortaliser comme son mari par un Edifice à jamais mémorable, fit construire la fameuse *Babylone*. Ses murailles, si l'on en croit l'Histoire Ancienne, avoient environ quatre-vingt pieds d'épaisseur, deux cens de hauteur, & vingt-quatre lieuës de circuit. Elles formoient un quarré parfait, dont chaque côté avoit six lieuës d'étenduë. Elles étoient toutes bâties de larges briques, cimentées de bitume, liqueur épaisse & glutineuse, qui sort de terre dans ce pays-là, qui lie plus fortement que le mortier, & qui devient beaucoup plus dure que la brique ou la pierre à qui elle sert de ciment. Ces murailles étoient entourées d'un vaste fossé, rempli d'eau, & revêtu de brique des deux côtés. Chaque côté du grand quarré qui formoit les murailles avoit vingt-cinq portes d'airain massif, & toute la Ville par conséquent avoit cent portes. Entre ces portes & aux angles de chaque quarré, il y avoit pluſieurs tours, dont la hauteur excédoit de dix pieds celle des murailles.

Des vingt-cinq portes de chaque côté du quarré partoient autant de ruës qui aboutiſſoient aux portes du côté oppoſé ; enſorte que dans cette Ville immenſe il n'y avoit que cinquante ruës. Elles étoient bordées de maiſons qui avoient trois ou quatre étages, & dont la façade étoit extrêmement décorée.

Ces maiſons n'étoient point contigues, ayant de chaque côté un vuide qui les ſéparoit. Ces intervalles étoient, ou des jardins, ou des terres qu'on labouroit & qu'on enſemençoit. Un bras de l'Euphrate traverſoit cette grande Ville du Nord au Midi. On bâtit de chaque côté de la riviere, pour lui ſervir de quai, une grande muraille de brique, de la même épaiſſeur que les murs de la Ville.

Le pont ne le cédoit point pour la beauté aux autres ouvrages. Il avoit ſix cens vingt-quatre pieds de long, ſuivant Strabon qui ne donne que cette largeur à l'Euphrate dans cet endroit, & environ trois mille ſuivant Diodore de Sicile qui eſt beaucoup moins croyable. Sa largeur étoit de trente pieds ; les arches étoient bâties de groſſes pierres liées enſemble avec des crampons de fer & du plomb fondu. L'Hiſtoire remarque que, pour le conſtruire, on avoit détourné le cours du fleuve, & mis ſon lit à ſec en cet endroit. Aux deux extrêmités du Pont il y avoit deux magnifiques Palais qui communiquoient ensemble par une voûte qu'on avoit construite sous le lit du fleuve pendant qu'il étoit à sec. L'un de ces Palais avoit une lieue & demie de circuit, & l'autre trois. Ce dernier étoit environné d'une triple enceinte de murailles. Ces murailles, aussi-bien que celles de l'autre Palais, étoient ornées d'une infinité de bas-reliefs, qui représentoient au naturel toutes sortes d'animaux : on y voyoit entr'autres choses une chasse, où Semiramis à cheval lançoit un javelot contre un léopard, & où Ninus son mari perçoit un lion.

Dans ce dernier Palais étoient ces jardins suspendus, si célébres dans l'Histoire. Ils formoient une esplanade quarrée dont chaque côté avoit quatre cens pieds. Ils étoient élevés, & formoient plusieurs larges terrasses, disposées en forme d'amphiteâtres, dont la plus haute égaloit la hauteur des murs de la Ville. La masse entiere étoit soutenuë par de grandes voûtes bâties l'une sur l'autre, & elle étoit arcboutée d'une muraille de vingt-deux pieds d'épaisseur, qui la défendoit de toutes parts. Sur le sommet de ces voûtes on avoit posé de grandes pierres plates de seize pieds de long, & de quatre de large. On avoit mis par-dessus une couche de roseaux, enduits d'une grande quantité de bitume, sur laquelle il y avoit deux rangs de briques liées fortement ensemble avec du mortier. Tout cela étoit couvert de plaques de plomb. La terre du jardin étoit poſée deſſus. Ces plattes-formes avoient été ainſi conſtruites, afin que l'humidité de la terre ne pénétrât point les voûtes. Le ſol de ces jardins étoit ſi profond, que les plus grands arbres pouvoient y prendre racine. Auſſi toutes les terraſſes en étoient-elles couvertes, auſſi-bien que de toutes ſortes de plantes, & de fleurs, propres à embellir un lieu de plaiſance. Sur la plus haute terraſſe il y avoit une pompe qui ne paroiſſoit point, par le moyen de laquelle on faiſoit monter l'eau de la riviere, qui ſervoit à arroſer tout le jardin. On prétend que Nabuchodonoſor fit conſtruire ces jardins merveilleux pour ſa femme Amytis, qui ayant été élevée dans la Medie, dont Aſtyage ſon Pere étoit Roi, regrettoit les côteaux & les forêts de ſa Patrie.

Le Temble de Bel faiſoit encore une des principales raretés de Babylone. Ce qu'il y avoit de plus remarquable dans ce Temple étoit une tour prodigieuſe bâtie au centre de cet Edifice, qui avoit plus de ſix cens pieds dans ſa baſe, en longueur & en largeur, & autant de hauteur. Elle conſiſtoit en huit tours bâties l'une ſur l'autre, qui alloient toujours en diminuant. *Bochart* aſſure que c'eſt la fameuſe Tour dont parle l'Ecriture, ſous le nom de Tour de Babel. On y montoit par des dégrés qui alloient en tournant par le dehors; c'eſt-à-dire, comme le croit *M. Rollin*, par une rampe douce, priſe dans l'épaiſſeur du mur. On y avoit pratiqué plusieurs salles. Au sommet de la Tour il y avoit une espéce d'Observatoire, par le secours duquel les Babyloniens étoient devenus fort habiles dans la connoissance des Astres. Les richesses de ce Temple en statues, en vases & en autres ornemens tous d'or massif, étoient si prodigieuses, au rapport de Diodore, qu'elles montoient à plus de deux cens vingt millions.

On voit encore, dit-on, les ruines de la fameuse Tour de Babel, à un quart-de-lieuë de l'Euphrate, vers l'Orient. Le bas est à peu près de forme quarrée, & le circuit d'environ onze cent cinquante pas. Le haut se termine en pointe comme une pyramide. Ces ruines sont, pour la plûpart, de briques, qui n'ont point été cuites au feu, mais séchées au soleil; elles sont jointes avec du mortier de terre, où l'on a mêlé de petits roseaux brisés, afin que ce mortier & la brique ne fissent qu'un même corps. Néanmoins on trouve en quelques endroits des briques cuites au feu, assemblées avec du bitume. Ceux qui prétendent que ces ruines sont celles de la Tour de Babel, se fondent sur trois raisons. 1°. sur ce que c'est une tradition constante dans le pays, où ces ruines s'appellent *Babel* en langue Arabesque. 2°. sur ce que la situation de ces ruines est la même que celle de l'ancienne Tour, qui fut construite, selon l'Ecriture dans le champ de Sennaar, où l'on prétend que sont les ruines en question,

3o. ſur ce que l'Ecriture nous aſſure que l'ancienne Tour étoit bâtie de brique & de bitume, ce qui ſe rapporte à la matiere des débris d'aujourd'hui. Je ne ſçais ſi ces raiſons ſuffiſent pour fonder une conjecture auſſi hardie, & auſſi peu vraiſemblable que celle-là.

BACCIO (Barthelemi) Peintre Florentin, de l'Ordre de St Dominique, connu ſous le nom de *frate Bartholemeo da Savignano. Baccio* eſt le nom de ſa famille, & *Savignano* celui du lieu de ſa naiſſance. Il fut un des éleves de Côme Roſſelli. Après l'avoir quitté il étudia la maniere de Leonard de Vinci, ſous lequel il ſe perfectionna de telle ſorte, qu'il paſſa pour un des plus excellens Peintres de ſon tems; il étoit dévot, & fort ami du Pere Jerôme Savonarole, Dominicain, qui prêchoit alors à Florence contre les mauvaiſes mœurs de ce tems-là. Ce grand homme employa ſon éloquence à déclamer contre les peintures laſcives, & perſuada à *Baccio* & à quelques autres de brûler tous les deſſeins qu'ils avoient de cette eſpece. Les ennemis de Savonarole ayant obtenu un ordre pour l'arrêter, *Baccio* l'alla trouver avec cent cinquante de ſes amis pour le défendre, & tâcher de lui ſauver la vie. Mais malgré leur réſiſtance, qui couta la vie à pluſieurs, Savonarole fut pris & brûlé en 1498. alors *Baccio* fit vœu d'entrer dans l'Ordre de S. Dominique, ce qu'il accomplit peu de tems après. Il reçut le nom de frere Barthelemi, & prit l'habit à Prato le 26. Juillet de l'année 1500. Il fut envoyé au Monastere de S. Marc de Florence, où ses Supérieurs lui commanderent de continuer à s'exercer dans la peinture. Il y travailla quelque tems sous Raphaël d'Urbin, qui lui donna d'excellens principes de perspective. Ce grand Peintre ne dédaigna pas d'imiter le coloris de frere Barthelemi. Ce dernier fit divers Tableaux; & comme ses envieux lui reprochoient de ne sçavoir pas representer le nud, il travailla à un saint Sebastien, que tout le monde admira. On dit que l'ayant exposé dans l'Eglise de S. Marc, la beauté de cette figure fut une occasion de péché pour quelques femmes, & que les Religieux s'en étant apperçûs, le mirent dans leur Chapitre quelque tems après. Jean-Baptiste Della-Palla l'ayant acheté, l'envoya en France avec quelques autres Tableaux de Frere Barthelemi. Le *Baccio* mourut le 8. Octobre de l'année 1517. âgé de quarante-huit ans.

BACKER (Jacque) Peintre Flamand, naquit à Harlingen, Ville de Hollande. Il apprit à Amsterdam les principes de son Art, qu'il exerça avec beaucoup de réputation. Il s'appliqua particulierement à faire des portraits; il travailloit avec une facilité incroyable. On raconte qu'une femme de Harlem étant arrivée à Amsterdam, se fit peindre par Backer, qui commença & finit dans un même jour son portrait en buste. Ce Tableau n'est pas un des moins bons qui soit sorti de sa main.

BAGDAD, Ville de l'Asie, située sur le Tygre, qu'on croit être là même que l'ançienne Seleucie. Elle a environ trois milles de circuit; ses murailles sont toutes de brique, & terrassées en plusieurs endroits, avec de grosses tours en forme de bastions, sur lesquelles sont soixante piéces d'Artillerie

A trois lieuës de Bagdad, entre le Tygre & l'Euphrate, on voit les débris d'une ancienne Tour, qui a fort exercé les Antiquaires. Elle a environ trois cens pas de circuit, & ce qui reste sur pied n'a guéres que vingt toises de hauteur; elle est bâtie de briques, séchées au soleil, qui ont chacune dix pouces de Roi en quarré, & trois d'épaisseur. Ces briques sont rangées sur des couches de roseaux, brisés & mêlés avec de la paille; ensorte qu'il y a six rangs de briques sur une couche, ou lit de roseaux.

Ce que disent les Arabes au sujet de ce bâtiment antique, est ce qui paroît de plus vraisemblable. C'est chez eux une tradition constante que cette tour fût bâtie par un Prince Arabe, qui y allumoit un fanal, pour rassembler ses sujets en tems de guerre.

Bagdad est sous la domination du Grand Seigneur depuis l'an 1638, qu'Amurat l'enleva au Roi de Perse. C'est une Ville fort peuplée, & qui fait un grand commerce. On y voit cinq Mosquées, dont il

y

y en a deux de superbes : on y compte dix Caravanseras, plusieurs Eglises Chrétiennes, une Synagogue, & un grand nombre de beaux Edifices.

BAGUETTE, petite canne dont se servent les Peintres, & qu'ils appuient sur la toile, pour assurer la main qui travaille.

BAGUETTE, se dit aussi en terme d'Architecture, des petites moulures rondes en forme de baguettes, sur les quelles on taille certains ornemens.

BAILLY [Jaque] naquit à Graçay dans le Berry, & fut un excellent Peintre en mignature. Il excelloit à faire les fleurs, les fruits, & d'autres ornemens qu'il inventoit avec esprit, & qu'il exécutoit avec beaucoup d'art. On prétend qu'il trouva le secret de rendre ses couleurs si fortes & si perçantes, qu'elles s'imbiboient fort avant dans le marbre même, & le pénétroient tellement, qu'à mesure qu'on l'auroit scié, ce qu'il avoit peint sur la premiere surface, se seroit répeté sur la seconde, ensorte qu'un cube de marbre peint de cette maniere, auroit renfermé plusieurs Tableaux. On assure qu'il en fit l'essai sur un marbre épais de quatre doigts : mais cette expérience lui coûta cher : car malgré le masque de verre dont il s'étoit précautionné, les couleurs lui porterent si violemment à la tête, qu'il mourut aussi tôt après qu'il eut fini son ouvrage. M. Colbert, à qui il avoit communiqué son secret, ayant appris sa mort, envoya, dit-on, chercher ce Tableau, qui s'est perdu depuis, aussi bien que le secret de Bailly. Ce Peintre mourut à Paris, le 2 de Septembre 1679, âgé de 50 ans.

BAIN, Bâtiment destiné pour se baigner. C'étoit chez les Anciens de fort grands Edifices qui avoient plusieurs cours, & plusieurs salles, les unes pour les hommes, les autres pour les femmes. On les appelloit *Thermes*. Nous avons encore des restes des *Thermes* de Tite, de Paul Emile, de Dioclétien, &c.

Les Orientaux, d'ailleurs fort ignorans en Architecture, font de très-belles constructions pour les Bains, & nous n'avons rien de comparable en ce genre.

BALCON, Balustrade de fer composée de balustres plats ou ronds, avec Frise sous l'appui ; & des pilastres de fer aux encognures. Les grands *Balcons* sont ceux qui portent en saillie, & qui sont plus larges que les croisées. Les petits *Balcons* sont ceux qui sont appuiés sur la tablette même des croisées. Les Italiens disent *Balcone*.

BALDAQUIN, ouvrage de Sculpture & d'Architecture, en forme de dais qui sert de couronnement à un Trône, à un lit de parade, à un Tribunal, à un Autel, &c. Ces ornemens se font en bois, en bronze, ou en d'autre métal. Le *Baldaquin* de S. Pierre de Rome, est d'un goût & d'une richesse dont rien n'approche. Ce mot vient de l'Italien *Baldacchino*.

BALEVRE, terme d'Architecture. C'eſt ce qui paſſe d'une pierre plus que de l'autre près d'un joint, dans la douelle d'une voute, ou dans le parement d'un mur, & qu'on retaille en ragréant. *Daviler.*

On appelle encore *Balévres* les parties d'un joint qui s'éclattent.

BALLIN (Claude) fameux Orfévre, né à Paris d'un pere qui étoit auſſi Orfévre, a porté ſon Art à un dégré de perfection, où perſonne avant lui n'étoit peut-être jamais arrivé. Il nous reſte peu de choſes des Anciens & des Modernes qu'on puiſſe comparer à ſes ouvrages. Il avoit un diſcernement juſte pour ſaiſir ce qu'il y a de plus beau dans l'Antiquité, & un génie tout particulier pour y ajoûter de ſon invention une infinité de graces & de beautés. Il commença par l'étude du deſſein, en copiant chez ſon pere les Tableaux du célébre Pouſſin, & en s'éxerçant dans les Académies que pluſieurs particuliers tenoient alors chez eux. Car en ce tems-là, l'Académie Royale de Peinture & de Sculpture, n'étoient pas encore établies. Il travailloit en même-tems à divers ouvrages d'Orphevrerie, où il ſe rendit ſi habile, qu'à l'âge de dix-neuf ans, il fit quatre Baſſins d'argent, où les quatre âges du monde étoient repréſentés. Comme ces ſujets fourniſſent d'eux-mêmes de grandes idées, & qu'il ſçut les mettre dans leur véritable jour, on regarde les quatre Baſſins comme quatre chef-d'œuvres. Le Cardinal de Richelieu les ayant achetés, Ballin fit quatre Vaſes à l'antique du même deſſein que les Baſſins, pour les accompagner, & rendre l'aſſortiment complet. Sarraſin, le plus habile Sculpteur de ce tems-là, lui fit faire pluſieurs bas-reliefs d'argent, entr'autres les ſonges de *Pharaon*. Il fit d'or émaillé la premiere épée & le premier hauſſe-col que Louis XIV. a porté, & le chef de S. Remi, que Sa Majeſté donna à l'Egliſe de Rheims, à la cérémonie de ſon Sacre. On voit dans pluſieurs Egliſes de Paris, de même qu'à S. Denis & à Pontoiſe, des ouvrages de ſa main, qui ſont d'une beauté & d'une délicateſſe inimitables. Il a fait un miroir d'or de quarante marcs pour la Reine Anne d'Autriche, que l'on conſerve précieuſement dans le garde-meuble. Il ſeroit à ſouhaiter que tant d'autres ouvrages qu'il a faits pour le Roi, ſous les ordres de Mr Colbert, Surintendant des Bâtimens, fuſſent encore en nature. Il y avoit des tables d'une ſculpture & d'une ciſelure ſi admirable, que leur matiere, toute précieuſe qu'elle étoit, faiſoit à peine la dixiéme partie de leur valeur. Ces beaux ouvrages, avec pluſieurs autres, ont été fondus pour fournir aux dépenſes de la guerre. Le Roi voulut bien ſacrifier au bien public ces marques de ſa magnificence, & diſpoſer ſes ſujets par ſon exemple à faire de bon cœur le même ſacrifice. On remarque que *Ballin* n'eſt preſque jamais ſorti de Paris, raiſon que l'on pourroit peut-être alléguer contre les gens qui croyent qu'il n'y a que ceux qui ont paſſé pluſieurs années en Italie, qui puiſſent exceller dans les beaux Arts. Il mourut le 22 Janvier 1678, âgé de 63 ans.

BALUSTRADE, rang de petits piliers façonnés, de pierre, de plâtre, de bronze, ou d'autres matieres, à hauteur d'appui; on en orne les terraſſes, les perrons, le faîte des maiſons, &c.

BALUSTRE ſe prend quelquefois dans le même ſens que *baluſtrade*; mais on l'entend plus ordinairement de chaque pilier en particulier qui forme la baluſtrade.

Les *baluſtres* d'un eſcalier ſont les piliers qui forment la rampe. Les *baluſtrades* du grand eſcalier de Verſailles ſont de bronze maſſif.

On apelle encore *baluſtres* les petits pilaſtres ornés de moulures, qui rempliſſent un appui à jour ſous une tablette.

Le *baluſtre* du chapiteau de la colonne Ionique eſt la partie laterale du rouleau, qui fait la volute.

BAMBOCHADE, on appelle *bambochades* certains petits tableaux qui repréſentent des ſujets champêtres & groteſques. L'étimologie de ce mot vient de *Bamboche*, fameux Peintre Flamand, qui s'eſt particulierement adonné à ce genre; ſon nom de famille étoit Pierre de Laar : mais les Italiens lui donnerent le nom de *Bambozo*, à cause de la singularité de sa taille. *Voiez*

BAMBOCHE, autrement nommé Pierre de Laar, étoit de Harlem. Le nom de *Bambozo*, ainsi qu'on l'a dit dans l'article précédent, lui fut donné à cause de la singularité de sa taille : en effet il avoit les jambes longues, le col court, & la tête enfoncée dans les épaules. Il a excellé dans les sujets grotesques, qu'on a depuis appellés *Bambochades* de son nom. Le *Bamboche* a aussi gravé quelques morceaux à l'eau forte ; il se noya dans les fossés de Harlem, à l'âge de soixante ans.

BANDEAU, se dit en terme d'Architecture, d'une architrave ou moulure, qui s'étend d'une imposte à l'autre, en se courbant en arc par dessus une porte ou fenêtre. On le dit aussi des chambranles des portes quarrées.

BANDELETTE, ornement d'Architecture, autrement appellé *régle* : la *bandelette* est plus petite que la plattebande, & plus grande que le linteau.

BANDER, en terme d'Architecture, est assembler les voussoirs & claveaux sur les ceintres de charpente, & les fermer avec la clef.

BANQUETTE, se dit d'un petit chemin relevé au-dessus du niveau de la rue, pratiqué pour la commodité des gens de pied, tels qu'on en voit à Paris & ailleurs, le long des ponts & de certains Quais.

BARAQUE, espéce de hutte, ou de petite cabane. On appelle proprement *Baraques*, les petits logemens que les soldats se pratiquent dans un camp, lorsqu'ils font la guerre durant l'hiver.

BARBARICAIRE. On appelle ainsi les Peintres en tapisseries, qui emploient dans les représentations d'hommes & d'animaux, des soies de différentes couleurs. La tapisserie est un genre de Peinture, & l'on ne doit pas être surpris que je donne le nom de Peintres à ces excellens Artistes, qui font avec l'aiguille des représentations aussi belles, & peut-être plus surprenantes que toutes celles que les Peintres ordinaires font avec le pinceau.

BARBERIN, le Palais *Barberin*, est à ce qu'on prétend le plus grand Palais de Rome, après celui du Vatican. On y compte quatre mille chambres. Quelques-uns l'ont appellé malignement *Mons Martirum*, à cause de la quantité de gens que les *Barberins* ont ruiné pour le bâtir.

Ce Palais est aujourd'hui fort négligé, pour ne pas dire délabré.

On y a vû de fort belles Antiques; entr'autres la *Tullia*, femme de *Tarquin le superbe*, & le Dieu Osiris, deux piéces très-curieuses.

BARBOUILLER, BARBOUILLEUR : Ce premier mot ne se prend pas toujours en mauvaise part. *Barbouiller* une toile, une muraille, c'est l'enduire avec la brosse d'une premiere couche. *Barbouiller* une figure, ne signifie pas toujours la peindre mal : c'est quelquefois la dessiner ou la peindre légérement, y jetter rapidement les premiers traits, les premieres teintes ; dans ce sens il signifie la même chose qu'ébaucher. *Barbouilleur* est toujours un terme de mépris.

BAROCHE (Fréderic) naquit à Urbin, comme Raphael. C'étoit un peintre des plus gracieux. On voit qu'il s'est attaché à la maniere du Corrége, il a imité toutes ses graces, & il l'a surpassé dans la correction du dessein. Ses Tableaux font un des plus précieux ornemens des cabinets : ses études, qu'il faisoit au pastel, & qu'il terminoit avec grand soin sont aussi en grande estime. Le *Baroche* s'est encore distingué dans la gravure, & nous avons de lui plusieurs piéces gravées à l'eau forte, où l'on remarque beaucoup de feu & de génie. Il mourut à Urbin en 1612, âgé de quatre-vingt quatre ans. Il étoit sujet à des vomissemens fréquens, ce qui a fait dire qu'il avoit été empoisonné par un Peintre jaloux de sa réputation. Mais cette histoire à tout l'air d'une fable, sur-tout si l'on fait attention que le *Baroche* est parvenu à une extrême vieillesse.

BASCULE, machine pour lever un pont-levis. Cette machine est composée de deux grosses poûtres, dont les extrémités s'avancent en dehors, & soutiennent des chaînes attachées au pont-levis, qu'elles ſoulevent, ou qu'elles laiſſent tomber, par le moyen d'un contre-poids. Il y a des ponts qu'on ouvre & qu'on ferme ſans le ſecours de ces *Baſcules*, tels que le pont tournant des Thuilleries.

BASE, ſe dit en termes d'Architecture de tout membre & de tout corps, qui ſert d'appui à un autre : on l'entend particulierement du pié-deſtal d'une colonne, d'une ſtatue, &c.

Les *Baſes* ſont différentes, ſuivant les différens ordres : dans l'ordre Toſcan la *Baſe* n'a qu'un Tore :

Dans le Dorique, elle a un Tore & un Aſtragale :

Dans l'Ionique, elle a un gros Tore, avec deux Scoties, ſéparées par deux Aſtragales :

Dans le Corinthien, elle a deux Tores, deux Scoties, & deux Aſtragales :

Dans le Compoſite, elle a auſſi deux Tores, deux Scoties, mais elle n'a qu'un Aſtragale, &c.

En terme de Peinture, on appelle *Baſe*, la ſuperficie inférieure ſur laquelle les pieds d'une figure ſont poſés directement. C'eſt une grande faute de ne point donner de baſe ou d'aſſiette aux figures, & de les peindre en l'air ſans appui & ſans ſoutien.

BASILIQUE, c'étoit à Rome & dans quelques autres villes de la république, des Bâtimens publics, conſtruits ſuperbement, où l'on rendoit la juſtice à couvert : en quoi la *Baſilique* eſt diſtinguée du *forum*, qui étoit dans un lieu découvert. Il y avoit dans ces *Baſiliques*, de grande ſalles voûtées, & des galeries élevées ſur de ſuperbes colonnes. Des deux côtés des galeries, étoient des boutiques ; il y a voit au milieu une grande place pour la commodité des gens d'affaire & des marchands, à peu près comme dans le Palais à Paris. Les tribuns y rendoient la juſtice auſſi-bien que les Centumvirs ; on y avoit conſtruit des Chambres, où les Juriſconſultes & les Légiſtes gagés par la République, ſe tenoient pour répondre ſur les points de droit, lorſqu'on les conſultoit.

Dans la ſuite on prit ces ſalles ſpacieuſes pour ſervir d'Egliſes aux chrétiens. Depuis il eſt arrivé qu'on a bâti la plûpart des Egliſes ſur le modéle des *Baſiliques*.

Le nom de *Baſilique*, a été particuliérement donné à celles qui étoient deſtinées pour conſerver les Reliques, & honorer la mémoire des Martyrs.

Les anciennes *Baſiliques* payennes de Rome étoient :

La *Baſilique* Alexandrine, bâtie par Alexandre Sévére, près du champ de Mars.

La *Baſilique* Antonienne, dans le neuviéme quartier de Rome.

La *Baſilique* Argentaire, ainſi nommée parce que l'on y vendoit toutes ſortes de vaſes ou de Bijoux d'or & d'argent.

La *Basilique* de Caius & de Lucius, bâtie par Auguste.

La *Basilique* de Fulvie, bâtie par le Consul Paulus.

La *Basilique* de Julie, proche du Temple de Jules César.

La *Basilique* de Martiane, bâtie par Martiane, sœur de L'empereur Trajan, dans le neuviéme quartier de Rome.

La *Basilique* de Mattidie, bâtie par cette Princesse, sœur de l'Empereur Trajan, dans le neuviéme quartier de Rome.

La *Basilique* de Neptune, bâtie par Abascante, affranchi d'Auguste, proche du Cirque de Flâminius.

La *Basilique* d'Opimia, dans la place publique : les Centumvirs s'y assembloient quelquefois pour y juger des procès de peu de conséquence.

La *Basilique* Pauline, bâtie par le Consul Paulus, l'an 704 de la fondation de Rome, dans la place publique.

La *Basilique* de Pompée.

La *Basilique* Porcienne, bâtie par Caton, l'an 566. de la fondation de Rome.

La *Basilique* Sempronienne, bâtie par T. Sempronius proche du grand Cirque.

La *Basilique* de Sicinius, qui fut changée depuis en *Basilique* chrétienne.

La *Basilique* de Trajan dans la place publique.

Les *Basiliques* chrétiennes de Rome sont :

La *Basilique* de Sainte Agnès, bâtie par Constantin, la dix-neuviéme année de son régne.

La *Basilique* de Constantin, connue sous le nom de *Basilique* du Saint Sauveur.

La *Basilique* de la Croix, bâtie par Constantin.

La *Basilique* de S. Jean, si connue sous le nom de S. Jean de Latran, bâtie par Constantin.

La *Basilique* de S. Laurent, bâtie par Constantin.

Les *Basiliques* de S. Pierre & de S. Paul bâties par le même.

La *Basilique* de la Ste. Vierge, bâtie à ce qu'on croit par Calixte I.

La plûpart de ces *Basiliques* ont été peintes par les plus grands Maîtres.

BASLE, Ville de la Suisse, située sur le Rhin, & Capitale d'un des treize Cantons. Elle est grande, bien bâtie, riche par son commerce, & bien située. Son Eglise Cathedrale est un des beaux vaisseaux qu'il y ait. Ses rues sont grandes, elle a diverses places fort agréables : la Maison de Ville est un édifice que les voyageurs ne se lassent point d'admirer. Ce qu'il y a de plus curieux en peinture à Basle, est la *fameuse danse des morts*, peinte par Holbein sur une muraille. On y voit des morts de tout âge, & de toute condition; & la vue de ce Tableau cause un plaisir mêlé de frayeur, & est une excellente leçon pour l'humanité.

BASQUE, les Architectes appellent *Basques* les piéces de plomb, taillées en forme de *Basques* d'habit, dont on revêtit les couvertures, vers les Arestiers.

BAS-RELIEF. *Voyez* RELIEF.

BASSANS [Les] Peintres de l'Ecole Venitienne. Jâque le plus célébre & le plus original de tous, étoit fils d'un Peintre médiocre de Vicence, nommé *Francesco da ponte*. Les leçons de Boniface Venitien, les ouvrages du Titien & du Parmesan qu'il vit à Venise, & plus que tout cela l'étude de la nature, qu'il observa soigneusement, en ont fait un des plus excellens Peintres, & surtout un des meilleurs coloristes de son temps. Il a principalement réussi dans le païsage & dans la peinture des Animaux. Il a renouvellé les miracles qu'on raconte des Peintres Grecs, & il trompa un jour Annibal Carrache, qui avança la main pour prendre un livre que Bassan avoit peint. Il mourut en 1592, âgé de quatre-vingt-deux ans. Il laissa quatre fils, François, Leandre, Jean-Baptiste, & Jerôme *Bassans*, qui suivirent tous quatre la profession de leur Pere, & qui imiterent sa maniere, sans égaler son habileté.

BASSIN, Réservoir creux, de figure ronde ou ovale, du moins pour l'ordinaire, revêtu de terre glaise, pour contenir les eaux.

Bassin de port de mer : c'est un lieu environné de gros murs de maçonnerie.

où l'on tient les vaisseaux à flot.

BASTON, en termes d'Architecture, est un gros anneau, ou une moulure en saillie, dont on orne la base des colonnes. On l'appelle autrement *tore*, ou bosel.

On appelle *bastons rompus* d'autres ornemens d'Architecture, & de menuiserie, qui représentent des *bâtons* rompus, & entre-mêlez.

Les Peintres tapissiers imitent ces ornemens dans certains ouvrages, qu'on appelle pour cette raison, *bâtons rompus*; c'est une espéce de tapisserie.

BATARDEAU, machine propre à détourner le cours de l'eau. Ce sont des pieux qui soûtiennent des planches, revêtues d'un massif de terre glaise, & qui forment une enceinte où l'eau ne sçauroit entrer: on se sert des *bâtardeaux* pour la construction des ponts, des quais, des écluses, &c.

BATIMENT, terme generique; par lequel on entend toute sorte d'édifices & de constructions. Un *bâtiment* régulier est celui dont le plan est d'équerre, & dont toutes les parties sont posées avec simétrie.

BATIR, construire. Pour bien *bâtir*, dit, Vitruve, il faut *bâtir* solidement, agréablement, & commodément.

BATTANT, on appelle *battans* les côtés d'une porte, d'une croisée, où s'assemblent les traverses.

BATTERIE, c'est une machine qui

sert à enfoncer les pieux ; on l'appelle autrement hie, ou sonnette.

BATTRE, se prend en différentes acceptions. On dit *battre* le plâtre, le ciment ; c'est le réduire en poussiere. *Battre* le pavé ; c'est l'enfoncer avec la damoiselle. *Battre* une allée ; c'est l'affermir.

BAVETTE. Les Architectes appellent ainsi la bande de plomb blanchi, dont on revêtit par-devant les chéneaux des maisons couvertes d'ardoise.

BAUGE, ou BAUCHE. Mur de *bauge* ; c'est un mur fabriqué avec des cailloux, cimentés de terre grasse, en y mêlant de la paille & du foin ; cet enduit s'appelle aussi *bauge*.

BAY, couleur de châtaigne ; il ne se dit qu'en parlant de la couleur du cheval. Cheval *bay*, *bay* brun, *bay* clair, *bay* mirouetté, c'est-à-dire *bay* tacheté.

BEAU [Le] le *beau* en peinture, est la connoissance & le choix de ce que la nature a fait de plus *beau*, de plus exquis, de plus pittoresque. Ce n'est pas assez de considerer la nature en général, & de la connoître telle qu'elle se montre fortuitement dans son négligé ; il faut la débarrasser de beaucoup de choses communes & triviales, ou plutôt l'étudier dans ses ouvrages les plus accomplis ; la considerer dans sa perfection & telle qu'elle doit être. C'est où échouent la plûpart des Peintres de l'Ecole Flamande. Ils imitent fort bien la nature, mais ils la choisissent mal.

Semper in eximio quidquid præstantius orbe
Luminibus natura tuis spectabilis offert ;
Carpere ama , studioque sagax imitare fideli.
Naturam pinxisse parum est , nisi picta venustè.
Rideat , & pulchros ostendat splendida vultus. Pictura carmen.

BECCAFUMI [Dominique] Il naquit dans un village près de Sienne, & son nom de famille étoit Pacis ; Il étoit fils d'un païsan dont il gardoit les troupeaux. Un jour qu'il traçoit avec un bâton des figures sur le sable, un bourgeois de Sienne nommé Beccafumi passant par hazard auprès de lui s'en apperçut ; il le prit à son service, lui donna un maître de dessein , & il cultiva si heureusement ses talens, que Dominique devint en peu de temps un Peintre habile. Il prit depuis, & il rendit célébre le nom de *Beccafumi* son bien-facteur. L'ouvrage qui lui a fait le plus d'honneur , est le pavé de la grande Eglise de Sienne, qu'il a exécuté en Mosaïque, de clair obscur. Ce pavé est fait de trois espéces de marbre , l'un d'un blanc éclatant, l'autre d'un gris un peu obscur , & le troisiéme noir. Le premier marbre sert pour les rehauts & les fortes lumieres, le second pour les demi-teintes ,

teintes, & le dernier pour les ombres. Il y a des hachures remplies d'un mastic de marbre noir, qui joignent les ombres avec les demi-teintes, & qui en marquent fort bien les passages.

BELLE [Etienne de la] naquit à Florence en 1610. Son pere étoit un Orfévre de Florence, & il s'appliqua lui-même pendant quelque-tems à l'Orfévrerie : mais son goût se décida bientôt pour la gravure, dans laquelle il excella ; il a travaillé dans presque tous les genres, & il y a presque également réussi : batailles, païsages, marines, chasses, animaux, son burin étoit universel.

» Sa maniere & sa touche, dit, Mr » Gersaint, sont libres, sçavantes, & » *pictoresques*, (il a voulu dire *pittoresques*) » elle n'est pas si finie de gravure, ni » si précise de dessein que celle de Callot; les mains & les pieds de ses petites figures sont généralement négligées, mais la plûpart de ses têtes sont » si nobles, & d'un si beau caractere, » qu'elles sont comparables à celles des » plus grands Maîtres. » *Catalogue raisonné du Cabinet de Mr de Lorangere.*

Nous adoptons volontiers ce jugement de Mr Gersaint, homme fort instruit, & fort versé dans cette matiere ; mais nous ne pouvons nous empêcher de trouver de l'éxagération, & de l'hiperbole dans les éloges qu'il donne à *La Belle*, au commencement de l'article, dont on a extrait le passage précédent : il y asſure, ce que perſonne n'a jamais dit avant lui, que *beaucoup de curieux, ſurtout les Peintres, mettent la Belle fort au-deſſus de Callot.*

La Belle mourut à Florence l'an 1664, âgé de cinquante-quatre ans.

BELLIN [Jacque, Gentil, & Jean] ces Peintres vivoient dans le quinziéme ſiécle, c'eſt-à-dire dans un ſiécle fort ignorant; ainſi pour bien juger de leur mérite, il faut moins conſidérer leurs ouvrages, que le temps auquel ils les firent. Ils ſurpaſſerent tous les Peintres de leur païs qui les avoient précédés, & ils jetterent les premiers fondemens de l'Ecole Vénitienne; Gentil & Jean, étoient fils de Jacque *Bellin.*

Gentil fit un voyage à Conſtantinople, où il fut attiré par Mahomet II. Ce Prince lui donna une démonſtration de ſon Art, qui l'effraya pour le moins autant qu'elle l'inſtruiſit. *Voyez la Vie des Peintres de M. de Piles, art. Bellin.*

Jean *Bellin* fut le premier des Vénitiens qui peignit à l'huile, & qui ſçut joindre à la vivacité des couleurs, l'union & l'harmonie: au reſte ſon plus grand mérite eſt d'avoir eu le Titien & le Giorgion pour éléves.

BELVEDERE, c'eſt un des appartemens du Vatican, bâti ſur une élévation, d'où l'on découvre une vûe charmante, ce qui lui a fait donner le nom de *Belvedere.* Ce bâtiment eſt environé de niches, où l'on a placé les plus belles ſtatuës antiques que nous ayons : la *Louve* qui allaite *Remus* & *Romulus*, l'*Antinous*, la *Venus* sortant du bain, l'*Apollon* vainqueur de Python, l'Empereur *Commode*, le *Tronç*, [c'est une statuë d'Hercule, ainsi nommée parce qu'elle est mutilée de tous ses membres,] la *Cleopatre*, le *Tybre*, & le *Nil*, une *Venus* qui regarde l'Amour, & *Laocoon* avec ses deux enfans que deux serpens entortillent ; ce dernier morceau passe pour le chef-dœuvre de la Sculpture : il fut trouvé auprès de Ste Lucie *in Orthea*, sous le Pontificat de Leon X. *Voyez Laocoon.*

BERCEAU, Voûte en *berceau* ; c'est une voûte en plein ceintre : *berceau* surbaissé, c'est une voûte plus basse qu'un demi-cercle. La grande salle du Palais a deux berceaux très-hardis.

BERNIN (Jean Laurent) vulgairement appellé le Cavalier *Bernin*, originaire de Toscane, & né à Naples, a excellé dans la connoissance de la Peinture, de la Sculpture, de l'Architecture, & dans les Méchaniques. Il commença à paroître sous le Pontificat de Paul V. qui prédit la grandeur où il arriva depuis, en voyant ses premiers ouvrages. Le Pape Grégoire XV. le fit recevoir Chevalier de l'ordre de Christ en Portugal, & Urbin VIII. lui donna la Surintendance de la fabrique de S. Pierre. Alexandre VII. & Clément IX. l'honorerent de leur estime & de leur amitié : la Reine Christine de Suéde, voulut bien lui rendre quelques visites. Rome lui est redevable d'une partie de ses plus Beaux ornemens : on compte dans la seule Eglise de S. Pierre, jusques à quinze différens ouvrages de son invention, dont un seul suffiroit pour éterniser sa mémoire. Entre les principaux qu'il a faits, on admire principalement le maître Autel & le Tabernacle, la Chaire de S. Pierre, les Tombeaux d'Urbin VIII. & d'Alexandre VII. la Statuë Equestre de Constantin, la Colonnade, c'est-à-dire, les portiques soutenus d'un grand nombre de colonnes, qui environnent le parvis de S. Pierre, la Fontaine de la place Navonne, l'Eglise de S. André du Noviciat des Jesuites, qui passe pour un excellent ouvrage d'Architecture. L'on garde à Rome dans le cabinet de Kirker, quelques-uns de ses ouvrages de Sculpture : il y en a un entr'autres qui représente fort naturellement un petit garçon, qui tâche d'attraper une Cigale.

En 1665, le Cavalier *Bernin* fut appellé en France, pour travailler au dessein du Louvre. Il y fit le Buste du Roi, qni lui attira l'applaudissement de toute la Cour ; il s'en retourna avec une pension de deux mille écus, que Sa Majesté lui donna, & une autre de 500 pour son second fils, qui l'accompagna en France. Ensuite il entreprit la Statuë équestre du Roi. Jamais Sculpteur n'avoit mis en œuvre un bloc de marbre si grand : car le soc, le cheval & la figure plus haute que nature sont d'une seule piéce. Le Roi y étoit représenté montant sur une montagne, qui marquoit le sommet de la gloire; cette Statuë n'a pourtant pas répondu à l'attente que les connoisseurs en avoient conçue, quoique cet habile homme y eût travaillé pendant quinze ans, & qu'elle eut coûté des sommes immenses; on a été obligé à cause du peu de ressemblance, & de l'attitude trop forcée, de la métamorphoser en Curtius, Romain qui se dévoua pour Rome, & qui se précipita dans un abîme, qu'avoit formé la terre entrouverte. On nous permettera pour l'honneur de nos Sculpteurs François, d'opposer à cette Statuë équestre ces deux groupes prodigieux de Mercure & de la Renommée, assis sur des chevaux aîlés, qui ont été posés dans le jardin de Marly au mois d'Août 1702, & qui sont présentement dans celui des Thuilleries. Chaque groupe soutenu du trophée, à été fait d'un seul bloc de marbre, & tous deux, quoique travaillés avec un feu surprenant, & une correction peu commune, n'ont coûté que dix-sept mois de travail au fameux Coisevaux, célébre par tant d'autres excellens ouvrages.

Le Cavalier *Bernin* avoit un goût tout particulier dans ses ouvrages de Sculpture, & il a tendu à la perfection par un chemin tout différent de celui des anciens ; il a recherché avec soin les différens effets de la nature, & personne avant lui n'avoit manié le marbre avec plus de facilité ; il étoit d'un humeur austére, brusque & impétueuse : défauts parfaitement exprimés dans un buste de lui, qu'on a envoyé à Paris, & qui est très ressemblant. Il mourut à Rome le 29 Novembre 1680, âgé de 82 ans. Son corps fut porté à Ste Marie Majeure, lieu de la sépulture de ses ancêtres. *Moreri.*

BETON, espéce de mortier qu'on jette dans les fondemens, & qui se durcit extrêmement.

BIBLIOTHEQUE, vaisseau destiné à contenir des livres.

Nehemie fut le premier des Hébreux qui contruisit une *Bibliotheque*. Les plus célébres *Bibliotheques* anciennes étoient celle de Pergame, qui renfermoit deux cens mille volumes, celle de Ptolomée Philadelphe qui en contenoit soixante & dix mille, & celle de Constantinople où il y avoit trois cens mille manuscrits. Elle fut brulée par Léon l'Isaurique, qu'on peut appeller le destructeur des lettres, vû le tort irréparable qu'il leur a fait par cet embrasement. *Voyez Serapeon.*

Parmi les modernes, aucune *Bibliotheque* n'a approché de la *Bibliotheque* du Roi dans l'état où elle est aujourd'hui, non pas même celle du Vatican, ni celle de Florence.

BICETRE, ancien Château, situé à

une lieuë de Paris, qui se nommoit anciennement *Vinchester*, & que le peuple a appellé par corruption *Bicêtre*. Ce Château, qui appartient aujourd'hui à l'Hôpital, & qui est une maison de force, est considérable par la vaste étenduë de ses bâtimens, & par le puits célébre qu'on y a construit depuis quelques années, sur les desseins de M. *Boffrant*. La description de ce grand ouvrage fera un des articles les plus intéressans de ce Dictionaire. Ce Mémoire nous a été communiqué par l'Auteur.

L'eau, si nécessaire à une maison telle que *Bicêtre*, soit pour les lessives, soit pour les bains des personnes qu'on fait passer par le grand remede, soit pour la cuisine, & pour les besoins journaliers de cinq à six mille personnes, soit pour L'Apotiquairerie, soit pour les potagers, &c. l'eau, dis-je, manquoit presque entierement dans cet Hôpital. Les anciens aqueducs n'en fournissoient qu'une très-petite quantité; les puits étoient continuellement taris, & l'on étoit forcé d'aller chercher de l'eau à la riviere, qui en est éloignée d'une demi-lieuë. C'est ce qui fit former le projet d'un nouveau *puits*, dont le plan & l'exécution fut confiée à M. de Boffrant. Il commença par faire construire la machine qui devoit tirer l'eau, & dont il s'est servi en même-tems pour enlever les terres, le tuf, la glaise, le sable, la marne & les roches qu'on a trouvés en la profondeur de 14. toises jusqu'aux bancs de pierres de carriere,

Cette carriere a neuf toiſes de profondeur, qu'on a percées du diametre du *puits*, & dont la machine a enlevé les quartiers. Cette machine, qui comme je l'ai dit, étoit deſtinée eſſentiellement à élever l'eau, eſt dans un manege octogone. Elle conſiſte dans un gros arbre de bout, c'eſt-à-dire élevé perpendiculairement, auquel huit bras ſont attachés ; quand le travail eſt forcé, on attelle un cheval à chaque bras, mais pour les beſoins ordinaires quatre chevaux ſuffiſent. Au haut de l'arbre eſt un tambour de ſix pieds de diamétre, ſur lequel tournent deux cables, dont l'un file, & l'autre défile, & qui paſſent ſur deux poulies de 4 pieds de diamétre, poſées au-deſſus du *puits*. Au bout des cables pendent deux ſceaux, contenant chacun 4 muids, dont l'un deſcend à meſure que l'autre monte ; comme leur volume eſt trop gros pour pouvoir ſe renverſer dans le *puits*, ils ont au fond 4 ſoupapes de cuivre qui s'ouvrent pour les remplir, & qui ſe referment d'elles-mêmes lorſqu'ils ſont pleins. Lorſqu'un des ſceaux eſt au haut du *puits*, il eſt empoigné par deux crochets de fer qui le font pancher, pour le vuider dans un baſſin qui communique au grand réſervoir dont nous parlerons, après avoir décrit le puits même, c'eſt-à-dire le corps de maçonnerie qui le compoſe. Ce *puits* à ſeize pieds de diametre dans œuvre, ſur vingt-huit toiſes & demie de profondeur. En le creuſant,

creusant, on a trouvé d'abord comme je l'ai dit, quatorze toises de terre, de tuf, de glaise, &c. jusqu'aux bancs de carriere, & neuf toises dans la carriere même, qu'on a ouverte du diametre du *puits*; après quoi on a trouvé cinq toises & demie de sable, de roche & de glaise; là on a trouvé des eaux folles en plusieurs endroits, lesquelles charioient des terres & des sables qui auroient beaucoup nuit à la fouille, si on ne les avoit enlevés avec la machine. Alors l'eau a monté dans le *puits* à la hauteur de 9 pieds; c'est là que s'est trouvée la plus grande difficulté. Lorsque l'eau a commencé à paroître, on a fouillé dans la glaise environ un pied, & on y a posé, ainsi qu'il se pratique dans la construction de tous les puits, un rouet de charpente du diametre du *puits*, & de deux pieds de large, sur lequel on a posé une premiere assise de pierre de taille, dont les quartiers étoient liés par des crampons de fer; ensuite on a dragué la glaise sous le rouet pour le faire enfoncer, & à mesure qu'il baissoit, on a posé de nouvelles assises de pierres, cramponées comme la premiere, en épuisant l'eau à mesure qu'elle venoit. On n'a jamais pû enfoncer le rouet plus de neuf pieds dans l'eau; mais malgré l'épuisement qui se faisoit nuit & jour par le moyen de la machine, à laquelle on atteloit huit chevaux, qu'on relayoit de deux heures en deux heures, & qui élevoient des sceaux, contenant chacun 6 muids d'eau, ce que l'on a continué trois jours & trois nuits, malgré cet épuisemeut, dis-je, l'eau n'a jamais baissé au-dessous de neuf pieds ; quoiqu'on travaillât dans la saison de l'année où les eaux sont le moins abondantes. Comme cette hauteur d'eau suffisoit, on a discontinué cet épuisement, & l'on a élevé les assises de pierre jusqu'au-dessous des bancs de pierre de la carriere dont j'ai parlé, où l'on a pratiqué des piliers de six pieds de hauteur, pour faire une retirade pour les ouvriers qui auroient occasion de travailler au *puits*.

Comme en creusant le puits au-dessous des bancs de pierre, il s'est fait des éboulis de terres, de sable & de glaise, qui formoient des cavernes derriere le mur du *puits* ; on les a remplies avec des pierres & des moilons, à mesure qu'on élevoit les assises du mur en parement du puits.

Entre les assises de pierre du *puits*, & les bancs de carriere, on a enchassé des coins de fer, afin que si les assises de pierre venoient à s'affaisser, on pût les chasser à force, pour soutenir d'autant la masse de la carriere. On a ensuite taillé le parement du puits dans la masse de la carriere, & on a élevé sur cette masse le restant des assises de pierre, jusqu'au rez-de-chaussée.

Le *réservoir* qui par des tuyaux de plomb, distribue l'eau dans toute la maiſon, a dans œuvre 63 pieds en quarré, ſur 8 de hauteur d'eau. Il contient 4000 muids d'eau, enſorte que lorſqu'il eſt plein, il peut fournir la maiſon pendant ſix où ſept jours, ſans faire travailler les chevaux. Il eſt voûté de pierre de taille par neuf voûtes rampantes, portées par 4 piliers de pierre, & il eſt revêtu de tables de plomb laminé, dans toute la hauteur de l'eau. Au-deſſus des voutes eſt un grenier qui peut contenir 4000 ſeptiers de bled.

BIERE, il n'eſt terme de Peinture que dans cette phraſe triviale, où l'on dit d'un méchant tableau : *c'eſt une enſeigne à biere.*

BILBOQUET. On appelle ainſi un petit morceau de bois quarré, où l'on attache un morceau de linge fin ou de ſoie. Les Doreurs s'en ſervent pour prendre l'or, & pour le couler dans les endroits les plus difficiles, comme dans les moulures, dans les gorges, &c.

BISMUTH, minéral approchant de l'étain, & qui ſe trouve dans les mines de ce métal. On en compoſe un fort beau blanc, appellé blanc de perle. La ſubſtance du *biſmuth* eſt dure, mais aigre & caſſante, ronde, polie, & d'une blancheur éclatante.

BISTRE, compoſition dont les Deſſinateurs ſe ſervent pour les lavis ; on l'emploie auſſi dans la miniature : il ſe fait avec de la ſuie cuite & broyée dans de l'eau gommée, ou dans le vinaigre.

BLANC. Bien des Philoſophes ne conviennent pas que ce ſoit une couleur ; mais c'en eſt une pour les Peintres : c'eſt la plus légére de toutes les couleurs.

BLANC de plomb, c'eſt le plus beau blanc que nous ayons.

BLANC des Carmes. Ces Peres veulent nous faire un ſecret d'une choſe que tout le monde peut faire auſſi bien qu'eux.

Ce *blanc* n'eſt autre choſe que de la chaux de ſenlis fort blanche, & paſſée dans un tamis très-fin ; quand elle eſt claire comme du lait, on en met cinq ou ſix couches : mais il faut que chacune de ces couches ſoit bien ſéche, avant que d'en appliquer une nouvelle. Il faut auſſi les bien frotter avec la broſſe ; après cela on frotte l'ouvrage avec une broſſe de poil de ſanglier, ou avec la paume de la main ; c'eſt ce qui lui donne ce luiſant qui en fait tout le prix.

On fait dans les Indes un blanc plus pur encore, & plus luiſant avec de la chaux vive, mêlée avec du lait & du ſucre, dont on enduit les murailles, que l'on polit avec une pierre d'agathe. Cet enduit les rend d'un poli qui imite la glace, & dont le plus beau *blanc* des Carmes n'approche pas.

BLANC d'Eſpagne. Il ſe fait avec l'étain de glace qu'on diſſout dans du nitre. Les Peintres s'en ſervent pour leurs eſquiſſes.

BLANC de perle. *Voyez* BISMUTH.

BLANCHARD [Jacques] Peintre de l'Ecole Françoiſe. Il naquit à Paris l'an 1600 ; à l'âge de vingt ans, il fit le voyage d'Italie, & il forma ſa maniere ſur celle du Titien, & des autres Peintres de l'Ecole Vénitienne. Il excella comme eux dans la partie du coloris, & quoique la mort l'ait enlevé à la fleur de ſon âge, c'eſt un des plus grands Peintres qu'ait eu la France, & ſans contredit undes plus parfaits coloriſtes. Le plus beau de ſes ouvrages eſt une deſcente du S. Eſprit, faite pour l'Egliſe de Notre-Dame, & qu'elle conſerve cherement.

BLEU, couleur très-douce & très-fuiante, qui ſe fait avec l'Azur ou l'Outremer, avec l'Indigot, & pluſieurs autres compoſitions telles que le ſable, le ſel, le nitre & la limaille de cuivre fondus & broyés enſemble. On peint ordinairement d'*Outremer*, les ciels, les nuages, la mer, &c.

On diſtingue différentes nuances de bleu.

BLEU blanc.

BLEU mourant.

BLEU céleſte.

BLEU Turquin, [foncé.]

BLEU Pers, [entre le verd & le bleu, c'eſt la couleur de certains yeux.]

BLEU d'enfer ou noirâtre, &c.

BLOC, morceau; *bloc* de marbre, *bloc* de pierre.

BLOND, couleur entre le blanc & le roux.

BLOND doré.

BLOND ardent.

BLOND fade.

BLOND de filasse.

BLOND cendré, c'est le plus beau.

Ce n'est pas une chose aussi indifférente pour les Peintres qu'on le croiroit, de charger ou d'éclaircir le teint de leurs Dieux ou de leurs Héros, & de faire de leurs Déesses des blondes ou des brunes. Ce seroit une faute de donner un visage brun & des cheveux noirs, à Apollon ou à l'Aurore, oude peindre Mars & Jupiter en blondins.

BLONDEL (François) fils de François *Blondel*, Seigneur de Croisettes, qui fut annobli par lettres du mois de Décembre 1654, étoit Professeur Royal en Mathématiques & en Architecture. Il fut Gouverneur de Mr le Comte de Brienne, fils du Sécrétaire d'Etat, & l'accompagna dans ses voyages dont il a publié une relation latine. Il montra depuis les Mathématiques à Monseigneur le Dauphin, fut employé dans quelques négociations, & parvint jusques aux dignités de Maréchal de Camp, & de Conseillier d'Etat. Il a été Directeur de l'Académie d'Architecture, Membre de l'Académie des Sciences, & n'a pas moins excellé dans la connoissance des belles Lettres que dans celle de la Géométrie. Nous avons de lui des Notes sur l'Architecture de Savot, un cours d'Architecture en trois volumes, un cours de

Mathématiques, l'Art de jetter les bombes, la nouvelle maniere de fortifier les places, l'histoire du Calendrier Romain, &c. Il mourut à Paris le 22 Janvier 1686, âgé de 68 ans.

BOEUF [œil de] fenêtre ronde pratiquée dans un mur.

BOIS, c'est un des principaux matériaux de l'Architecture. Les *bois* les plus propres pour bâtir, sont le chêne, le châteignier, & le sapin.

BOIS d'équarissage, c'est le *bois* équarri, ou le *bois* quarré destiné à bâtir. *Bois* refait, c'est le *bois* qui n'est pas bien équarri, ni taillé à vive arrête.

BOL [Jean] étoit de Malines, il naquit en 1534. il peignoit en mignature, à l'huile, & en détrempe. Il fit la plûpart de ses ouvrages à Heidelberg, à Mons, & à Amsterdam, ou il mourut âgé de cinquante-neuf ans.

BOLOGNESE [Jean da Castel] étoit Graveur en cornaline, en agathe, & en autres pierres précieuses. Il y représentoit non-seulement des portraits fort finis, mais des sujets d'histoires, & de grandes compositions, comme des bacchanales, des combats, des siéges, dont les plus petites parties étoient terminées avec un art merveilleux. Il mourut à Faenza l'an 1555, âgé de soixante ans.

BOMBEMENT, en terme d'Architecture signifie la même chose que renflement, curvité.

BORDON [Paris] étoit un Gentilhomme Trevisan. Il fut l'éléve du Titien, & il fit plusieurs grands ouvrages à Venise & dans d'autres lieux. Le plus considérable de tous, est celui où il représenta l'avanture du pêcheur de Venise. *Bordon* vint en France l'an 1538; étant retourné à Venise, il y finit ses jours âgé de soixante & quinze ans.

BORDURE, ce qui borde un tableau, une riche *bordure*, une *bordure* commune, une *bordure* d'or bruni, d'or bronzé » Les bordures dorées, dit, Mr l'Abbé » du Bos, jettent un nouvel éclat sur les » couleurs, & semblent, en détachant les » tableaux des objets voisins, réunir » mieux entr'elles les parties dont ils sont » composés. » *Réfl. sur la Peinture.*

BORGHESE. Le Palais *Borghese*, est un des plus beaux Palais de Rome. Il est admirable, non-seulement pour son Architecture, mais pour ses raretés. Ce bâtiment consiste en trois corps, unis par une galerie qui sépare la cour des jardins. Cette cour est environnée d'un double portique, soutenu par quatre-vingt seize colonnes antiques, de Granite d'Egypte.

Les Ameublemens en sont très-riches, & l'on y voit un très-grand nombre de Tableaux des plus grands Maîtres; on en comptoit au commencement de ce siécle jusqu'à 1700, tous originaux. Les plus remarquables sont la *Venus* qui bande les yeux de l'Amour, par le *Titien*, une *bacchanale*, une *brebis* qui allaite un agneau, un *Christ* couronné d'épines, un autre *Christ* attaché à la colonne, une *Lucrece*, & une *Cêne* du même, *David* qui tuë Goliath, par Jule *Romain*, un *Hiver* du *Bassan*, un *S. Pierre* en pleurs, d'Annibal *Carache*, la *Musée*, piéce fameuse du Dominiquain, les *pensées* amoureuses de l'*Albane* en 4 tableaux ronds, la *Suzanne* de *Rubens*, une *Noce* de village du *Guide*, la *Diane* du *Dominiquain*, un *Crucifix* de Michel Ange, &c.

La vigne *Borghese* est une autre maison magnifique que les *Borgheses* ont aux environs de Rome. La principale porte de cette maison de plaisance, est d'ordre Ionique : on y voit un bas-relief antique, qui représente l'Apotheose de quelque Empereur : plus loin sont deux termes du Cavalier *Bernin* ; ensuite on arrive dans une cour ronde, qui est toute environnée de Statuës. Le Palais est presqu'entierement revêtu de bas-reliefs antiques si artistement incrustés, qu'ils semblent avoir été travaillés dans le lieu même. Celui qui représente *Curtius*, est le plus estimé. Parmi les Peintures qu'on voit dans ce riche Palais, les plus estimées, sont le S. *Antoine* du Carrache, & le *Christ* mort de Raphaël. Parmi les Antiquités de Sculpture les plus considérables, sont la *Junon* de Porphire, la *Louve* de marbre rouge, qui allaite *Remus* & *Romulus*, *Silene* qui tient Bacchus dans ses bras, l'*hermaphrodite*, les deux

Dianes d'Albâtre Oriental, *Venus* & *Adonis* sur un même groupe, le Seneque expirant. On y voit aussi des Statuës modernes, entr'autres trois pieces du Cavalier *Bernin*, à sçavoir *Apollon* & *Daphné*, David combattant *Goliath*, Enée, Anchise & Jule : ces trois pieces ne le cédent en rien à celles dont j'ai parlé.

BORNOYER, mesurer, alligner à l'œil; observer si une chose est droite & de niveau.

On dit *bornoyer* un parement de pierre, pour voir s'il est droit & bien dégauchi.

BORNOYEUR, ou BORNEYEUR, celui qui *bornoye*.

BOSEL, voyez BASTON.

BOSSAGE, terme d'Architecture; ce sont des pierres brutes en saillie, qu'on laisse dans un bâtiment pour y sculpter ensuite des mascarons, des armes, des chapiteaux, & d'autres ornemens.

On appelle encore *Bossages* certaines pierres avancées qu'on laisse au-dessous des coussinets d'un arc, ou d'une voûte, & qui servent de corbeaux pour porter les ceintres.

BOSSAGE rustique; c'est celui dont les paremens paroissent brutes.

BOSSAGE *arrondi*; c'est celui dont les arrêtes sont arrondies.

BOSSAGE *en pointe de diamant*; c'est celui dont le parement a quatre glacis, qui se terminent à un point, ou à une arrête.

BOSSAGE en *cavet*; c'eſt celui dont la ſaillie eſt terminée par un cavet entre deux filets *Daviler*.

BOSSE, terme de ſculpture. Un ouvrage en *boſſe*, eſt un ouvrage fait en relief. Quand l'ouvrage eſt tout en relief, on l'appelle ronde-*boſſe*. Quand il n'eſt relevé qu'à demi, on l'appelle demi-*boſſe*. Deſſiner ſur la *boſſe*, c'eſt deſſiner ſur une figure de relief.

BOSSE (Abraham) excellent Graveur, fut le premier Profeſſeur en perſpective de l'Académie de Peinture de Paris; & comme cette Académie n'avoit point encore de revenus, il donna ſes leçons gratuitement. Il a publié un petit Traité de Peinture intitulé : *Sentimens ſur la diſtinction des diverſes manieres de peinture, deſſeins & gravûre, & des originaux d'avec leurs copies; enſemble du choix des ſujets pour arriver promptement & facilement à bien portraire.*

Boſſe s'étant depuis brouillé avec ſes Confreres, fut chaſſé de l'Académie.

BOUCLE, ornement d'architecture fait en forme d'anneaux enlacés ſur une moulure ronde.

BOULE, ornement qu'on place au haut des obeliſques, des dômes, & de quelques autres morceaux ſemblables d'architecture.

BOUTANT, pilier *boutant*; c'eſt un gros pilier de pierre adoſſé à un mur, à une terraſſe, &c. pour les ſoutenir.

Arcboutant; c'eſt une arcade faite de

pierre pour appuyer une voûte élevée.

On fait aussi des *arcboutans* avec des poûtres qui poussent & qui arcboutent.

Contreboutant, c'est la même chose que *arcboutant.*

BOUTE'E, ouvrage d'architecture destiné à soutenir les voûtes, les terrasses, les murs, &c.

BRAMANTE, sçavant Architecte de Rome, naquit vers l'an 1444. à Castel-Duranti, dans le Duché d'Urbin en Italie. Après avoir étudié les Mathématiques, il apprit le dessein & la peinture; mais désespérant d'atteindre à la réputation des Peintres, qui fleurissoient alors en Italie, il ne réserva de cette connoissance que ce qui lui étoit nécessaire pour se rendre bon Architecte. Animé de cette passion, il se rendit à Milan, où il se mit sous la discipline de César-Césatine, Architecte & Géometre qui avoit commenté Vitruve; ensuite il étudia sous Barthelemi Trivio; depuis il parcourut les principales Villes d'Italie pour y étudier les Antiquités. Lorsqu'il se sentit bien fondé dans la Theorie de son Art, pour le mettre en pratique, il entreprit, à la persuasion du Cardinal de Naples, le bâtiment du cloître des Religieux de la paix, à Trivento dans le Royaume de Naples; après quoi il fut reçu sous-Architecte du Pape Alexandre VI, pour lequel il fit le dessein de la fontaine de Trastevere, & d'une autre dans la place de S. Pierre. Après s'être rendu recommandable par la beauté de ces ouvrages, il fut consulté pour la fabrique du Palais de S. George, & de plusieurs Eglises de Rome; il acquit dès-lors la réputation du plus excellent Architecte d'Italie, ce qui porta Jule II. à lui donner l'Intendance de ses bâtimens. Ce Pape ayant résolu de joindre le Belveder au Palais du Vatican, par quelques bâtimens somptueux, lui laissa la direction de cette entreprise. Bramante voulant signaler son nom, & la magnificence de ce Pontife, forma un dessein qui surpassa ce qu'il y avoit de plus superbe en Italie, & quoiqu'il ne l'ait pas exécuté entierement à cause de la mort du Pape, il n'en a point moins remporté de gloire. On ne peut rien voir de plus surprenant, que l'escalier qu'il fit dans le Belveder, où l'on monte facilement à cheval, & où les ordres d'Architecture sont entremêlés d'une maniere merveilleuse; il bâtit encore quantité d'autres Palais, & de beaux Temples dans Rome. Il donna le magnifique dessein de l'Eglise de Norre-Dame de Lorette, qui a été exécuté par André Sansovin. Bramante persuada à ce Pape d'abattre l'Eglise de S. Pierre, pour en bâtir une autre plus superbe, dont il lui montra le dessein. Quoiqu'il parut plus admirable que possible, le S. Pere ne l'eut pas plûtôt consideré, qu'il en ordonna l'exécution. *Bramante* l'entreprit, se promettant d'acquérir une renommée immortelle, par la construction du plus auguste Temple de la Chrétienté. Mais quoiqu'il y fit travailler avec beaucoup de diligence, il ne put voir la fin de ce grand ouvrage. Il en laissa la continuation à Raphaël d'Urbin, & à Julien de S. Gal, qui ne suivirent pas ses intentions. Plusieurs autres y travaillerent après eux, lesquels ne pouvant parvenir à la perfection du dessein de Bramante en dresserent de nouveaux, mais de moindre goût que celui de ce grand homme. Le *Bramante* mourut à Rome l'an 1314, âgé de 70 ans, & fut inhumé avec beaucoup de pompe dans l'Eglise de Saint Pierre.

BRAUR (Adrien.) Braur étoit un Peintre Flamand, fort adonné à la débauche, & plongé dans la plus basse crapule. Ses ouvrages se ressentent du libertinage de sa vie, & de la mauvaise compagnie qu'il fréquentoit. On n'y voit en effet que des grivois, des fumeurs de taverne, & des gens de la lie du peuple. Mais le naif qui regne dans ses Tableaux, les a fait payer au poids de l'or. Ses débauches épuiserent son tempérament, & l'enleverent à la fleur de son âge. Il mourut si pauvre, qu'il ne laissa pas de quoi payer ses funérailles : on lui en fit cependant de magnifiques, où le Clergé & tous les Notables d'Oudenarde assisterent.

BRIL. Matthieu & Paul *Bril*, Peintres Flamands, étoient freres. Ils ont fait d'excellens ouvrages dans le Vatican, des païsages, des vûes & des Topographies fort estimées, qui sont aujourd'hui répandues dans les Cabinets des Curieux.

BROCANTEUR, se dit dans le sens propre, d'un homme qui fait profession d'acheter des tableaux pour les revendre. Ce commerce étoit anciennement fort à la mode en Italie. Les Marchands Genois, Venitiens & Florentins commandoient au Guide, aux Carraches, & à d'autres excellens Peintres des tableaux qu'ils achetoient de la premiere main, & qu'ils revendoient ensuite en France, en Allemagne, & même en Turquie.

Dans un sens moins propre, mais fort usité, on appelle *Brocanteur* tout particulier, qui sans être marchand de profession, achete, troque & *brocante* des tableaux.

BROSSE, c'est un pinceau dont tous les poils sont égaux, & ne se terminent pas en pointe comme les pinceaux ordinaires. Les premieres couleurs s'appliquent avec la *brosse*. On se sert de la *brosse* pour adoucir les traits.

BROYER, BROYEMENT, BROYEUR.

BROYER des couleurs séches, c'est les casser, les piler, les réduire en poussiere, ce qui se fait avec le pilon, avec la pierre ou quelqu'autre instrument semblable.

BROYER & mêler, sont des mots qu'il ne faut pas confondre. On *broye* les couleurs féches fur le marbre. On mêle les couleurs liquides fur la palette.

On appelle *broyement* l'action de *broyer*, & *broyeur* celui qui *broye*. Le Peintre peut faire *broyer* fes couleurs ; mais il doit les mêler lui-même. Les couleurs bien ou mal mêlées, font en partie le bon ou le mauvais coloris.

BRUGLE [Pierre] naquit auprès de Breda dans le village de Brugle, d'où il a tiré fon nom. Il a excellé dans la repréfentation des danfes & des jeux de païfans, & perfonne n'a rien fait de mieux en ce genre. Il fut aggrégé à l'Académie d'Anvers en 1551.

BRUN, couleur fombre & obfcure. Les ombres du tableau fe font de *brun* plus ou moins foncé, felon que les corps font plus ou moins oppofés à la lumiere: les *bruns* (c'eft à-dire les teintes brunes) font un bel effet fur le devant du tableau.

BRUN-ROUGE, c'eft ainfi qu'on appelle une efpéce d'ocre d'un rouge foncé.

BRUN [Charle le] étoit fils d'un Sculpteur de Paris, fort médiocre. Le Chancelier Séguier qui employoit fon pere pour quelques ouvrages qu'il faifoit faire dans fon jardin, apperçut un jour le jeune le *Brun* qui deffinoit avec beaucoup d'application. Touché des difpofitions qu'il trouva dans ce jeune homme, il le mit fous la difcipline de Vouet. Le *Brun* à l'âge de quinze ans, fit deux Tableaux

Tableaux qui furent admirés de tous les connoiſſeurs. En 1639, il fit le voyage de Rome, ou il acheva de ſe perfectionner. Il mourut à Paris en 1690. Sa femme lui fit élever un beau Mauſolée dans l'Egliſe de S. Nicolas du Chardonnet. Il eſt placé dans la Chapelle de Saint Charles, que ce Peintre avoit décorée du beau Tableau de Saint Charle Borromée qu'on voit ſur l'Autel : voici l'Epitaphe qu'on a miſe au bas de la piramide qui forme ſon Mauſolée.

A LA ME'MOIRE

DE CHARLE LE BRUN ÉCUYER, &c.

Son génie vaſte & ſupérieur le mit en peu de temps au-deſſus de tous les Peintres de ſon ſiécle. Ce fut lui qui forma la célébre Academie de Peinture & de Sculpture, que Louis le Grand a depuis honorée de ſa Royale protection, qui a fourni des Peintres & des Sculpteurs à toute l'Europe, où elle a toujours tenu le premier rang.

L'Academie du deſſein de cette ſuperbe Rome, qui avoit eu juſqu'à préſent l'avantage des beaux Arts ſur toutes les autres Nations, le reconnut pour ſon Prince en 1676 & 1677. Ce ſont ſes deſſeins qui ont répandu le bon gout dans tous les Arts : & ſous ſa direction, les fameuſes Manufactures des Gobelins ont fourni les plus précieux meubles, & les plus magnifiques ornemens des Maiſons Royales.

Pour marque éternelle de ſon mérite, Louis le Grand le fit ſon premier Peintre; lui donna des Lettres authentiques de Nobleſſe, & le combla de ſes bienfaits. Il eſt né à Paris le 22 Mars 1619, & y eſt mort dans le ſein de la piété le 12 de Février 1690, &c.

Le Brun étoit digne de la plûpart de ces éloges, mais non pas ſans reſtriction : il excella dans la partie du deſſein, & de l'invention. Il étoit grand & ſublime dans ſes compoſitions, mais peu varié, & ſujet à ſe répéter. Ses ouvrages ſont remplis d'Allegories ſi obſcures, que pluſieurs de ſes Tableaux ſont de véritables énigmes. Son coloris fût toujours médiocre pour ne rien dire de plus. Ses païſages ſont mauvais, mais il a réuſſi dans tous les autres genres. Ses meilleurs ouvrages ſont ſa *Madeleine* des Carmelites de S. Jacques, l'*Aſſomption* & la *Préſentation* de la Vierge dans l'Egliſe des Capucins de S. Honoré, les Tableaux qu'il a peints dans la maiſon du Préſident Lambert, dans le Château de Vaux, & dans celui de Sceaux, les *batailles* d'*Alexandre*, & la grande Gallerie de Verſailles. Ce dernier ouvrage eſt ſon chef-d'œuvre.

Le Brun, dit M. de Voltaire dans le Temple du Goût, remarque 17e. « n'a » pas un ſi grand goût de l'antique que » le Pouſſin & Raphael, mais il a au» tant d'invention que *Raphael*, & plus » de vivacité que le *Pouſſin*. Les Eſtam-

» pes des batailles d'Alexandre ſont plus » recherchées que celles des batailles de » Conſtantin d'après *Raphael* & *Jule Ro-* » *main.* »

BRUNI, or *bruni* & or poli, ſont des mots ſinonimes. L'or ſe *brunit* avec la pierre ſanguine, avec le tripoli, avec la poirée d'émeril, avec un fer rond qu'on appelle *bruniſſoire*, avec la dent de loup, &c.

Les belles bordures, ſont d'or *bruni*.

BURIN, inſtrument d'acier, dont la pointe ſe termine en lozange, & avec lequel on grave ſur le cuivre & ſur d'autres métaux.

Les Eſtampes gravées au burin, ſont beaucoup plus douces que celles que l'on grave à l'eau forte : c'eſt ce qui fait qu'on appelle les premieres, *tailles douces*.

BUTTE, c'eſt ainſi que les Architectes appellent la derniere pile d'un pont; on l'appelle auſſi culée. La butte eſt étayée par un quai, ou par des terres.

C

CABANE, maiſon de païſan ou de ſauvage, couverte de chaume, ou de branches d'arbres.

CABANER, dreſſer des cabanes. Ceux qui voyagent en caravanne dans certains païs, ſont quelquefois forcés de *cabaner* à cauſe du mauvais temps & des mauvais chemins.

CABINET. On appelle *cabinets* les

lieux ornés de tableaux, d'estampes, de desseins, de modéles, de pierres gravées, & d'autres curiosités de cette nature. Le *cabinet* de M. Crozat étoit un des plus riches de l'Europe, sur-tout pour la collection des desseins. Il en avoit rassemblé jusqu'à dix-neuf mille.

CALIARI. [Benoit Charle, & Gabriel] Le premier étoit frere de Paul Veronese, & les deux autres furent ses enfans. Benoît travailla toujours avec son frere, ensorte que sa réputation & ses tableaux, sont également confondus avec les ouvrages de Paul Veronese ; ce qui fait également l'éloge de sa modestie & de ses talens.

Charles fut l'aîné des enfans de Paul : à l'âge de dix-huit ans, il étoit déja un grand Peintre, & si la mort ne l'eut enlevé à la fleur de son âge, on croit qu'il auroit égalé son pere. Gabriel ne fut jamais qu'un Peintre médiocre.

CALIBRE, terme d'Architecture. Colonnes d'un même *calibre*, c'est-à-dire d'un même volume, & d'un même diamétre.

Les Charpentiers appellent encore *calibre* un instrument de bois dont ils se servent pour prendre leurs mesures.

CALLOT, [Jâques] c'est le plus excellent Graveur à l'eau forte qui ait jamais été. Il a également réussi dans les sujets sérieux & comiques, & tout ce qui est sorti de sa main est admirablement touché. Il a sur-tout excellé dans les petites figures qu'il terminoit en cinq ou six traits, & souvent en un seul. Il naquit à Nancy l'an 1593, & il mourut le 28 Mars de l'année 1635. Il étoit si laborieux & si fécond, que, quoiqu'il n'ait vêcu que quarante-deux ans, il a gravé près de quatorze cent planches, dont les plus estimées sont ses *caprices*, ses *fantaisies*, ses *pantalonades*, ses *gueux*, sa *grande foire*, les tentations de S. *Antoine*, (il en a fait deux, l'une à Florence, l'autre à Nancy,) tous les *Saints* de l'année en trois cent quatre-vingt douze piéces, le *Carrousel de Nancy*, les *miséres de la guerre*, le *siége* de Breda, & celui de la Rochelle.

CALQUER, c'est imprimer sur du vélin, ou sur quelqu'autre matiére, les principaux traits d'un dessein, ou d'une estampe, en posant le vélin sous l'estampe, & en passant légérement une pointe fort douce sur chaque trait du dessein, dont l'image s'imprime sur le vélin, au moyen d'un papier craionné de rouge ou de noir, qu'on met entre l'estampe & le vélin, en sorte que le côté craionné regarde le vélin.

Quand au lieu de passer la pointe sur le dessein, on le pique, & qu'ensuite on le frotte avec du noir, cela s'appelle poncer. *Voyez* PONCER.

CAMAYEU. On appelle ainsi certains desseins & tableaux de clair-obscur. On s'en sert pour représenter en Peinture toutes les figures de marbre ou de métal, aussi bien que les bas-reliefs. Les Lapidaires appellent *camayeux* certains morceaux de marbre, d'agathe, & d'autres pierres, qui par les veines qui s'y trouvent naturellement, représentent des figures d'hommes, d'animaux, d'arbres, &c. C'est là l'origine la plus naturelledu mot *camayeu*, pris comme terme de Peinture. On dit: peindre en *camayeu*, un plafond orné de *camayeux*, de beaux *camayeux*.

CAMPANE, c'est un chapiteau contourné en panier de fleurs renversé, on l'appelle *campane*, parce qu'il ressemble une cloche renversée.

CAMPANILE, c'est une tour d'Eglise où sont les cloches. Le *campanile* de l'Eglise Cathedrale de Pistoye en Toscane, & celui de Ste Marie *Del-fiore* de Florence, sont très-renommés.

CANAL, ornement d'Architecture en forme de *canal*, qu'on creuse dans les chapiteaux. *Canal de Larmier*: c'est le plafond d'une corniche qui fait la mouchette pendante. *Canal* de volute, c'est la face des circonvolutions renfermée par un listel. *Voyez Cannelure.*

CANAL, conduit artificiel qu'on creuse dans les terres pour la jonction des rivieres. Les écluses sont d'un grand secours pour ces sortes d'ouvrages. Le *canal* de Languedoc, qui fait la communication des deux mers, est le plus considérable ouvrage qu'on voie en ce genre. Ce *canal* a plus de cent écluses.

Herodote, Strabon, Pline, & Diodore de Sicile, parlent d'un ancien *canal* qui faisoit en Egypte la communication des deux mers, c'est-à-dire, de la mer

Rouge, & de la Méditerranée; ce canal commencé & interrompu diverses fois, fut fini pat les Ptolemées. Il commençoit assez près de Delta, vers la Ville de Bubaste; il avoit vingt-cinq toises de largeur, ensorte que deux bâtimens pouvoient y passer à l'aise, de profondeur autant qu'il en falloit pour porter les plus grands vaisseaux, & environ cinquante lieues de longueur. Aujourd'hui ce *canal* est presque entierement comblé, & à peine en reste-t'il quelque vestige. L'ancien *canal* de Babylone étoit aussi fort célébre.

CANNELER, CANNELURE. *Canneler* des colonnes ou des pilastres, c'est pratiquer & creuser dans leur fût de petits canneaux, qu'on appelle *cannelures*. Les colonnes *cannelées* font un fort bel effet dans les décorations de theâtre.

Quelquefois on jette sur ces *cannelures* divers ornemens, comme des feuilles de laurier, de lierre, ou de chêne, des roseaux, des fleurons, &c.

Cannelures ornées, *cannelures* plattes, *cannelures* torses, &c.

CANONIERE, ouverture étroite & longue qu'on ménage dans les murs qui soutiennent des terrasses, pour faciliter l'écoulement des eaux. On l'appelle aussi *Barbacane* & *Ventouse*.

CAPITAL, terme de peinrute, se dit en parlant du dessein. Un dessein *Capital*, est un dessein qui renferme une composition de quelque importance, & qui pourroit faire la matiere d'un tableau. L'esquisse d'un pied, d'un bras, d'une tête, d'une figure même, à moins que cette figure n'exprime une action sensible & remarquable, ne peut être appellée dessein *Capital*. Les Curieux font grand cas des desseins *Capitaux*.

CAPITOLE, célébre forteresse de Rome, où il y avoit un Temple fameux; on y montoit par cent dégrés. Ce Temple consistoit en une Nef, & en deux aîles; la Nef étoit consacrée à Jupiter *Capitolin*, & les aîles à Junon & à Minerve. Le *Capitole* fut brûlé sous Vitellius, & reconstruit sous Vespasien. Le feu le consuma encore sous l'Empire de Tite, & Domitien le fit rebâtir. Dans le lieu ou étoit ce Temple, on a bâti une Eglise appellée *Ara Cœli*, sous l'invocation de la Ste Vierge.

CARACHE [Louis, Augustin, Annibal & Antoine.] Augustin & Annibal étoient freres, Louis étoit leur cousin, suivant Vasari, Felibien & de Piles, & leur oncle suivant du Fresnoy. Ils naquirent tous trois à Bologne: & ils y établirent cette célébre Académie qui porta leur nom. « Louis, dit, M. de » Piles, avoit moins de feu, plus de » grandeur, plus de grace, & plus d'onc- » tion: Augustin plus de gentillesse, & » Annibal plus de fierté & de singulari- » té dans ses pensées, plus de profon- » deur dans le dessein, plus de vivaci- » té dans les expressions, & plus de fer- » meté dans l'éxécution. » La

La galerie Farnese, est le plus beau des ouvrages d'Annibal *Carache*, & celui dont il a été le plus mal récompensé. Le Cardinal Farnese, pendant le cours de l'ouvrage, ne lui donna que dix écus Romains par mois, & quand la galerie fut achevée, il se contenta de lui faire une gratification de cinq cens écus.

Cette ingratitude fit une telle impression sur l'esprit d'Annibal, qu'il tomba dans une noire mélancolie, qui le conduisit au tombeau. Il mourut en 1603, âgé de quarante-neuf ans. C'étoit un homme aussi modeste & aussi simple dans ses manieres, que son frere étoit vain. Un jour qu'il l'apperçut dans une promenade publique, où il étoit faufilé avec des Cardinaux & des Prélats, il lui dit à l'oreille: *Augustin, souviens-toi que tu ès fils d'un Tailleur.*

Augustin naquit en 1557, & mourut en 1605. Il fut non-seulement un grand Peintre, mais un excellent Graveur. Il laissa un fils naturel, connu sous le nom d'Antoine *Caracke*. Ce dernier mourut à la fleur de son âge, dans le temps qu'il commençoit à donner de grandes espérances. Louis mourut en 1618, âgé de soixante & trois ans.

CARACTERE. Les Peintres entendent par ce mot, les qualités qui constituent l'essence d'une chose, & qui la distinguent d'une autre. *Caractere* des objets, *caractere* des passions.

Chaque espéce d'objet demande une

marque différente de diſtinction, la pierre, les eaux, les arbres, la plume, &c. Chaque animal demande une touche différente, qui exprime fidélement ſon *caractere* ; le nud même des figures humaines a ſes marques de diſtinction. *De Piles, cours de Peint.*

CARAVAGE. [Polidore de] Polidore étoit ſon nom de famille, mais il eſt plus connu ſous celui de *Caravage*, Bourg du Milanez où il naquit, & qui lui donna ſon nom. Le Pouſſin diſoit que le Caravage étoit venu pour détruire la Peinture, & cette critique étoit fondée. En effet, quoique Polidore eut de grandes parties, il manquoit de goût & de jugement : & tout Peintre, comme tout Poëte, & tout Ecrivain, à qui ces deux choſes manquent, eut-il d'ailleurs de l'eſprit & du génie, mérite le nom de corrupteur & de deſtructeur des Arts. Polidore fut d'abord aide-maçon, & il portoit le mortier, dont on faiſoit l'enduit des fraiſques du Vatican. La vûe de ces admirables Peintures toucha ſon ame, & excita ſon génie. Par ſon application, & par ſon aſſiduité, il acquit toutes les connoiſſances poſſibles dans cet Art, excepté le goût qui ne s'acquiert point. La plûpart de ſes ouvrages ſont à fraiſque, & d'une ſeule couleur, ce qui les rend fort durs. Il fut aſſaſſiné à Meſſine l'an 1543, par le ſeul domeſtique qu'il avoit.

CARAVANSERA. Ce ſont des Hoſpices fort communs en Orient, deſtinés à loger les Caravanes. Les Turcs les appellent *Imarés*, & les Indiens *Serais*. Ces lieux ressemblent assez à nos Hôpitaux; tous les voyageurs y sont reçus & défraiés avec tous leurs gens, de quelque religion qu'ils soient.

CARMELITES. La Chapelle des Carmelites de la ruë S. Jacques, renferme divers chefs-dœuvres de Peinture. La voûte a été peinte à fraisque par *Philippe de Champagne*, premier Peintre de Marie de Medicis. On y admire sur-tout un morceau de Perspective, dont *Desargue* grand Géométre avoit donné le trait à *Champagne*. C'est un *Christ* attaché en croix, entre la Ste Vierge & S. Joseph. Ce groupe paroît-être sur un plan perpendiculaire, quoiqu'il soit sur un plan horizontal. *Description de Paris, par M. Pig.*

Dans le chœur, on voit une Annonciation, du *Guide*. La nef est décorée de douze Tableaux, qui sont presque tous des chefs-d'œuvres.

L'Apparition de J. C. à la Madeleine, sous la forme d'un Jardinier, par *Laurent la Hire*.

J. C. servi par les Anges dans le désert, par le *Brun*.

La *Samaritaine*, par *Stella*.

L'entrée de J. C. dans Jerusalem, par Laurent *la Hire*.

J. C. chez le Pharisien, & la Madeleine à ses pieds, par *le Brun*.

La *multiplication* des pains de *Stella.*
La *Nativité.*
La descente du S. Esprit sur les Apôtres.
L'*Assomption* de la Vierge.
L'*Adoration* des Mages.
La *Circoncision de* N. S.
La *Résurrection* du Lazare, par *Champagne.*

Mais le Tableau le plus touchant & le plus admirable pour l'expression, est celui de la *Madeleine en pleurs*, dans lequel le Brun s'est surpassé lui-même. Il est dans la Chapelle consacrée sous l'invocation de cette Ste Pénitente.

CARMIN, couleur rouge, fort éclatante. Rouge de *carmin*. Le *carmin* se fait de plusieurs matiéres, mais plus ordinairement avec la graine de cohān, avec la cochenille & le rocourt : on les pulvérise, & on les fait bouillir dans de l'eau de riviere, y ajoutant un peu d'alun de roche. L'écume qui en sort compose un fort beau *carmin*, on la laisse dessécher, ensuite on la broye, & on la conserve dans des godets. Lorsqu'on s'en sert, il faut la délayer dans de l'eau gommée. On employe le *carmin* dans les enluminures, pour les lavis, & sur-tout dans la mignature. On dit enluminer de *carmin*, laver de *carmin*, tremper de *carmin.*

Il ne sera pas inutile de donner ici une recette de la composition du *carmin.*

Prenez trois chopines d'eau de fontaine, qui n'ait pas paſſée par des canaux de plomb, verſez cette eau dans un pot de terre verniſſé : étant prête à boullir, mettez-y une demie, ou un quart d'once de graine de cohan, dont ſe ſervent les Panachers, bien pulvériſé, puis laiſſez-là bouillir environ trois quarts d'heure, c'eſt-à-dire, juſqu'à ce que la quatriéme partie de l'eau ſoit diſſipée ; mais prenez garde que le feu ſoit de charbon : après quoi coulez cette eau au travers d'un linge dans un autre vaſe verniſſé, & faites-là chauffer juſqu'à ce qu'elle commence à bouillir. Alors ajoutez-y une once de cochenille, & un quart d'once de rocourt, le tout mis en poudre à part, puis faites bouillir cette matiere juſqu'à la diminution de la moitié, ou pour mieux dire, juſqu'à ce qu'elle faſſe une écume noire, & qu'elle ſoit bien rouge, car à force de bouillir elle devient colorée.

CARNATION, ſe dit des chairs & des parties nues d'un tableau, priſes ordinairement dans leur totalité, de belles *carnations*. La fraicheur des *carnations*. Les *carnations* du Titien. On ne le dit gueres des parties ſolides & charnues conſidérées ſéparément. On ne dit pas, ce bras, cette cuiſſe eſt d'une belle *carnation*, il eſt plus éxact & plus pittoreſque de dire, ce bras, cette cuiſſe eſt bien de *chair :* mais en parlant des parties plus délicates, & plus colorées, comme les jouës & la bouche, on peut, &

même il faut dire ces jouës, cette bouche, sont d'une belle *carnation*, & non pas cette bouche & ces jouës sont bien de *chair*.

CARRIERE, lieu d'où l'on tire de la pierre. *Carriere* de marbre, d'ardoise, de plâtre, &c.

Dans une *carriere*, on appelle *ciel*, ou *banc du ciel*, la premiere couche de pierre qui se rencontre ; on ne touche point à cette couche, mais on la laisse pour soutenir les terres.

CARTON. On appelle *cartons* certains desseins de tapisseries, que les Peintres font pour servir de modéles aux ouvriers. On dit : les tapisseries de Flandres, des Gobelins, sont faites sur les *cartons* de Rubens, de Jule Romain. Le Brun en a fait les *cartons*. Les *cartons* sont de Raphaël. Dans cette acception, il ne se dit jamais qu'au plurier. Le Dictionaire de l'Academie, à oublié ce mot pris dans l'acception dont je viens de parler.

On appelle encore *cartons*, certaines esquisses en grand, tracées sur du *carton*, d'après lesquelles les Peintres peignent à fraisque.

CARTOUCHE. On appelle *cartouche*, certains ornemens de Peinture, de Sculpture, & de Gravure, dans lesquels on enferme une inscription, une devise, des armoiries, des emblêmes.

On les appelle *cartouches*, parce qu'ils imitent ordinairement des *cartons* roulés & tortillés.

Si Danet ne s'est pas trompé, il y a cinquante ans que ce mot étoit feminin dans le langage ordinaire. On disoit *une cartouche*, *une belle cartouche* : aujourd'hui il est généralement masculin. *Voyez* Danet, article *cartouche*.

CARYATIDE, figure de femme, qui fait l'effet d'une colonne, & dont la tête sert d'appui à un entablement ; on employe aussi de la même maniere des figures d'hommes, que l'on appelle *Persans*, ou figures *Persiques*.

Vitruve rapporte ainsi l'origine de ce nom. Il dit que les habitans de *Carie* s'étant unis avec les Perses pour faire la guerre à leur propre nation, les Grecs après avoir mis les Perses en déroute, & remporté sur eux une entiere victoire, assiegerent ceux de Carie ; & qu'ayant pris leur Ville, ils la réduisirent en cendres, & passerent tous les hommes au fil de l'épée. Quant aux femmes & aux filles, ils les emmenerent captives ; mais pour laisser à la postérité des marques de leur révolte, ils représenterent dans les édifices publics, la figure de ces misérables captives, ou en les faisant servir de colonnes, elles paroissoient chargées d'un pésant fardeau, qui étoient comme la punition qu'elles avoient méritées pour le crime de leurs maris.

CATACOMBE, cimetiére des Anciens. On entend aujourd'hui communément par ce mot, certains lieux aux environs de Rome, qui servoient de sépulture aux Martyrs, & dont on tire tous les jours des reliques. Ils sont à trois lieuës de Rome.

Ce sont des caveaux spacieux, coupés par une infinité de petites ruës qui se communiquent, & qui s'étendent fort loin. On mettoit les corps morts de chaque côté, en faisant dans la terre, qui est élevée jusqu'à la hauteur de huit ou dix pieds, une ouverture proportionnée à la grandeur du cadavre, que l'on mettoit dans ce trou, sans autre cercueil. Il y avoit trois ou quatre rangs de tombeaux l'un sur l'autre. On les fermoit avec des thuiles, ou avec des tablettes de marbre bien cimentées. Quelquefois on y mettoit des épitaphes. Les *catacombes* sont sur la voye Appie.

CATAFALQUE, décoration funèbre élevée sur un échafaut, & ornée de figures, d'inscriptions, & d'armoiries, au milieu de laquelle on place le cercueil, ou la représentation d'un Roi, d'un Prince, d'un Général, d'un Ministre qu'on veut honorer. Ce mot vient de *catafalco*, qui en Italien signifie échaffaut.

CATOPTRIQUE, science qui enseigne & qui explique les effets de la lumiere réfléchie ; c'est une des parties de l'Optique, dont la connoissance est la plus essentielle aux Peintres.

CAVET, ornement d'Architecture, espéce de moulure rentrante d'un quart de cercle, & qu'on applique sur les corniches.

CAULICOLES. Ce ſont de petites tiges qui ſortent du Chapiteau Corinthien, & qui ſemblent en ſoutenir les huit volutes.

CEINTURE, cordon de muraille. Cordon eſt plus uſité en ce ſens.

On entend auſſi par *ceinture*, l'anneau qui eſt en haut & au bas du fût de la colonne. On l'appelle autrement *eſcape*.

CEINTURE funébre. *Voyez Litre.*

CENDRE d'azur, ou cendre bleuë · c'eſt de l'azur broyé, lavé, & pulvériſé.

CENDRE verte. C'eſt une poudre bleuë qui vient de Flandre, & dont les Peintres ſe ſervent pour les païſages, & pour les lavis. Elle eſt ſujette à ſe décharger, & elle devient verdâtre, c'eſt ce qui fait que les Peintres la nomment *cendre verte*.

CENOTAPHE, monument vuide, élevé en l'honneur de quelque mort illuſtre, dont on n'a pu trouver le corps.

CERUSE. *Voyez* BLANC DE PLOMB.

CHAINE, rangée de pierres de taille, deſtinée à ſoutenir des murs de moilon, où les principales poûtres d'un bâtiment.

CHAINE D'ENCOGNURE, c'eſt la rangée de pierre dont on flanque un bâtiment par les coins.

CHAINE DE FER, ce ſont pluſieurs barres de fer, accrochées l'une à l'autre, qu'on met dans l'épaiſſeur des bâtimens pour les ſoutenir.

CHAIR [couleur de] on appelle couleur de *chair*, le blanc nuancé de rouge. *Chair*, se prend aussi quelquefois pour carnation. *Voyez carnation.*

CHAMBORD, Maison Royale dans le Blesois, à trois ou quatre lieues de Blois. François I. la fit commencer un peu avant sa mort, & Henri II. l'acheva. *Chambord* est situé au milieu d'un grand Parc, sur le bord de la petite riviére de Cusson qui l'environne presque tout. Quatre grands pavillons font le corps du Château, & ont au milieu un escalier à vis admirable, avec deux dégrés qui communiquent l'un à l'autre, où plusieurs personnes peuvent monter sans se voir, quoiqu'elles puissent parler ensemble.

CHAMBRANLE, bordure de cheminées, de fenêtres, de porte, &c.

CHAMBRANLE de pierre.

CHAMBRANLE de plâtre.

CHAMBRANLE de bois, &c.

Le *chambranle* a trois parties : les deux côtés qu'on appelle montans, & la partie supérieure qu'on appelle traverse.

CHAMBRANLE A CRU, c'est celui qui porte sur l'aire du parquet, ou sur l'appui de la croisée, sans Plinthe.

CHAMBRANLE A CROSSETTES: c'est celui qui a des crossettes, ou oreillons à ses encogneures.

CHAMFRAIN, ornement d'Architecture ; c'est une cavité moindre que la *Scotie* : on l'appelle autrement *Nasselle*.

On appelle encore *chamfrain*, l'angle ou le pan qui se fait en rabattant l'arête d'une pierre, ou d'un morceau de bois. On le nomme autrement *biseau*.

CHAMFRAINER, c'est en terme de Charpenterie, & de Menuiserie, couper une planche de biais par l'extrémité, & rabattre une des arêtes.

CHAMP, terme de Peinture. Dans le sens propre, on appelle *champ* du tableau, le fond du tableau même ; dans le figuré on appelle *champ*, toute partie qui en soutient une autre, ou qui est placée derriere elle. On dit cette partie sert de *champ* à l'autre. Ainsi une draperie sert de *champ* à un bras, une terrasse sert de *champ* à une figure, une figure sert de *champ* à une autre, un ciel sert de *champ* à un arbre. On employe aussi le terme de fond dans cette seconde acception, & M. de Piles prétend qu'il est mieux de s'en servir en parlant des objets particuliers. Une draperie fait *fond* à un bras, une terrasse fait fond à une figure.

CHAMPAGNE [Philippe de] étoit de Bruxelles ; il a peint dans le goût de son païs, c'est-à-dire, qu'il a pris la nature pour guide, mais sans trop s'embarasser du choix. Dans un voyage qu'il fit à Paris, environ l'an 1620, il se fit connoître, & la Reine Mere qui distingua ses talens, résolut de l'attacher à son service. C'est par ses ordres qu'il a fait ces beaux ouvrages que l'on voit aux Carmelites de S. Jacques & du Marais.

Champagne étoit un homme modeste, simple & dévot. Il eut une fille qui se fit Religieuse à Port-Royal. Il mourut en 1674, âgé de soixante & douze ans.

CHANTIER, c'est l'endroit où les pierres & les piéces de charpenterie se travaillent & se façonnent, pour être ensuite mises en œuvre dans un édifice.

CHANTILLI, maison superbe aux environs de Senlis, qui appartient aux aînés de la branche de Condé. L'Architecture du Château est un peu antique, mais les dedans sont décorés magnifiquement; les écuries qui sont modernes, sont le plus bel édifice qu'il y ait en ce genre.

Le Château de Chantilli a été construit à diverses reprises : ainsi l'Architecture en est irréguliére, & les dehors de cette maison n'ont rien de frappant; mais les bâtimens modernes qui l'environnent de toutes parts, méritent l'attention des connoisseurs, sur-tout l'écurie, qui est le plus bel ouvrage en ce genre qui soit dans le monde. Elle a quatre-vingt-seize toises & demie de longueur hors d'œuvre, sur neuf toises deux pieds de largeur. Elle est terminée à chaque bout par un pavillon de dix toises cinq pieds en quarré.

Chaque pavillon a quarante-deux pieds & demi de haut, jusqu'à l'entablement, qui eſt couronné d'une baluſtrade de pierre, ornée de pilaſtres. Outre ces deux pavillons, il y en a un au milieu qui a quatorze toiſes trois pieds de large hors d'œuvre. Ce pavillon a, comme les deux autres, quarante-deux pieds & demi de haut juſqu'à l'entablement, & quarante-trois depuis l'entablement juſqu'à la terraſſe qui termine le comble, ce qui fait en tout quatre-vingt-cinq pieds & demi d'élévation. Le bourſault de la terraſſe, eſt ſoutenu par huit grandes conſoles de plomb, & orné dans le milieu de quatre grands pans d'agraffes, d'où pendent des Trophées: ſur cette terraſſe eſt le cheval de la Renommée, en plomb, moulé ſur celui des Thuilleries.

Les combles des deux autres pavillons ont moins d'exhauſſement : celui des long-cours contenus entre les pavillons, & qui forment la plus grande longueur de l'écurie, n'a que ſeize pieds & demi depuis l'entablement.

Cette écurie a dans œuvre quatre-vingt-treize toiſes de long, ſur trente-ſix pieds de large, & quarante pieds & demi de haut ſous la clef des voûtes.

Aux rez-de chauſſée du gros pavillon du milieu, eſt un renfoncement embraſé, vis-à-vis la grande porte, formant une grande arcade, fermée en cul de four d'une très-belle coupe, & dans laquelle on a pratiqué une fontaine. Cette fontaine ſe répand par un maſque dans deux grandes coquilles l'une ſur l'autre, qui forment deux jolies napes d'eau. La plus grande coquille eſt de ſept pieds, & eſt ſoutenue par deux Dauphins de plomb. Au-deſſous des deux coquilles eſt une grande cuvette, de dix-huit pieds de long, ſur neuf pieds de largeur, ſervant d'abreuvoir aux chevaux. Dans cette cuvette ſont deux chevaux de plomb de grandeur naturelle, l'un deſquels ſemble boire dans la grande coquille. Auprès de lui eſt un enfant qui donne du cors. L'autre ſemble boire dans une conque marine, qui lui eſt préſentée par un autre enfant. L'embraſure de la fontaine eſt garnie dans toute ſon étendue de glaçons, de rocailles, & de deux palmiers en forme de colonnes. On voit au haut deux enfans qui ſoutiennent un cartouche, dans lequel eſt l'inſcription ſuivante:

Louis-Henri de Bourbon, ſeptiéme Prince de Condé, a fait conſtruire cette écurie, & les bâtimens qui en dépendent, commencés en 1719, & finis en 1735.

Les deux parties d'écuries ſéparées par le grand pavillon, ont chacune un peu plus de quarante & une toiſes de longueur, & contiennent de chaque côté ſoixante chevaux: ce qui fait cent-vingt chevaux, pour chacune des deux moitiés, & deux cens quarante pour toute l'écurie. Au-deſſus des rateliers ſont des étiquettes, où ſont écrits les noms des chevaux.

Dans l'épaiſſeur des murs, du côté des portes, on a pratiqué deux eſcaliers creux, d'environ huit pieds de diamétre, qui conduisent à des petites chambres voûtées, de neuf pieds de long, sur six de large, pour les palefreniers de garde.

Sur les voûtes de l'écurie, sont douze appartemens de chaque côté, composés chacun d'une chambre & d'une garderobe, & séparés par un coridor de quarante toises de long, sur sept pieds de large.

Toutes les dépendances de ce magnifique édifice, comme le *manége*, les remises, le travail & la maison du Maréchal, les chenils, grands & petits, les logemens des Ecuyers, &c. Sont des bâtimens bien entendus, & d'une très-belle Architecture. C'est Mr *Aubert* qui a conduit tous ces bâtimens. *Pigan. Descript. de Paris*, T. VIII.

CHANTOURNER, c'est couper en dehors, ou évider en-dedans une planche, une plaque de fer ou de plomb, suivant un profil, ou dessein.

CHAPEAU, terme de Charpenterie. On l'entend 1o. du petit fronton qui fait le toit d'une lucarne sur un pan de bois; 2o. de la plus haute piéce qui assemble des poteaux corniers dans un Clocher; 3o. de la piéce de bois qui sert d'appui au haut d'un escalier de charpente; 4o. du couronnement d'une muraille en talus, pour donner de l'écoulement aux eaux.

CHAPELET, ornement d'Architecture, qui imite le *chapelet*. Les grains sont tantôt des fleurons, tantôt des grelots, tantôt des olives, &c.

CHAPELLE, petite Eglise ou Autel particulier dans une grande Eglise.

La Chapelle du Noviciat des Jesuites, est la plus réguliere, & la plus jolie *Chapelle* de Paris.

CHAPITEAU, on appelle *chapiteau*, la partie du haut de la colonne qui pose sur le fût. *Chapiteau* Corinthien. *Chapiteau* Dorique.

CHARBON, CHARBONNER. *Charbonner* une figure, une esquisse, une muraille; c'est y tracer des figures avec du *charbon*.

Le *charbon* & la craye ont été vraisemblablement les premiers crayons des Peintres.

> *Pallida signabant cretâ simulachra tenaci,*
> *Fingebant-ve rudes bruto carbone figuras,*
> *Pictura.*

Ils emploient aujourd'hui le charbon de saule pour leurs esquisses.

CHARGE, CHARGER. On appelle proprement *charges* ou tableaux *chargés*, des représentations où l'on exagére les choses en bien ou en mal, mais plûtôt ordinairement en mal.

Un Peintre satyrique en trois ou quatre coups de pinceau, fait un portrait ridicule, mais fort ressemblant, quoiqu'en laid, en exagérant la difformité de la personne qu'il représente.

On appelle encore *charges* certains caprices, & certaines figures grotesques: par

par exemple, des animaux avec une figure humaine, des hommes avec des pieds d'animaux, des femmes sous la figure d'un pot ou de quelqu'autre vase. C'est une espéce de genre burlesque que le mauvais goût, qui corrompt tous les Arts, a introduit dans la Peinture.

« Ceux, dit Mr de Piles, qui ont une » véritable idée de la correction, de la » simplicité réguliere, & de l'élégance » de la nature, traiteront de superflues » ces charges qui alterent toujours la vé- » rité. » Il pouvoit ajouter qu'elles blessent aussi le bon sens, & que les gens de goût les traitent non-seulement de *superflues*, mais de plattes & de ridicules.

De grands Peintres se sont néanmoins amusé à ces bagatelles, & Annibal Carache, a fait un grand nombre de ces *charges*.

Il est une troisiéme espéce de *charges*, qui sont à la vérité contre l'éxactitude du dessein, mais ce sont des licences permises aux Peintres, & même nécessaires en certains cas. Dans certaines distances, il faut nécessairement *charger* les objets: c'est la premiere régle de la perspective. « Il y a des contours *chargés*, qui plaisent, » dit Mr de Piles.... On ne peut s'em- » pêcher de louer dans quelques grands » ouvrages les choses *chargées*, quand une » raisonnable distance, d'où on les voit » les adoucit à nos yeux. »

On dit *charger* un *portrait*, faire des *charges*, *charger* des contours; les *char-*

ges d'Annibal Carache, de Callot, &c. Une belle *charge*, une *charge* ridicule.

CHARMOIS [Martin de] Sécrétaire du Maréchal de Schomberg, est regardé comme un des premiers fondateurs de l'Académie de Peinture & de Sculpture, établie par Lettres Patentes de Louis XIV. en 1655. Il dressa les premiers Statuts de cette Académie; toutes les Lettres de provision s'expédierent long-temps en son nom; cette compagnie sembloit alors le reconnoître pour son chef. Cependant *Charmois* n'étoit ni Peintre, ni Sculpteur: mais dans un voyage qu'il avoit fait à Rome, à la suite du Maréchal de Schomberg, Ambassadeur auprès du Pape, il avoit acquis une théorie particuliere de ces deux Arts, & même un peu de pratique.

CHARPENTE, assemblage de gros bois, qui fait le corps d'un édifice. On l'entend plus particulierement des bois qui soutiennent la couverture. Bois de *charpente*: gros bois.

CHARPENTERIE, c'est l'Art de tailler & d'assembler le bois, pour les différentes constructions.

CHARPENTIER, celui qui exerce l'Art de la Charpenterie.

CHARTREUX. L'Eglise des *Chartreux* de Paris, est une des plus médiocres pour l'Architecture, mais une des plus ornées pour les tableaux.

Celui du maître Autel est de Philippe de *Champagne*, & représente *J. C. au milieu* des Docteurs.

On voit dans cette Eglise, une *Résurrection* du *Lazare*, par Boullongne.

L'Aveugle de Jericho, par Antoine *Coypel.*

La multiplication des pains, par Charles *Audran.*

La Samaritaine, par Noël *Coypel*, pere d'Antoine.

La Cananée par *Corneille.*

Une Résurrection du Lazare, par le même.

La *guérison* de plusieurs malades, sur le Lac de Génézareth, par *Jouvenet*, tableau excellent.

L'Hemoroïsse de l'Evangile, par Boullongne le jeune, & plusieurs autres.

Mais parmi les Peintures qui décorent la Chartreuse de Paris, le morceau le plus admirable, est le cloître de cette maison, peint par le Sueur ; cet ouvrage fût commencé en 1649, & fini en moins de trois ans. Il consiste en 22 tableaux, où la vie de S. Bruno est représentée. Le septiéme, le treiziéme, & le vingt-uniéme, sont les plus beaux, au jugement des connoisseurs. *Ce dernier sur-tout*, dit Mr Piganiol de la Force, *est traité d'une maniere très-savante, tant pour la disposition des figures, que pour les différentes expressions des Religieux qui regardent leur* Pere qui expire. *La lumiere des flambeaux est répandue sur tous les corps avec une entente admirable.* Descrip. de Paris.

Des envieux de le Sueur, ont gâté les plus beaux endroits de cet ouvrage. Mr de V. par une éxagération des plus Poëtiques, prétend qu'il n'en eſt que plus beau.

Quelle étoit votre erreur, ô vous, Peintres vulgaires,
Vous, rivaux clandeſtins, dont les mains téméraires,
Dans ce Cloître, où Bruno ſemble encore reſpirer,
Par une lâche envie, ont pû déſigurer,
Du Zeuxis des François, les ſavantes Peintures?
L'honneur de ſon pinceau, s'accrut par vos injures:
Ces lambeaux déchirés, en ſont plus précieux,
Ces traits en ſont plus beaux, & vous plus odieux.

Diſcours de l'envie.

CHASSIS, piéce de Menuiſerie, où l'on enchaſſe des carreaux de verre, ou d'autre matiére traſparente, pour garnir la croiſée, & garantir un appartement des injures de l'air.

CHASSIS à panneaux, c'eſt celui qui eſt rempli de panneaux de bornes en plomb.

CHASSIS à carreaux, c'eſt un chaſſis partagé en croiſillons de petits bois, qui contiennent de grands carreaux de verre.

CHASSIS à couliſſe ; c'eſt celui qui ſe léve.

CHASSIS à fiches, ou à gonds, c'eſt celui qui s'ouvre comme les portes ordinaires.

CHASSIS dormant, c'eſt le bâti dans lequel eſt ferrée à demeure, la fermeture d'une croiſée, & qui eſt retenu avec des platres dans la feuillure.

CHATEAU. Palais, maiſon de plaiſance ſuperbe, place forte. Le *Château* du Louvre, le *Château* de Maiſons, le *Château* Trompette.

CHAUVEAU (François) habile Deſſinateur & Graveur. Il commença à graver au burin ſous la conduite de Laurent de la Hire, habile Peintre, dont il gravoit les ouvrages; mais la vivacité de ſon imagination, ne s'accommodant pas de la lenteur du burin, il ſe mit à graver à l'eau forte, & ne grava plus que ſes propre penſées : il a produit une infinité d'ouvrages de toutes ſortes de caractéres. Sa gravure n'a pas la douceur ni l'agrément de celle de pluſieurs autres Graveurs ; mais pour le feu, la force, les expreſſions, & la variété, on croit que perſonne ne l'a ſurpaſſé dans cette partie. Peu de tems avant ſa mort, il commença à graver l'hiſtoire de S. Bruno, peinte au Couvent des Chartreux de Paris, par le Sueur. Il en a fait le dessein, mais il n'en a gravé qu'une partie. Il avoit commencé une suite de l'Histoire Grecque & Romaine, qui devoit composer un ouvrage considérable. Il peignoit aussi fort agréablement, de sorte qu'on pouvoit le regarder, comme ayant les talens de trois professions différentes, celui de Peintre, celui de Graveur, & celui de Dessinateur. Il y a eu beaucoup de Peintres au-dessus de lui; il y a eu des Graveurs à l'eau forte qui lui ont été égaux, mais peu de gens l'ont surpassé dans l'abondance, la variété & le tour ingénieux du dessein. Personne n'a peut-être jamais eu une imagination plus féconde pour inventer & disposer des sujets de tableaux. Non-seulement, il étoit inventeur de la plûpart des choses qu'il gravoit, mais quantité de Peintres s'adressoient à lui sécrétement pour en tirer des desseins de tableaux, dont ensuite il se faisoient honneur. Quand on lui proposoit quelque ouvrage, il prenoit une ardoise sur laquelle il dessinoit la pensée qu'on lui avoit proposée, en autant de façons différentes qu'on le souhaitoit, jusqu'à ce que l'on fut content, ou qu'il le fut lui-même, car on l'étoit souvent, qu'il ne l'étoit pas. Il mourut en l'année 1674. Un de ses fils habile Sculpteur a passé en Suéde: il a hérité de son pere cette fécondité.

CHAUX, pierre qu'on calcine au feu, & dont on fait un mortier.

CHAUX vive, c'eſt celle qui ſort du four.

CHAUX éteinte, c'eſt celle qu'on a délayée dans de l'eau.

CHAUX fuſée, c'eſt celle qu'on a laiſſé évaporer, & qui n'eſt bonne à rien.

La meilleure *chaux* eſt celle qu'on fait avec les pierres les plus dures, & qu'on éteint au ſortir du four. On connoît qu'elle eſt bonne, lorſqu'elle eſt péſante, qu'elle ſonne comme l'argile, que la fumée eſt épaiſſe, & s'éléve facilement.

Les murs des fondemens ſe font à *chaux* & à ſable.

Les Indiens font de la *chaux* avec des coquillages de mer. Celle qu'ils tirent de la coquille du limaçon leur ſert à blanchir les murailles.

CHEMIN [Catherine du] épouſe du célébre *Girardon* étoit auſſi une femme illuſtre, & excelloit dans l'art de peindre des fleurs. Elle fut reçûe à l'Académie Royale de Peinture & de Sculpture. Elle mourut à Paris le 21 Septembre 1698, & ſon mari lui fit ériger ce beau Mauſolée qu'on voit dans l'Egliſe de S. Landri. Il en fit lui-même le modéle, qui fut exécuté par *Nouriſſon* & le *Lorrain*, deux de ſes éléves.

CHEMINÉE, ouverture avec tuyau, pratiquée dans une chambre pour y faire du feu.

Quelques Sçavans prétendent que les Anciens ne connoiſſoient point l'uſage des cheminées pour ſe chauffer. On convient & c'eſt une choſe certaine, qu'ils avoient des cheminées dans leurs cuiſines, mais il y a lieu de douter qu'il en euſſent dans leurs chambres, qu'ils échauffoient ſeulement, à ce que quelques Sçavans ſoutiennent, ou par des poëles, ou avec une eſpéce de charbon de terre qui bruloit ſans faire de fumée, & que Suetone appelle *miſeni carbones*; mais on lit beaucoup de choſes qui peuvent faire croire qu'ils avoient des cheminées dans leurs chambres. Suetone nous apprend que celle de Vitellius fut brulée, parce que le feu prit à la cheminée. *Nec ante in prætorium rediit quam flagrante triclinio ex conceptu camini.* Horace écrit à ſon ami de faire bon feu dans la cheminée :

Diſſolve frigus, ligna ſuper foco
Largè reponens.

Ciceron demande la même choſe à ſon ami Atticus : *Caminò luculento*, lui dit-il, *tibi utendum cenſeo :* & Vitruve parlant des corniches que l'on fait dans les chambres, avertit de les faire ſimples & ſans Sculpture, dans les lieux où l'on fait du feu. Il eſt croyable néanmoins que ſi les Anciens ont eu des *cheminées* faites comme les nôtres, elles étoient fort rares. Blondus & Henri Salmuth, diſent que les *cheminées* n'étoient point en uſage parmi les Anciens, mais Pancirole & pluſieurs autres ſoutiennent l'affirmative. Ce qu'il y a de conſtant, ſans vouloir abſolument décider cette queſtion, c'eſt qu'ils avoient

avoient des fourneaux pour échauffer leurs chambres, & les autres appartemens de leurs maisons; on les appelloit *fornaces, vaporaria*; ils avoient aussi des poëles appellés *hipocausta*. Ces fourneaux selon Philander, étoient sous terre, on les plaçoit dans le gros mur, d'où, par différens tuyaux qui traversoient chaque étage, ils échauffoient toute la maison. Les Anciens avoient encore des poëles portatifs, qu'ils changeoient de place quand ils vouloient. Ciceron, dit, qu'il avoit changé son poële de lieu, parce que les tuyaux par où sortoit le feu, étoient sous la chambre: *hipocausta, in alterum Apodyterii angulum promovi, propterea quod ità erant posita, ut eorum vaporarium, ex quo ignis erumpit, esset subjectum cubiculo.*

CHERON [Elisabeth Sophie] naquit à Paris le trois Octobre de l'an 1648; elle étoit fille d'un Peintre, & à l'âge de 14 ans, elle peignoit elle-même. Elle a fort bien réussi dans le Portrait; elle faisoit aussi l'histoire, & ses talens lui mériterent une place dans l'Académie Royale de Peinture, à laquelle elle fut aggrégée le 11 Juin 1672. Elle eut aussi du talent pour la Poësie, & si elle ne fut pas reçûe à l'Académie Françoise, honneur dont son sexe est injustement exclus, les Ricovrati de Padouë l'admirent dans la leur en 1699, & l'honorerent du glorieux surnom *d'Erato*. Elle mourut le trois de Septembre de l'année 1711, âgée de soixante-& douze ans, & onze mois. Mr

L

de Bosquillon qui a fait beaucoup de mauvais vers dans sa vie, lui a fait une épitaphe assez bonne.

De deux talens exquis, l'assemblage nouveau,
Rendra toujours Chéron, l'ornement de la France;
Rien ne peut de sa plume, égaler l'excellence,
Que les graces de son pinceau.

Mademoiselle *Chéron*, dans un âge où elle étoit un peu sur le retour, épousa Mr le Hay, Professeur de Mathématique à Paris.

CHEVALET, machine de bois, espéce de pupitre, sur quoi les Peintres posent leurs tableaux, dans le tems qu'ils y travaillent. Tous les ouvrages de moyenne grandeur, s'appellent tableaux de *chevalet*. Le Poussin n'a guéres fait que des ouvrages de *chevalet*.

Les Charpentiers appellent aussi *chevalet*; 1o. une piéce de bois assemblée en travers sur deux autres piéces à plomb, & destinée à soutenir les ponts de planches qu'on fait sur les petites rivieres; 2o. l'assemblage de deux rouleaux sur le faîte d'une goutiére; 3o. les étayes qu'on met aux bâtimens pour les reprendre sous œuvre.

Chevalet est aussi un échaffaut de Couvreur.

CHEVETRE, on appelle ainsi la piéce de bois qui joint les solives d'un plancher, coupées à l'endroit de l'âtre d'une cheminée.

Enchevêtrer, c'est joindre des solives par un *chevêtre.*

On appelle GUIGNEAUX, les piéces de bois qui s'assemblent dans la charpente d'un toît & sur les chevrons, pour laisser un passage à la cheminée, de la même façon que fait le *chevêtre* dans les planchers.

CHEVRON. Les chevrons sont des piéces de bois qui servent à soutenir les lattes d'une couverture; ils sont ordinairement de six à sept pieds de long, sur trois ou quatre pouces d'épaisseur.

CHEVRONS, *Brandis sur panne :* ce sont des chevrons chevillés sur les pannes.

CHOIX, terme de Peinture.

Sujet d'un beau *choix.* Un beau *choix* d'attitudes, de draperies.

Pour qu'un *choix* soit beau en fait d'ouvrage de peinture, il faut le faire sur ce qu'il y a de plus délicat, de plus accompli, de plus excellent, & de plus pittoresque dans la nature. *Voyez* l'article BEAU.

Vouet en peignant les avantures d'Ulisse dans une des galeries de l'Hôtel de *Bullion* n'a pas pris un sujet d'un beau *choix*, en représentant dans le troisiéme tableau, d'Ulisse qui scie une planche de navire en présence de Calypso.

CHROMATIQUE, c'eſt la troiſiéme partie de la Peinture, autrement appellée *coloris*; elle comprend tout ce qui regarde la nature, le broyement, le mélange, le maniment, l'emploi, la valeur, l'union, & l'harmonie des couleurs, le clair obſcur, la perſpective, les reflets, & la dégradation des jours & des ombres. *Voyez* COLORIS.

CIMABUE', ce Peintre eut la gloire de tirer la Peinture de la Barbarie où elle étoit tombée, & d'être le reſtaurateur de cet Art en Italie. Il n'eut pas néanmoins toute la gloire de cette entrepriſe. Des Peintres que le Senat de Florence fit venir de Grece, contribuerent autant que lui au renouvellement de la Peinture. Mais *Cimabué* fut le premier & le plus célébre de leurs diſciples. Il fleuriſſoit dans le treiziéme ſiécle, & il mourut la premiere année du quatorziéme, âgé de 70 ans. On voit encore à Florence quelques reſtes de ſes Peintures à fraiſque.

CIMAISE, c'eſt la derniere moulure d'une corniche placée à la *cime* même de la corniche, dont lui vient le nom de *cimaiſe*, ſelon quelques-uns. Cette moulure eſt de figure ondoiante, étant convexe dans la partie ſupérieure, & concaye dans la partie inférieure.

CIMENT, matiére propre à lier les pierres.

Le *ciment* ſe fait communément avec de la brique pilée, qu'on mêle avec la chaux.

Le meilleur *ciment*, eſt la poudre de Pouzzol.

On fait auſſi un *ciment* fort dur avec des briques, du verre, du charbon de pierre, de l'aréne bien lavée, de l'écaille de fer qui tombe de l'enclume, & avec de la chaux vive bien broyée.

CIMENTER, lier avec du *ciment*.

CINABRE, c'eſt une eſpéce de vermillon.

Le *Cinabre* naturel eſt un minéral ou foſſile qu'on trouve dans la terre. Il eſt d'un fort beau rouge. L'artificiel ſe fait avec du mercure, & du ſouffre.

Le *Cinabre* ſe broye & ſe prépare dans de l'urine d'enfant, que l'on renouvelle trois ou quatre fois; lorſqu'on l'employe, on le lave dans de l'eau gommée.

CINTRE, circonférence d'une voûte. Plein *cintre*, c'eſt un *cintre* en demi cercle parfait.

Cintre ſurbaiſſé.

Cintre ſurmonté. *Voyez* Arc.

Cintre rampant.

Cintre, ſignifie encore la charpente qui ſert à étayer les voûtes qu'on conſtruit, en attendant que les clefs ſoient poſées. Tout *cintre* eſt compoſé pour le moins d'un entrait qui lui ſert de baſe, d'un poinçon, de deux contrefiches, de deux arbalêtriers, & de deux doſſes, ſur leſquelles on maçonne un *cintre* de moilon.

CINTRER, faire un *cintre*, conſtruire la charpente destinée pour le soutien des voûtes qu'on veut faire.

DECINTRER, c'est ôter le *cintre*. On ne *décintre* que quand les voûtes sont séches, & bien affermies.

CIRAGE, on appelle ainsi certains tableaux de clair obscur, d'un jaune rougeatre, en forme de camayeu, dont la couleur imite la cire jaune. Tableaux de *cirage*.

CIRQUE, theâtre des Romains, il y en avoit jusqu'à dix à Rome. Les plus magnifiques, furent ceux que firent construire Tarquin l'Ancien, Auguste, & Néron, grand amateur des Spectacles. *Voyez* AMPHITHEATRE.

CISEAU, instrument de fer, dont on se sert pour couper & tailler le bois, la pierre, & les métaux.

CISEAU de Maçon, de Menuisier, de Charpentier, de Sculpteur, d'Orféνre, &c.

CISEAUX *à planches*, ce sont des *ciseaux* de Charpentiers. Ils ont un manche de bois, avec des viroles aux deux bouts. Les Charpentiers ont des *ciseaux* particuliers pour ébaucher les mortaises, qu'ils nomment *ébauchoirs*.

CLAIR. Les parties les plus illuminées du tableau, s'appellent parties *claires*, ou pour parler plus pittoresquement les *clairs* du tableau.

CLAIR-OBSCUR, c'est un seul mot, il répond au *chiaro-scuro* des Italiens. On entend en général par *clair-obscur*, l'opposition & le contraste des parties claires, & des parties obscures du tableau. L'Artifice du *clair-obscur* consiste à distribuer sçavamment les jours & les ombres, à les faire contraster agréablement, à choisir une lumiere avantageuse, à placer de grandes masses d'ombres à côté des grandes masses de lumieres.

On entend aussi par *clair-obscur*, le mélange de deux seules couleurs, l'une blanche, l'autre brune, dont on peint certains tableaux sans y employer d'autres couleurs. Le blanc marque les jours ou les clairs, & le brun marque les ombres, c'est ce qu'on appelle peindre de *clair-obscur*.

La plûpart des tableaux & des fraisques du Caravage, sont de *clair-obscur*. Les premiers Peintres avant l'invention des autres couleurs, ne peignoient que de *clair-obscur*.

Les desseins à la plume, au pinceau, où au crayon, dont les jours sont marqués par le blanc du papier, & les ombres par une couleur brune ou noire, s'appellent aussi desseins de *clair-obscur*. Dessiner de *clair-obscur*, laver de *clair-obscur*.

CLERC (Sebastien le) naquit à Mets le 26 Septembre 1637. Il étoit fils de Laurent le *Clerc*, Orféyre habile, qui mourut âgé de 107 ans. Sebastien avoit des dispositions si heureuses pour le dessein, qu'à l'âge de douze ans il en donnoit des leçons. A huit ans il fit un dessein à la plume, qui fut admiré des connoisseurs. Le *Clerc* après s'être exercé à graver en taille-douce, s'appliqua à graver à l'eau forte. Il fut encouragé par le Brun, qui lui conseilla de s'adonner tout entier à ce genre. Mr Colbert qui ne cherchoit qu'à récompenser les talens extraordinaires, fit à le *Clerc* une pension de cinq cens écus, & lui donna un logement aux Gobelins, dans la vûe de l'attacher au service de son maître. En 1672, le *Clerc* fut reçu dans l'Académie de Peinture & de Sculpture, où il fut fait Professeur en Géometrie. » Il n'y a guéres » eu de Graveur, dit Mr Gersaint, qui » ait été aussi laborieux que lui, & qui » ait mis au jour un si grand nombre de » piéces. On en compte dans son œuvre » complet environ trois mille : on re» marque dans ses ouvrages, une variété » qui surprend. Rien ne lui devenoit dif» ficile, sujets historiés, animaux, plan» tes, païsages, médailles. Il avoit l'i» maginatiou vive & brillante, mais ré» glée. Ses compositions étoient agréa» bles : enfin son dessein correct & sou» tenu d'expressions nobles, & la nette» té de sa gravure, l'ont toujours fait » estimer par les connoisseurs, comme » un homme du premier mérite en ce » genre. »

Mr d'Argenville Maître des Comptes, posséde une des plus belles collections des œuvres de le *Clerc* qu'il y ait. Elle consiste en plus de 3500 piéces, dont près de deux cens sont uniques, soit par leur rareté, soit par les différences qui s'y rencontrent. Le *Clerc* mourut à Paris le 15 Octobre 1714.

Il a gravé près de trois mille piéces, la plûpart de son invention. Le nombre de ses desseins est beaucoup plus grand. Celui de ses estampes est trop considérable, pour qu'on entreprenne ici d'en donner un détail complet. Les principaux sont le *Catafalque*, ou représentation du Mausolée, érigé par l'Académie de Peinture & de Sculpture, dans l'Eglise des Peres de l'Oratoire de la ruë S. Honoré, pour le service quelle y fit faire pour Mr le Chancelier Séguier son protecteur, mort au commencement de l'an 1672. Cette planche dont toutes les figures sont du dessein de Mr le *Clerc*, fut le chef-dœuvre sur lequel il fut agréé à l'Académie. La représentation des machines qui ont servi à conduire & ensuite à placer les deux grandes pierres qui couvrent le fronton de la façade du Louvre, du côté de S. Germain l'Auxerois. (Les curieux appellent simplement cette estampe, *la pierre du Louvre.*) La représentation de l'arc de triomphe qui étoit au Fauxbourg S. Antoine en 1680, le grand Concile, & le S. Augustin prêchant, ce sont les deux plus rares vignettes de l'œuvre de Mr le *Clerc*, & toutes deux de 1683. La premiere à été faite pour le supplément des Conciles, donné par Monsieur Baluze, & la seconde pour le V. Tome des Œuvres de

S. Augustin, de l'Edition des Peres Bénédictins, la Passion de N. S. en 36 planches 1692, la Multiplication des pains en 1696, l'Académie des Sciences & des beaux Arts en 1698, l'Histoire de Charle V. Duc de Lorraine, achevée en 1704, l'entrée triomphante d'Alexandre dans Babylone en 1706 : c'est un des chef-d'œuvres de le *Clerc*.

CLESIDE, Peintre Grec, ayant eu quelque mécontentement de la Reine Stratonice, femme d'Antiochus, il la peignit dans une attitude fort immodeste, & dont une femme moins coquette que *Stratonice* se seroit offensée; mais elle se trouva si belle & si bien peinte, qu'elle le pardonna à Cléside, & qu'elle consentit que son tableau restat sur le port, où ce Peintre avoit eu la hardiesse de l'exposer. Il y a bien de l'indulgence, ou bien de la coquetterie dans ce pardon.

CLOUD [Saint] Château situé à deux lieues de Paris, qui appartient à Mr le Duc d'Orleans.

Cette magnifique maison, qui est du dessein de le *Pautre*, consiste dans un grand corps de bâtiment, accompagné de deux autres en retour, flanqués l'un & l'autre par un pavillon. Au milieu de la façade est un avant-corps fort saillant.

Les jardins sont du dessein de le *Nostre*, qui a si bien sçu tirer partie du terrain, que malgré son irrégularité, il en a fait un tout assez régulier. Les piéces d'eau y sont en grand nombre, & la plûpart fort belles. La caſcade ſur-tout, eſt un ouvrage admirable. Au haut de cette caſcade eſt un groupe de deux ſtatuës coloſſales, qui repréſentent la *Seine* & la *Marne*. *Pigan. Deſcript. de Paris*, *&c.*

Les dedans du Château ſont richement ornés. Rien ne décore plus cette ſuperbe maiſon, que la fameuſe galerie & les ſalons peints par *Mignard*. Il a repréſenté dans le grand ſalon les Amours de Mars & de Venus, & dans la grande galerie divers ſujets détachés.

La naiſſance d'Apollon & de Diane.
Les quatre Saiſons.
Climéne & Phaëton.
Apollon & la Vertu.
Circé.
Icare.
Le mont-Parnaſſe, &c.

Les trumeaux de cette galerie, ſont décorés de tableaux Topographiques, qui repréſentent les principales Maiſons Roiales, & des plus belles maiſons des Princes & des particuliers, telles que Fontainebleau, S. Germain, Verſailles, Chambord, Chantilly, Maiſons, le Palais Royal, &c.

COCAGNE, c'eſt le Paſtel du Languedoc. *Voyez* Paſtel.

COCHENILLE, Vers gris qu'on trouve dans les Indes, & qui mis dans de l'eau, rend une liqueur fort rouge, dont on fait les plus belles teintures en écarlate.

COLLE. Les Peintres emploient pluſieurs eſpéces de colles ; les plus uſitées ſont la colle forte, la colle de gand, la colle de poiſſon.

COLIFICHET, petit ornement d'Architecture de mauvais goût. Les bâtimens Gothiques n'étoient chargés que de *colifichets*.

COLISE'E, eſpéce de cirque élevé par Veſpaſien, & décoré d'un grand nombre de ſtatuës ; on a auſſi donné le nom de *coliſée*, à un amphitheâtre que l'Empereur *Sévére* fit conſtruire.

COLONNADE, périſtile de figure ronde. La *colonnade* de Verſailles. *Voyez* Verſailles.

COLONNE, pilier rond, deſtinée à ſoutenir ou à orner un bâtiment. La *colonne* eſt compoſée d'une baſe, d'un fût, & d'un chapiteau.

Colonne de bois, de pierre, de marbre, de lapis, de jaſpe, de bronze, &c.

Colonne Toſcane.

Colonne Dorique.

Colonne Gothique.

Colonne cannelée, c'eſt celle dont le fut eſt orné de cannelures.

Colonne coloritique ou feuillée, c'eſt une *colonne* ornée de feuillages ou de fleurs, qui tournent en ligne ſpirale autour de ſon fût.

Colonne de *rocaille*, c'eſt une *colonne* ruſtiquée, dont le fût eſt revêtu de pétrifications, de coquillages, &c.

Colonne Diaphane, c'eſt une *colonne* tranſparente.

Colonne Caryatide, c'eſt une *colonne* travaillée en ſtatuë de femme.

Colonne Perſique, c'eſt celle qui eſt travaillée en ſtatuë d'homme.

Colonne Iſolée, c'eſt une *colonne* indépendante de tout autre édifice, comme la *colonne* Trajane à Rome, la *colonne* de Pompée près d'Alexandrie, & la *colonne* de l'Hôtel de Soiſſons à Paris.

Les *colonnes Iſolées*, portent différens noms, ſuivant leurs différens uſages & leurs différentes formes; ainſi l'on dit:

Colonnes Triomphales.

Colonnes Funéraires, ou *Sépulchrales.*

Colonnes Hiſtoriques.

Colonnes Héraldiques, ou *Blaſonnées.*

Colonnes Aſtronomiques, ou *Gnomiques.*

Colonnes Itinéraires.

Colonnes Coloſſales, &c.

Demi-colonne, c'eſt celle qui ne paroît qu'à demi hors du mur, & qui n'eſt pas en plein relief.

Colonne en faiſceau, c'eſt un gros pilier Gothique entouré de pluſieurs petites colonnes Iſolées, qui reçoivent les retombées des nervures des voûtes.

Colonnes Grêles, c'eſt une *colonne* très-menuë pour ſa hauteur.

Les *colonnes* de la plus haute proportion s'appellent auſſi *colonnes grêles.*

COLORIER, COLORIS, COLORISTE.

COLORIER, c'eſt employer des couleurs; c'eſt proprement peindre: dans ce ſens il faut dire *colorier*, & non pas colorer. Le Soleil *colore* les objets, mais le Peintre les *colorie* *Colorier* se dit donc de la couleur adherente qu'un Peintre imprime sur un tableau.

Mr Mariette, d'ailleurs homme de goût, s'est servi improprement du mot *colorer* dans plusieurs endroits de son *Catalogue raisonné du Cabinet de Mr Crosat*, entr'autres pag. 92 ligne 30. » *Ce sujet » est peint à l'huile, & coloré sur un carton*, & » page 93, ligne 29. des desseins agréa» blement *colorés*, il falloit dire *coloriés.* »

LE COLORIS n'est autre chose que les couleurs employées, considérées dans leur totalité.

Tout l'artifice du *coloris*, consiste à imiter les couleurs apparentes des objets naturels, & à donner aux objets artificiels la couleur la plus avantageuse, & la plus propre pour tromper la vûe. *De Piles*

COLORIS précieux.

COLORIS fier : fierté de *coloris.*

COLORIS qui sent la farine. *Voyez* FARINE.

LE COLORIS du *Titien* du Corrége.

COLORISTE se dit de tout Peintre qui employe des couleurs, bien ou mal, & non pas uniquement ou même par préférence, de celui qui les employe bien, comme le Dictionaire de l'Académie l'insinue, voici sa définition. Coloriste, *Peintre qui entend bien le coloris.*

Coloriste est un terme indifférent, qui se prend en bonne & en mauvaise part, bon *coloriste*, méchant *coloriste.* Le Brun n'étoit pas un bon *coloriste :* je ne sçai cependant si l'on ne pourroit pas dire, le Brun n'étoit pas *coloriste* , & dans cette phrase , supposé qu'elle fut bien Françoise, je conviens que le mot de *coloriste* sans être déterminé par aucune épithete, se prendroit en bonne part ; mais cela ne prouveroit rien. On dit dans le même sens *Mr de S. Evremont n'étoit pas Poëte*, quoique le mot de *Poëte* soit un terme indifférent, & qu'il s'entende dans le langage ordinaire de tout homme qui fait des vers, bien ou mal.

COLOSSE, statuë gigantesque.

Les premiers *Colosses* tirent leur origine d'Egypte, où plusieurs Auteurs assurent que le Roi Sésostris fit placer dans le Temple que l'on avoit bâti à Vulcain, dans la Ville de Memphis, plusieurs statuës de pierre, tant de lui & de sa femme, que de ses enfans, dont les unes avoient trente coudées de haut, & les autres vingt. Lucullus apporta d'Apollonie, & fit placer dans le Capitole la figure d'Apollon, qui avoit trente coudées de hauteur. Il y avoit encore à Rome une autre statuë de cuivre, représentant Apollon, dans le Temple d'Auguste, qui avoit plus de cinquante pieds de haut. Le *Colosse* d'Auguste etoit dans la place qui portoit son nom à Rome. Constantin en fit élever un dans le milieu du Cirque de Constantinople. Domitien avoit fait dresser une statuë équestre dans le milieu de la place publique, de cent pieds de haut, que le Sénat fit abbatre après la mort de ce tyran.

Le *Colosse* d'Hercule, que Fabius Maximus Verrucosus enleva de Tarente, & qu'il fit placer dans le Capitole, étoit une statuë de cuivre que Lysippe avoit faite. Celui de Jupiter fut fait par ordre de l'Empereur Claude, & placé proche du Theâtre de Pompée, & pour cette raison, fut appellé *Jupiter Pompeïen.* Spurius Carvilius après la défaite des Samnites, fit fondre toutes les armes de cuivre qu'il avoit prises sur eux, & en fit faire une statuë de Jupiter, aux pieds de laquelle il se fit représenter. Ce *Colosse* fut mis aussi dans le Capitole: mais toutes ces statuës *colossales*, n'étoient rien en comparaison du *Colosse* de Rhode, & du *Colosse* de Néron: ce dernier avoit cent vingt pieds de haut.

COMBLE, le faite, la couverture d'une maison.

Comble pointu, c'est celui dont le profil représente un triangle équilateral.

Comble à pignon, c'est celui qui est soutenu d'un mur de *pignon* en face.

Comble à croupe, c'est celui qui est à deux arrêtiers, & avec un ou deux poinçons.

Les *combles* de pavillon ont deux croupes.

Comble coupé ou *brisé*, c'est un *comble* fort roide, auquel on joint un faux *comble* qui est couché, & qui en fait la partie supérieure: c'est ce qu'on appelle autrement *mansarde.*

Comble

Comble en *Dôme*, c'eſt un *comble* rond, dont le profil eſt en pente droite.

Comble à l'*impériale*, c'eſt celui dont le contour eſt en maniére de talon renverſé.

Comble à *potence*, c'eſt un toît adoſſé à une muraille en forme d'appentis, ſans autre ſoutien que le mur même, dans lequel il eſt enclavé.

Comble en terraſſe; c'eſt un *comble* plat, une platte forme, à la maniére des toîts d'Orient, & d'Italie.

COMPAS, inſtrument de Mathematique, qui ſert à tracer des cercles, & à meſurer les diſtances.

Compas d'Appareilleur, c'eſt un *compas* dont les branches ſont plattes, & ont environ deux pieds de longueur : les Appareilleurs s'en ſervent pour tracer les meſures de la pierre qu'on doit tailler.

COMPOSE'. En Architecture, ordre *composé* & ordre *composite*, ſont des choſes qu'il ne faut pas confondre.

L'ordre *composite*, eſt un composé de l'ordre Corinthien & de l'ordre Ionique.

L'ordre *composé* eſt une compoſition arbitraire, où l'on fait entrer d'imagination toutes les parties que l'on veut : c'eſt une eſpéce de ſixiéme ordre d'Architecture.

Colonne *composée*, c'eſt une colonne dont la ſtructure eſt de pure invention, & s'éloigne des principes ordinaires. Le Corinthien moderne eſt un ordre *composé*.

COMPOSITE (l'ordre) c'eſt le cinquiéme ordre d'Architecture; on l'appelle *composite*, parce que c'eſt un composé de l'ordre Ionique, & de l'ordre Corinthien, dont il rassemble les ornemens. On l'appelle aussi l'ordre Romain. La colonne de l'ordre *composite* a pour hauteur dix de ses diamétres. Son chapiteau est orné de deux feuilles, comme la colonne Corinthienne, & de volutes angulaires comme l'Ionique.

L'ordre *composite* se met sur le Corinthien, & l'on n'a jamais vû de bâtiment bien entendu, ou le *composite* portât le Corinthien. Les Romains sont les inventeurs de l'ordre *composite.*

COMPOSITION. Mr de Piles est le premier qui ait donné ce nom à cette partie de la Peinture, que tous les Peintres jusqu'à lui étoient convenus d'appeller INVENTION. » On ne s'est servi jus-» qu'ici, dit-il, que du mot d'invention, » pour signifier la premiere partie de la » Peinture. J'ai cru que pour en donner » une idée nette, il falloit l'appeller *com-» position*, & la diviser en deux, l'invention & la disposition. »

L'invention, suivant Mr de Piles, trouve les objets du tableau, & la disposition, ou l'ordonnance, les place : l'assemblage de ces deux parties, est ce qu'il appelle *composition.* La *composition* est donc l'Art d'inventer, & de disposer les objets, les personnages, les groupes, en un mot, toutes les parties d'un tableau.

CONCORDE. (Temple de la) On trouve à la descente du Capitole des débris de ce Temple, consacré à la *Concorde*, par Camille. Il servoit anciennement de lieu d'assemblée, pour traiter des affaires & des nécessités publiques, d'où l'on infére qu'il avoit été consacré, d'autant que les Prêtres ne permettoient point que le Sénat s'assemblat en aucun Temple pour les affaires de la République, sans avoir été consacré, c'est-à-dire, fait ou bâti en conséquence de quelque vœu ou augure. Cette espéce de Temple se nommoit *Curia*. Parmi le grand nombre de statuës dont il étoit enrichi, les Historiens ont principalement remarqué celle de Latone, tenant dans ses bras Apollon & Diane ses deux enfans, celle d'Esculape & de sa fille Hygie, celle de Mars, de Minerve, de Cérés, de Mercure, & d'une Victoire, qui étoit sur le fronton du portique, laquelle pendant le Consulat de M. Marcellus & de M. Valerius, fut frappée d'un coup de foudre. On voit par l'inscription qui est encore dans la frize, que ce Temple ayant été consumé par un incendie, le Sénat & le peuple Romain le firent rebâtir : voici l'inscription.

S. P. Q. R. INCENDIO CONSUMPTUM RESTITVIT.

C'est-à-dire, le Sénat, & le peuple Romain l'a rebâti, après avoir été ruiné par un incendie. Les entre-colonnes ont moins de deux diamétres ; les bases sont composées de l'Attique & de l'Ionique,

& différent en quelque chose de la maniére ordinaire, mais elles ne laissent pas d'être belles. Les chapiteaux sont aussi composés de l'ordre Dorique & Ionique, & sont très-bien travaillés ; l'architrave avec la frise, dans la partie extérieure de la façade, ne sont qu'une bande toute unie, sans aucune distinction de leurs moulures ; ce qui fut fait pour y pouvoir mettre l'inscription : mais par-dedans, c'est-à-dire, sous le portique, ils ont toutes leurs moulures distinctes, comme on le peut remarquer dans le dessein. La corniche est simple, sans ornemens ; il ne reste plus aucune partie antique des murs de la nef, & même ils ont été mal réparés : on peut encore néanmoins juger de quelle maniére ils devoient être.

CONDUIRE, CONDUITE.

Conduire signifie diriger, ménager, distribuer.

Des jours & des ombres *conduits* judicieusement. Felibien a dit ; un tableau bien *conduit* de couleurs, c'est-à-dire, où les couleurs sont ménagées, & distribuées avec Art. Il y a beaucoup de *conduite* dans les compositions du Poussin, c'est-à-dire, beaucoup d'entente & d'ordonnance.

CONNOISSEUR. *Connoisseur* n'est pas tout-à-fait la même chose qu'*Amateur*. *Connoisseur* en fait d'ouvrages de Peintures, renferme moins l'idée d'un goût décidé pour cet Art, que d'une *connoissance* fine, & d'un discernement exquis & déficat. On n'est guéres connoisseur, sans être *Amateur*, mais on peut être *Amateur*, sans être *Connoisseur*. Bon *Connoisseur*, fin *Connoisseur*. La *connoissance* des tableaux consiste à sçavoir distinguer ; 1°. si un tableau est bon ou mauvais ; 2°. s'il est original, ou non ; 3°. de quel maître il est.

CONSERVE', CONSERVATION. On dit un tableau, un dessein bien *conservé* : ce mot s'explique de lui-même. On dit aussi un dessein d'une grande *conservation*, c'est-à-dire, bien entier, bien conservé.

CONSOLE, morceau d'Architecture, en pierre, ou en bois, placée en saillie, & destinée à soutenir un vase, un buste, une corniche, des balcons.

Console à volutes, c'est celle qui est ornée de volutes.

Console arrasée, ou *console rase* : c'est celle dont les ornemens sont à fleur des côtés.

Console gravée, c'est celle qui est sculptée.

Console platte, c'est une *console unie*.

Console en encor-bellement, c'est celle qui a des enroulemens & des nervures : ce sont ces sortes de *consoles* qui soutiennent les balcons.

Console renversée, c'est celle qui est ornée par le bas.

Console rampante, c'est celle qui suit la pente d'un fronton pointu, pour en soutenir les corniches.

CONSTANTIN. [batême de] Cet

édifice qu'on voit à S. Jean de Latran eſt moderne, ſuivant *Palladio*, mais conſtruit de pluſieurs ruines antiques. L'invention en eſt belle, les ornemens ſont bien travaillés, & pleins d'une grande variété. Les colonnes ſont de porphyre, & de l'ordre compoſé. La baſe eſt extraordinaire, & tient de l'Attique & de l'Ionique, car elle a les deux tores de l'Attique, & les deux ſcoties de l'Ionique; mais au lieu des deux aſtragales de l'Attique qui ſéparent les ſcoties, il n'y en a qu'un en celle-ci, qui néanmoins occupe l'eſpace entier qu'on donneroit aux deux ordinaires. Tous ces membres ſont excellemment exécutés, & pleins de très-riches ornemens. Sur les baſes des colonnes du portique, il y a des feuillages de Sculpture qui montent ſur une eſpéce de cimaiſe, ſur laquelle poſe le pié de la tige des colonnes, ce qui mérite d'être obſervé, comme une marque de l'adreſſe & du jugement de l'Architecte, qui a ſçu ſi induſtrieuſement & ſans rien faire perdre de la majeſté de l'édifice, ſuppléer au défaut de ſes colonnes, qui ſe trouvoient trop courtes pour la hauteur, que ſon deſſein demandoit. C'eſt à ſon imitation que *Palladio* s'eſt ſervi du même reméde au portail de la grande Egliſe de S. George à Veniſe, où ſes colonnes ſe trouvoient auſſi trop baſſes pour ſon deſſein, mais la beauté de leur marbre l'engagea à les mettre en œuvre. Les chapiteaux ſont compoſés de l'Ionique & du Corinthièn, & ont des feuilles d'Acante. L'Architrave eſt extraordinairement riche, & d'un beau travail: ſa cimaiſe à un fuſarole, au lieu d'une gueule renverſée, & un ovicule au-deſſus. La friſe eſt ſimple; la corniche a deux gueules droites ou doucines l'une ſur l'autre, ce qui ſe voit rarement: Je veux dire que deux membres tout pareils ſe trouvent immédiatement l'un ſur l'autre, & ſans être ſéparés par aucune autre moulure, qu'un liſteau; cela ne fait pas un bon effet. Sur ces deux doucines, il y a un denticule, & enſuite le larmier, & ſa gueule renverſée & terminée par la principale doucine, ou gueule droite; ſi bien qu'en cette corniche l'Architecte a obſervé de n'y pas mettre de modillons, y ayant des denticules.

CONSTANTINOPLE, c'eſt l'ancienne Bizance, à qui *Conſtantin* fit changer de nom l'an 330. ce Prince n'oublia rien pour la rendre magnifique. Il la fit rebâtir entiérement; la décora des plus ſuperbes édifices, des places, de portiques, d'un grand cirque, de bains, d'aqueducs, de fontaines, de Temples.

La Ville de Conſtantinople eſt la plus belle Ville du monde pour ſa ſituation, & pour ſon port.

CONSTRUIRE, CONSTRUCTION. Bâtir, bâtiment; une belle, une grande, une magnifique *conſtruction*.

CONTOUR. On appelle *contour*, les extrêmités d'une figure, ou les lignes qui l'entourent & qui la terminent en tout sens : il ne se dit que des figures.

Les *contours* pour avoir de la grace, doivent être arrondis, & bien prononcés, c'est-à-dire, dessinés avec science & avec justesse. Du Fresnoy recommande qu'ils soient polis, grands, coulans, sans cavités, ondoyans, semblables à la flâme ou au serpent.

. . . . . Ignis flammantis ad instar,
Serpenti undantes flexu. . . . . .

CONTRASTE, CONTRASTER. En Peinture on entend par *contraste*, l'opposition réciproque des parties par laquelle elles se font valoir les unes les autres; le *contraste* consiste donc dans la position diverse des objets : lorsque les membres, par exemple, se traversent & se portent d'un côté directement opposé. Les figures *contrastent* entr'elles, lorsqu'elles se regardent dans une attitude différente : une figure *contraste* avec elle-même, lorsque ses membres sont opposés les uns aux autres, ou lorsqu'ils se croisent avec quelque différence d'attitude. Tout doit *contraster* dans un tableau, les jours avec les ombres, les membres avec les membres, les figures avec les figures, les groupes avec les groupes; c'est ainsi que les parties d'une composition se font valoir les unes les autres.

CONTRASTER se dit aussi en terme d'Architecture; c'est diversifier les ornemens,

nemens, & répandre de la variété dans la disposition des parties, au lieu de répéter toujours les mêmes: ainsi dans la grande gallerie du Louvre, les frontons sont alternativement cintrés & angulaires.

CONTRE-BOUTANT, ce sont de grosses poûtres, ou de gros piliers de pierres, qui poussent & arcboutent une muraille.

CONTRE EPREUVE, c'est une estampe imprimée sur une autre estampe fraîchement tirée; par ce moyen on à la figure dans le même sens qu'elle est gravée, & l'on peut voir plus aisément s'il n'y a rien à réformer à la planche.

CONTRE-FICHES, piéces de la charpente ou de la couverture d'un bâtiment, qui servent à en lier d'autres, ou à les arcbouter, comme celles qui sont dans une maîtresse ferme, qui posent d'un bout sur le poinçon, & qui soutiennent de l'autre la jambe de force.

CONTRE-FORTS. Les *contreforts* sont à peu prês la même chose, & font le même effet que les contreboutans. Ce sont de gros piliers de maçonnerie, dont on soutient les murs d'appui d'une terrasse; ces sortes d'ouvrages sont bandés en berceaux, à la distance de deux toises l'un de l'autre: les *contreforts* s'appellent autrement éperons.

CONTRE-FRUIT. *Voyez* FRUIT.

CONTRE-MUR, mur qu'on bâtit à côté d'un autre mur, d'un mur mitoyen, par exemple, pour que celui-ci ne soit point incommodé des constructions qu'on fera proche. Le *contre-mur* dans certaines coutumes, ne doit point être lié avec le vrai mur.

CONTRE-MURER, c'est faire un contre-mur; on *contre-mure* les fossés d'un privé.

CONTRE-TERRASSE. Terrasse élevée au-dessus d'une autre.

CONTRE-TIRER: *voyez* CALQUER.

COPIE. On appelle *copie*, l'imitation d'un tableau original. Il n'est pas toujours aisé de distinguer la *copie* de l'original. *André Delsarte* copia un tableau de Raphael qui trompa Jule Romain luimême, qui avoit travaillé à ce tableau.

CORBEAU, pierre de taille en saillie, sur l'extrêmité de laquelle porte une solive: on fait aussi des *corbeaux* de fer. Les Architectes donnent quelquefois aux consoles le nom de *corbeaux*.

CORBEILLE, c'est un ornement d'Architecture façonné en corbeille: il ne faut pas le confondre avec le panier. Le panier différe de la *corbeille* en ce qu'il est plus étroit & plus haut.

Les termes, les figures persiques ou cariatiques, portent de ces paniers remplis de fleurs & de fruits.

CORDEAU, corde longue & menue, dont les Ingénieurs & d'autres Artistes se servent pour lever les plans, ou pour les tracer, & pour faire d'autres alignemens. On dit bander le *cordeau ;* tirer au *cordeau :* tracer le long du *cordeau.*

CORDELIERE, petit ornement d'Architecture, taillé en forme de corde, & qu'on applique sur les baguettes.

CORDON, rang de pierres posées horizontalement & en saillie, qui marquent la division des étages. Premier *cordon* ; second *cordon.*

Les Sculpteurs appellent *cordons*, les moulures rondes en maniére de tore, qu'ils emploient dans les corniches, & sur lesquelles ils taillent des fleurs ou des feuilles cordonnées ou tortillées.

CORINTHE, Ville du Peloponnese, fameuse par son commerce, par ses richesses & par le précieux métal qu'on trouva dans ses ruines, lorsque le Consul *Mummius* la réduisit en cendres, l'an de Rome 607. Jule César la fit rétablir. Elle est sous la puissance des Turcs depuis l'année 1458, que Mahomet II. l'enleva aux Vénitiens.

CORINTHIEN. (l'ordre) Cet ordre inventé par Callimachus, Sculpteur Athenien, est le quatriéme ordre d'Architecture ; c'est le plus riche, le plus agréable, & le plus délicat de tous. Sa colonne a neuf diamétres de hauteur ; son chapiteau a d'ordinaire deux rangs de feuilles, & huit volutes ; sa corniche est ornée de modillons : au reste l'ordre *Corinthien* n'a point d'ordonnance propre pour sa corniche, pour son chapiteau, ni pour sa frise. Il prend ses modillons des Trigliphès de l'ordre Dorique, & il tient de l'ordre Ionique, la Sculpture & les ornemens de sa frise & de sa corniche. Ce qui le distingue essentiellement des autres ordres, c'est la hauteur de sa colonne, qui, comme je l'ai dit, à neuf diamétres, & le double rang de feuilles de Palmier ou d'Acanthe qui ornent son chapiteau.

Cet ordre a souffert dans tous les temps de grands changemens & de grandes variations.

Entre plusieurs édifices antiques de l'ordre *Corinthien*, les plus considérables furent le Temple de Jupiter Olympien, à Athénes : le Temple de Venus, dans l'Isle de Chypre : celui de Minerve, en Arcadie : le Pantheon, le Temple de la Paix, celui du Soleil, près du Tybre, la Basilique d'Antonin, les trois colonnes qui restent du Temple de Jupiter Tonnant, les deux autres du haut du Colisée, l'Arc de Constantin, & quelques autres qu'on voit à Rome, & en d'autres lieux.

CORNARO (Palais du Cardinal) ce Palais qu'on voit à Venise, est du dessein du Scamozzi : il est situé au plus beau quartier de la Ville, bien exposé en vûe sur le grand Canal, & proche la place de Saint Maurice, n'ayant point de voisinage de trois côtés.

La principale face est sur l'eau, & du côté du Sud. Au milieu de cette face est l'entrée, laquelle a un grand & superbe perron en-dehors dans la mer, par lequel on monte à trois arcades égales. En entrant on trouve un beau vestibule oblong, c'est-à-dire, plus large que long, après lequel il y a une longue sale basse. A gauche il y a cinq piéces, à la hauteur du rez-de-chaussé, de diverses grandeurs pour salles & chambres ; à droit il y en a quatre, & une entrée à hauteur de terre. Au bout de la grande sale basse, il y a une gallerie ou passage de communication d'un côté à l'autre, & à chaque bout de ce passage un grand escalier. Après la gallerie & les deux escaliers, il y a une grande cour quarrée, à chaque côté de laquelle est une entrée avec un grand vestibule. Au bout de chacun de ces vestibules il y a une chambre, vers chacun des quatre angles de la cour. Au côté du Nord de cette cour, & en son milieu, vis-à-vis la principale entrée, il y a un beau vestibule, & au-delà une grande sale, à gauche trois chambres, à droite trois autres chambres, & à chaque bout du vestibule un petit escalier, servant pour monter aux appartemens d'en haut, & descendre à ceux qui sont en bas, sçavoir, les offices, cuisines, sales de commun, dépenses, caves, &c.

En montant les grands escaliers on arrive à un grand passage, d'où l'on entre dans une grande sale, qui s'étend jusqu'à la face de devant, regardant sur le canal ; à chaque côté il y a cinq chambres de diverses grandeurs ; toutes celles d'un côté sont semblables à celles de l'autre ;

le haut est distribué comme le bas ; le long des deux grands côtés il y a des boutiques voûtées sous les chambres, & derriere ce Palais il y a un jardin.

Tout l'édifice est élevé au-devant par un soubassement qui le met au-dessus de la hauteur ordinaire de l'eau, & du rez-de-chaussée, ce qui lui donne aussi plus de grace & plus de clarté qu'il n'auroit autrement. La principale face construite de pierre d'Istrie, est ornée de trois ordres d'Architecture l'un sur l'autre, ayant des colonnes au milieu, & des pilastres dans le reste, les unes & les autres avec piédestaux & autres ornemens. Le premier ou le plus bas de ces ordres est Dorique, & dans ce premier étage il y a doubles fenêtres, dont les unes sont pour les apartemens d'en bas, & les autres pour les entre-deux ; on voit au milieu les trois arcades d'entrée, sur les bandeaux desquelles il y a des statuës couchées. Le second ordre est Ionique, & dans cet étage les fenêtres sont en arcs, ayant leurs appuis soutenus de balustres, lesquels appuis régnent dans toute la façade à la hauteur de la corniche des piédestaux. Le troisiéme ordre est Romain, distribué de même que ceux de dessous, ayant aussi les appuis régnans de la même maniére qu'à celui de dessous, & soutenus aussi de balustres au droit des fenêtres, lesquelles sont couronnées de frontons pointus & ronds alternativement, avec des statuës couchées sur ceux qui ſont pointus. Au-deſſus de l'entablement il y a des ſtatuës ſur des acrotéres, avec d'autres ornemens convenables, & répondans a ceux de la façade, qui en a par tout. Les autres côtés de ce ſuperbe édifice ont les mêmes ordres, mais avec moins d'ornemens.

CORNE. On dit les *cornes* d'un chapiteau ; ce ſont les quatre coins du tailloir. On appelle *cornes* de bélier certaines volutes qu'on emploie dans les chapiteaux des ordres Ionique & Compoſite.

CORNEILLE [Michel] naquit à Paris en 1642 ; il étoit fils d'un des douze premiers Membres de l'Académie Royale de Peinture. Les bonnes études qu'il fit à Rome le rendirent en peu de tems un Peintre diſtingué. A ſon retour d'Italie il fut reçu à l'Académie de Peinture, & pourvû enſuite de la charge de Profeſſeur. Il a fait pluſieurs ouvrages à Verſailles, à Trianon, à Meudon & à Fontainebleau. Il entendoit fort bien le clair-obſcur : ſon deſſein étoit correct, ſes airs de têtes nobles & gracieux. Sa maniére approche beaucoup de celle des Carraches, qu'il prit toujours pour modéles. Les François ne lui ont pas rendu juſtice, & ce Peintre qui mérite un rang diſtingué dans l'Ecole Françoiſe, n'a eu de ſon vivant & même après ſa mort, qu'une réputation médiocre. Le mérite ne décide pas toujours de la renommée. *Corneille* mourut à Paris en 1708, âgé de soixante & six ans. Il a eu un frere (Jean Baptiste *Corneille*) qui s'est aussi distingué dans le même art. Celui-ci naquit à Paris en 1646, fut reçu Académicien en 1676, fut fait Professeur quelque tems après, & mourut en 1695.

Les principaux ouvrages de Michel *Corneille*, sonr la vocation de S. Pierre & de S. André, dans l'Eglise de Notre-Dame de Paris, une Vierge aux Feuillans de S. Honoré, S. François d'Assise dans la Chapelle de Louvois à S. Roch, le massacre des Innocens, dans l'Eglise qui porte leur nom, la Chapelle de S. Grégoire, aux Invalides, l'Assomption de la Vierge dans la Paroisse de Versailles, & un plafond au Château qui représente Mercure au milieu des Muses.

CORNICHE, ornement d'Architecture, en saillie, qu'on place au-dessus des colonnes & des frises, & qui couronne les grands ouvrages d'Architecture.

La *corniche* se mesure depuis la frise jusqu'à la cimaise inclusivement.

La *corniche* Toscane est la plus simple.

La *corniche* Dorique est ornée de moulures & de denticules.

La *corniche* Ionique a quelquefois ses moulures taillées d'ornemens avec des denticules.

La *corniche* Corinthienne est celle qui a le plus de moulures & de modillons. Elle admet aussi les denticules.

La *corniche Composite* a des moulures taillées, des denticules, & des canaux ſous ſon plat fond.

Corniche de couronnement : c'eſt celle qui couronne le bâtiment.

Corniche en chamfrain, c'eſt une corniche ſimple & ſans moulures.

Corniche continuë, c'eſt celle qui dans toute ſon étenduë & dans ſes retours, n'eſt coupée par aucun membre d'Architecture.

Corniche coupée, c'eſt une corniche interrompue, & qui ne régne pas de ſuite.

Corniche circulaire, c'eſt celle qui tourne au-dedans ou au-dehors d'un ſalon, d'un Dôme, &c.

Corniche rampante ; c'eſt la *corniche* d'un fronton pointu.

CORNIER, ſe dit des pilaſtres placés dans une encognure : il ſe dit auſſi des poteaux qui ſont dans les angles des panneaux de charpenterie. On appelle *jointure corniere* le canal de tuile, d'ardoiſe, ou de plomb qui eſt le long de l'angle que forment deux toits.

CORPS. *Corps* de logis, partie d'un bâtiment. *Corps* de logis double, c'eſt celui dont les apartemens ſont doubles.

Avant-corps, c'eſt dans un bâtiment la partie, ou le *corps* en ſaillie qui eſt ſur le devant.

Corps de derriere : c'eſt la partie du bâtiment qui eſt ſur le derriere.

Dans un bâtiment, on appelle *corps* de fond la partie qui porte dès le bas du bâtiment avec empatement & retraite.

CORRECT, CORRECTION, CORRECTEMENT, se disent en parlant du dessein.

Un dessein *correct*, bien arrêté. Le Titien n'étoit pas toujours *correct* dans ses desseins. Le Poussin dessinoit *correctement*. Aucun Peintre n'étoit comparable à Raphael pour la *correction* du dessein.

La *correction* du dessein dépend de la justesse des proportions, & cette justesse dépend principalement de la connoissance de l'Anatomie, & du corps humain.

CORREGE. [Antoine] Le *Corrége* naquit selon Vasari, l'an 1475, & selon l'Auteur moderne *de la vie des plus fameux Peintres* l'an 1494 : ce dernier n'appuye son sentiment que sur de nouveaux mémoires, *envoyés*, dit-il, *d'Italie*, & dont il auroit bien dû indiquer la source. Il étoit de *Corrége*, Ville du Modenois, qui lui donna son nom ; son pinceau est des plus agréables & des plus faciles. Il a peint les Vierges & les enfans avec de certaines naïvetés gracieuses, qui lui ont été particuliéres ; son dessein étoit souvent estropié, ses attitudes communes, & ses groupes mal distribués. Mais sa maniére étoit grande, ses conceptions élevées, son pinceau délicat, & son coloris admirable. Son plus grand ouvrage est la coupe de Parme qu'il a peinte à fraisque. Ses tableaux de chevalet sont fort rares ; il y en a quatre dans le Cabinet du Roi.

Le *Corrége* fut emporté par une pleurésie à l'âge de 40 ans.

Mr de la Fosse, célébre Peintre François, voulant honorer la mémoire du *Corrége*, a peint un tableau, où il représente la nature environnée des graces, présidant à la naissance de ce Peintre aimable. Ce tableau faisoit un des ornemens du Cabinet de Mr Crozat. On voyoit encore dans ce même cabinet une ample collection des desseins du *Corrége*, la plûpart originaux : cette suite étoit d'autant plus précieuse, que les desseins de ce Maître sont fort rares.

CORRIDOR, gallerie couverte qui distribue à plusieurs chambres, construites sur les côtés.

CORTONE [Piétre de] naquit en Toscane, l'an 1596, dans la Ville de ce nom. Il fut l'éléve d'*Andrea Commodi*, & il se rendit fort jeune à Rome, où il se mit sous la discipline de *Baccio Ciarpi*. Là il fit de grands ouvrages, soit dans le Palais *Sachetti*, où il peignit l'enlévement des Sabines, & une bataille d'Alexandre, soit dans le Palais Barberin, où il fit ce fameux salon, peint à fresque, dans lequel il a représené le *Triomphe de la Gloire*. De Rome il passa à Venise, parcourut les principales Villes de la Lombardie, & revint par Florence, où le Grand Duc Ferdinand II. lui fit peindre le grand salon, & quatre chambres du Palais *Pitti*. Un jour que le Grand Duc le voyoit travailler, & qu'il ne cessoit point de regarder avec admiration un enfant qui pleuroit, que *Cortone* avoit peint dans la chambre appellée la *Stuffa*, *Prince*, lui dit Cortone, *si votre Altesse le souhaite, je lui ferai voir avec quelle facilité les enfans pleurent & rient.* Le Grand Duc ayant témoigné que la chose lui feroit plaisir, *Cortone* ne fit que donner un coup de pinceau, & l'enfant parut rire : un moment après d'un autre coup il rétablit sa figure, & l'enfant parut pleurer comme auparavant. « Personne, dit un Auteur moderne, n'a » eu plus de génie que le *Cortone* ; il possédoit parfaitement la partie du coloris, » sur-tout dans la fresque : il faut pourtant convenir que le *Cortone* a mis peu » de correction & d'expression dans ses » tableaux ; ses figures sont trop courtes, » & fort lourdes, ses têtes se ressemblent, » ses draperies sont mal jettées, & très » manierées. *Vie des plus fameux Peintres.* »

Le *Cortone* mourut à Rome l'an 1669, âgé de soixante & treize ans. Il fut inhumé dans l'Eglise de Ste Martine qu'il avoit bâtie, & à laquelle il laissa cent mille écus.

COSIMO [Pietro] Peintre de l'Ecole Florentine. C'étoit un homme aussi fantasque dans ses compositions, qu'extraordinaire dans sa façon de vivre. Il se plaisoit à peindre des bacchanales, des satyres, & des monstres. Il donna à Florence vers le temps du Carnaval, le Spectacle d'une Mascarade funebre, où la mort paroissoit avec tout son cortége, la faux à la main, sur un char semé de croix & peint en noir. Il avoit l'imagination si foible, qu'il ne pouvoit entendre le son des cloches, le chant des moines, ni les cris des enfans sans entrer dans une espéce de frenesie. Il mourut en délire l'an 1521, âgé de 80 ans.

COSTUME', ce mot est tout Italien; il signifie proprement usage, coutume. On l'entend; 1o. de tout ce qui concerne les usages, les mœurs, les habillemens, les armes, la physionomie, & la façon de vivre de chaque peuple : ainsi c'est pécher contre le *Costumé*, que d'habiller ou d'armer des Grecs, comme des Perses, des Romains, comme des François, de représenter César avec un chapeau, des gans, une perruque; 2o. on entend par *Costumé*, tout ce qui regarde la chronologie, l'ordre des temps, & la vérité de certains faits connus de tout le monde.

Raphaël a péché contre le *costumé*, lorsqu'il a représenté les modestes Archidiacres de l'Eglise Romaine du temps de S. Leon, avec tout l'éclat & tout le faste que la Cour de Rome avoit du temp de Leon X.

Paul Veronese a péché contre le *costumé* en plaçant des Bénédictins au festin de Cana; 3o. on entend par *costumé* tout ce qui concerne les bienséances, le caractére & les convenances propres de chaque âge & de chaque condition : ainsi c'est pécher contre le *costumé* que de mettre la tête d'un jeune homme ſur le corps d'un vieillard, ou une main blanche ſur un corps halé, d'habiller un Hercule d'une étoffé légére, & un Apollon d'une groſſe étoffe.

4°. Enfin l'on entend par *coſtumé* tout ce qui regarde la nature, la qualité & la propriété eſſentielle des élémens, des corps & de toutes les choſes naturelles.

Ne pas obſerver toutes ces choſes, c'eſt pécher contre le *coſtumé*. Telle eſt la véritable ſignification du mot *coſtumé*, que les Auteurs du Dictionaire de Trévoux ont bien mal entendu. Il ſeroit difficile de le définir plus mal qu'ils n'ont fait. Voici cet article tel que je l'ai trouvé dans l'Edition en 5 volumes de l'année 1721.

« *Coſtumé*, terme de Peinture. *Delineatio.* Les grands Peintres Lombards ſe » ſont plus attachés à ce qui regarde la » couleur, qu'à ce qui regarde le deſſein, » & à ce qu'on appelle *coſtumé.* »

Felibien.

Il ſeroit inutile de relever l'erreur viſible de ces Lexicographes, qui ont confondu le *coſtumé* avec le deſſein, *Delineatio*, comme ſi c'étoient des mots ſynonimes. Je remarquerai ſeulement que ce qui a occaſionné cette erreur, c'eſt le paſſage même de Felibien qu'ils ont cité, & qu'ils n'ont pas compris. Ils ont cru que ces derniéres paroles *à ce qui eſt du deſſein*, & *à ce qu'on appelle coſtumé*, renfermoient préciſément la même idée, &

que par le mot de *dessein* & de *costumé*, Felibien n'entendoit qu'une même chose.

COUCHE. COUCHER. En terme de Peinture *couche*, ou enduit de couleurs, sont des mots synonimes. Premiere *couche*, seconde *couche*, derniére *couche*.

On dit : *coucher* des couleurs, *coucher* du vernis : *coucher* légérement, *coucher* à grands coups.

COUDE'E, mesure : c'est l'espace contenu entre l'endroit où le bras se plie, qu'on appelle *coude*, & l'extrêmité du plus grand doigt de la main. La *coudée* est la plus ancienne de toutes les mesures. Les Hebreux, les Babyloniens, les Grecs, & les Romains s'en servoient; mais la mesure de ces *coudées* n'est pas bien déterminée, ce qui répand beaucoup d'obscurité dans les écrits des Anciens : la plus grande, qui est la *coudée* Geométrique, étoit de deux pieds deux pouces de Roi ; on croit que c'étoit la *coudée* des Hebreux ; la moyenne avoit un pied dix pouces, & la plus petite un pied cinq pouces.

COULER [le] subs. Les Peintres appellent le *couler*, la premiere couche de couleur, ou la premiere teinte que l'on donne aux objets.

Pour donner du corps au *couler*, c'est-à-dire, pour fortifier cette premiere teinte, il faut employer des couleurs épaisses, & les coucher à grands coups.

COULEUR, drogue dont on se sert pour peindre. On trouvera dans ce Dictionaire ſelon leur rang, le nom des plus communes & des plus uſitées. Il y a des couleurs naturelles, il y en a de factices. Il faut préparer les *couleurs*, les tremper, les broyer, les mêler.

Il y a une grande différence entre *couleur*, & coloris : les *couleurs* ſont, comme je l'ai dit, ces matiéres molles & liquides, jaunes, vertes, rouges, bleues, qu'on emploie pour peindre ; le coloris eſt l'effet qui réſulte des *couleurs* lorſqu'elles ſont employées.

Couleurs tendres.

Couleurs amies.

Couleurs fiéres.

Couleurs fondues.

Le ton, l'harmonie, l'union & l'amitié des couleurs. *Voyez* COLORIS.

COUPE, COUPOLE, c'eſt la partie ſupérieure d'un Dôme taillée en forme de *coupe* renverſée ; c'eſt cette partie que l'on peint.

Dans le langage ordinaire, on confond les mots de *coupe*, de *coupole*, & de Dôme. La *coupe* du Val-de-grace ; la *coupole* de S. Pierre de Rome ; le Dôme du Val-de-grace ; le Dôme de S. Pierre.

COUPE ſignifie quelquefois l'inclinaiſon des joints des vouſſoirs d'un arc, & des claveaux d'une platte bande ; on dit dans ce ſens donner plus ou moins de *coupe*.

COUPE ſignifie auſſi taille, ou façon de tailler. La *coupe* des pierres : il y a quelques années qu'il a paru un excellent livre

livre ſur la *coupe* des pierres.

On appelle auſſi *coupe* la coquille d'un baſſin ou d'une fontaine qui reçoit la gerbe d'eau, & qui la rejette en forme de nappe.

L'Architecture & la Sculpture emploient ſouvent pluſieurs autres ornemens qu'on appelle *coupes*, à cauſe de leur reſſemblance avec les *coupes* ordinaires.

COUPER, tailler, façonner; *couper* la pierre, *couper* le bois. Ce Sculpteur *coupe* bien le bois, le marbre.

Callot *coupoit* fort bien le cuivre, c'eſt-à-dire qu'il gravoit avec propreté, & avec égalité ſelon le fort & le foible.

On dit auſſi *couper* le plâtre, c'eſt faire des moulures ſur le plâtre avec la main, ou avec l'outil.

COURONNE en terme d'Architecture, eſt la partie platte & ſupérieure de quelque membre d'Architecture. La couronne d'une corniche: on l'appelle autrement larmier, goutiére, mouchette, &c.

Couronne de pieu: c'eſt la partie ſupérieure d'un pieu que l'on garnit ſouvent d'un chaperon ou cercle de fer, pour l'empêcher de s'éclatter lorſqu'on l'enfonce de force.

COURONNEMENT. En terme d'Architecture civile & pittoreſque, on appelle *couronnement* la partie ſupérieure qui termine & *couronne* un édifice; le haut de ce bâtiment eſt orné de ſtatuës & de trophées, qui en forment le *couronnement*

COURS. Les Architectes appellent *cours d'assise*, un rang continu de pierres mises de niveau, qui régnent dans toute la longueur d'une façade; si ces pierres sont en saillie, on l'appelle cordon.

Cours de plinthes.

Cours de pannes.

Cours ou continuité, sont dans ce sens des mots sinonymes.

COURTINE. Dans l'Architecture civile, c'est une façade de bâtiment comprise entre deux pavillons : dans l'Architecture militaire, c'est la partie du rempart comprise entre deux bastions.

COURTOIS [Guillaume]. naquit en 1628 à S. Hyppolite, dans la Franche-Comté. Il se mit à Rome sous la conduite de Pietre de Cortone, & il se distingua beaucoup parmi les éléves de ce grand Peintre. Il a passé la plus grande partie de sa vie à Rome, & c'est-là qu'il fit ses plus beaux ouvrages, tels que les grands tableaux que l'Ambassadeur de Venise lui commanda pour l'Eglise de S. Marc, & ce qu'il peignit dans S. Jean de Latran, dans le Palais de Monte-Cavallo, dans l'Eglise de la Trinité *Dei Pelegrini*, dans celle de Ste Marthe, à Ste Martine, à S. André du Noviciat des Jesuites, &c. Le *Courtois* mourut à Rome d'une goûte remontée, l'an 1676, âgé de cinquante & un an. Il fut inhumé à S. André *Alle frate*. Il eut un frere qui ne fut pas moins célébre, (Jean *Courtois*, vulgairement appellé le Bourguignon.)

Celui-ci naquit en 1621. A l'âge de quinze ans il se rendit à Milan ; de-là il passa à Bologne, où le Guide & l'Albane l'attirérent, & prirent plaisir à le former. Il se rendit aussi à Florence ; enfin Rome termina ses courses, & c'est-là qu'il passa sa vie, ainsi que son frere, & qu'il fit ses plus beaux ouvrages. Il a principalement réussi dans les batailles, qu'il peignoit d'une très-grande maniére ; personne ne l'a égalé dans ce genre. Ses principaux ouvrages sont le miracle des cinq pains, à Rome dans le réfectoire des peres de Cîteaux, un plafond à Ste Praxede, où il a représenté le Pere éternel, la Magdelaine aux pieds du Sauveur, & Ste Marthe de bout dans l'Eglise de Ste Marthe, la vie de S. Ignace, aux Jesuites dans le corridor de la chapelle de ce Saint, &c. On voit encore de ses ouvrages à Fribourg, à Florence, à Venise, à Dusseldorf, &c. Jean *Courtois* mourut à Rome en 1676, âgé de 55 ans.

COUSIN, [Jean] doit-être regardé comme le premier Peintre François qui se soit distingué dans les tableaux d'histoire. Il naquit à Soucy près de Sens, & il fleurissoit dans le seiziéme siécle. Il avoit une connoissance profonde de son art : ce qui paroît non-seulement par ses tableaux, mais par les excellens traités qu'il a faits sur la Geométrie Pittoresque, & sur la Perspective. Il est l'Auteur de l'admirable tableau du Jugement univerſel, qu'on voit dans la Sacriſtie des Minimes de Vincennes.

Il étoit auſſi Sculpteur, & il a fait le Mauſolée de l'Amiral Chabot, qu'on voit aux Céleſtins de Paris ; mais il s'eſt principalement attaché a peindre ſur le verre, & il a excellé dans ce genre. C'eſt lui qui a peint les belles vîtres de la Ste Chapelle de Vincennes, ſur les deſſeins de Raphaël ; on ignore l'année de ſa naiſſance & de ſa mort, ainſi que les particularités de ſa vie. C'eſt un des plus grands Peintres qu'ait eu la France, & c'eſt un des moins connus.

« Jean *Couſin* deſſinoit bien, il mettoit » beaucoup d'expreſſion dans ſes têtes : » ſes penſées ſont nobles, & les tours de » ſes figures ſentent le Parméſan ; mais » il a plus travaillé à peindre des vitra- » ges que des tableaux. Ses deſſeins qui » ſont fort recherchés, ſont arrêtés à la » plume, & lavés au biſtre, ou au bleu » d'Inde, avec quelques hachures à la » plume très-peu croiſées. Malgré la cor- » rection de ſon deſſein, l'expreſſion de » ſes têtes, & l'imitation du Parméſan » & des anciens maîtres, Jean *Couſin* a » contracté une maniére des plus ſéches, » avec un certain goût gothique, qui le » fera toujours diſtinguer parmi les au- » tres maîtres de ſon tems. *Abrégé de la* » *vie des plus fameux Peintres.*

COUVERTURE, maçonnerie ou charpente qui couvre un bâtiment ; il ſe dit auſſi de la partie extérieure de la couverture qu'on appelle toit.

Couverture d'ardoise, de tuile, de plomb, &c.

Couverture à claire voie : c'est celle dont les tuiles sont peu pressées.

Couverture brisée : c'est une mansarde.

Les *couvertures* d'Orient & d'Italie, sont pour la plûpart en platte forme.

COUVREUR, artisan qui couvre les maisons.

COYPEL. La France n'a point eu de famille qui se soit plus distinguée dans la Peinture que celle des *Coypel*; il semble que chez eux la Peinture soit un talent héréditaire. Sans parler de Mr *Coypel* aujourd'hui vivant, dont nous ne dirons rien, suivant la loi que nous nous sommes imposée de ne parler que des Peintres morts, trois hommes célébres de ce nom se sont distingués en France, Noël *Coypel*, Antoine *Coypel*, & Noël Nicolas *Coypel*.

Noël naquit à Paris en 1628. il fut reçu à l'Académie en 1659, & élû Professeur en 1664. son tableau de réception (le meurtre d'Abel) & son tableau de Mai pour Nôtre-Dame, lui acquirent une grande réputation. En 1672, le Roi le nomma Directeur de l'Académie de Rome, ce qui lui fit faire le voyage d'Italie : ce fut là qu'il fit quatre fameux tableaux, dont les sujets sont tirés de l'Histoire Romaine, & qu'on destinoit pour la salle du Conseil à Versailles. Ils furent exposés à la Rotonde, & attirerent à *Coypel* une approbation universelle. A ſoixante & dix-huit ans, il entreprit les Peintures à freſque qui ſont au-deſſus du Maître-Autel de l'Egliſe des Invalides ; ce dernier ouvrage lui cauſa une maladie dont il mourut en 1707, âgé de ſoixante & dix-neuf ans. Il laiſſa deux fils, qui ne ſe ſont pas moins diſtingués que leur pere.

Antoine *Coypel*, l'aîné des deux, né en 1661, n'avoit qu'onze ans lorſque le Roi nomma Noël *Coypel* ſon pere pour être Directeur de l'Académie de Rome. Mr Colbert, remarquant dans Antoine des diſpoſitions favorables pour la Peinture, conſeilla à ſon pere de le mener avec lui en Italie. Il fit des études au-deſſus de ſon âge, ſur les ouvrages de Raphaël, de Michel Ange, d'Annibal Carrache, & ſur les ſtatuës antiques. Le Chevalier Bernin conçut pour lui une forte amitié ; il augura dès-lors ce qu'il feroit un jour. Après trois années de ſéjour à Rome, le jeune *Coypel* voyagea dans la Lombardie, pour y étudier les divers chef-d'œuvres du Corrége, du Titien, & de Paul Véroneſe. Enfin il revint en France, & fit connoître au public par pluſieurs grands ouvrages, qu'il avoit employé heureuſement ſon tems en Italie. Il peignit à l'âge de dix-neuf ans le tableau que les Orphévres avoient coutume de préſenter tous les ans à l'Egliſe de Nôtre-Dame de Paris le premier jour de Mai. L'année ſuivante il fit trois grands morceaux pour l'Egliſe des Religieuſes de l'Assomption de la ruë saint Honoré, un tableau pour les Chartreux, & peu de temps après un plafond à Choisi. Il étoit fort jeune lorsque Philippe de France Duc D'orleans, frere unique du Roi Louis XIV. lui accorda l'agrément de la charge de son premier Peintre. La vivacité de son esprit & son amour pour l'étude, engagérent Mr le Duc D'orléans Régent du Royaume, de lui accorder la protection dont il l'a toujours honoré. Ce Prince lui fit peindre la grande gallerie du Palais Royal, & l'honora d'une pension en 1719. Il peignit la voûte de la Chapelle de Versailles, ensuite de quoi il fut occupé à une suite de grands tableaux, faits sur les principaux sujets de l'Ecriture Sainte, qui ont été éxécutés en tapisseries aux Gobelins, tels qu'Athalie, le sacrifice de Jephté, Susanne accusée, le jugement de Salomon, Esther, Tobie, Jâcob, Laban, &c. L'Académie de Peinture & de Sculpture le prit pour Directeur en 1714; l'année suivante il fut nommé premier Peintre du Roi, & fut annobli par Sa Majesté. Tous ces honneurs semblerent animer son génie nouveau, & lui firent entreprendre une nouvelle suite de grands tableaux, faits sur les plus beaux sujets de l'Iliade, qui ont été son plus bel ouvrage. De tous les honneurs que lui avoit procurés son Art, il n'y en eut point qui lui fut si sensible que celui qu'il eut d'être choisi pour donner les desseins des Médailles de l'Histoire de Louis XIV. & l'avantage qu'il eut d'enseigner la Peinture à Mr le Duc D'orleans Régent, auquel il dédia le livre qu'il composa sur son Art. Il fait voir dans cet ouvrage qu'il avoit une érudition peu commune, mais très-nécessaire aux gens de sa profession. L'épuisement dans lequel l'avoient jetté ses prodigieuses études, & le chagrin de la mort de sa femme le firent tomber dans une langueur qui le conduisit à une fin aussi chrétienne que sa vie a été laborieuse. Il mourut le 7 Janvier 1722, en sa soixante-uniéme année, & fut inhumé a Saint Germain l'Auxerrois.

Noël-Nicolas *Coypel*, frere d'Antoine, naquit à Paris en 1692. Il entra à l'Académie en 1720, & en 1733, il fut fait Professeur. Ses principaux ouvrages sont, l'enlévement d'Amymone, tableau qu'il fit pour sa réception; la Chapelle de la Vierge dans l'Eglise de S. Sauveur, S. François aux Minimes de la Place Royale, l'enlévement d'Europe, qui a appartenu à Mr de Morville Sécrétaire d'Etat, &c. Ce Peintre mourut à Paris en 1737, âgé de 45 ans.

CRAMPON, espéce de crochet qui sert à lier des piéces de charpente, des pierres & d'autres piéces de maçonnerie. Les gonds scellés en plâtre sont à *crampons*. Les *crampons* de fer dont on lie les pierres, sont ordinairement soudés ou scellés en plomb : les Italiens disent *rampone*, d'où pourroit bien être dérivé *crampon*.

CRAMPONER,

CRAMPONER, ferrer avec des *crampons*, des Pierres *cramponnées*.

CRAYE, terre bitumineuſe fort blanche, aſſez dure pour ſervir dans les conſtructions. La Ville de Rheims n'eſt preſque bâtie que de pierre de *craye*.

Il eſt une autre eſpéce de *craye*, fort blanche auſſi, & quelquefois rouge, dont les artiſans ſe ſervent comme de *crayons*; elle eſt beaucoup moins dure que l'autre.

CRAYON, CRAYONNER. Le *crayon* eſt une eſpéce de pierre tendre dont ſe ſervent les Peintres pour deſſiner, ou pour eſquiſſer. Il y a des *crayons* naturels, & des *crayons* factices, de toutes couleurs.

Les *crayons* naturels, ſont la pierre ſanguine, le charbon de ſaule, la mine de plomb, &c.

Les *crayons* artificiels, ſont des mélanges de certaines poudres qu'on détrempe, qu'on pétrit & qu'on réduit en bâtons, & quelquefois en petits pains, qui s'appellent *Paſtels*. Voyez PASTEL.

CRAYONNER, c'eſt tracer des lignes avec le *crayon*.

Dans le ſens figuré, on appelle *crayons* les deſſeins & les eſquiſſes qui ſe font au *crayon*: dans ce ſens *crayonner*, ſignifie eſquiſſer, deſſiner.

CRENEAU, entaillure pratiquée par diſtance dans la partie ſupérieure d'un mur ou d'un parapet. Les anciennes villes étoient entourées de *creneaux*.

CRENELURE, eſpéce de dentelure faite à des creneaux.

CREPI, substantif, signifie la même chose qu'enduit. On fait des *crépis* de chaux & de sable, de plâtre & de stuc, &c.

CREPIR, enduire. On *crépit* une muraille en employant le mortier avec le balai, sans passer la truelle par dessus. Les Latins disent, *crispare*.

CREPISSURE, Cette muraille à besoin d'une *crépissure*, c'est-à-dire d'être *crépite*.

CREVASSE se dit des ouvertures qui se font dans un mur : dans un plafond de ce mur, il y a plusieurs *crèvasses* : Il menace ruine.

CROQUIS, esquisse faite à la hâte, & *croquée*. Voyez *Pensée*.

CROSSETTES. En Architecture on appelle *crossettes* les retours aux coins des chambranles de portes ou de croisées ; on les nomme autrement, oreilles, oreillons, ou orillons.

Crossettes de lucarnes ; ce sont des plâtres de couverture à côté des lucarnes. Les *crossettes*, dit Scamozzi, ont été imitées, de ce qu'originairement, & lorsqu'on bâtissoit de bois, le linteau pour bien poser sur les montans de la porte, excédoit en longueur la largeur des pieces de bois dont on a figuré le chambranle. Il n'en faut point faire, ajoute-t-il, lorsque le chambranle n'a qu'une face, & pour leur donner une belle proportion, elles doivent saillir au-delà du chambranle, de la largeur de la premiere fate, & avoir de hauteur celle du linteau du chambranle, excepté cette premiere face, comme il a été pratiqué aux fenêtres du dedans du Temple de la Sibille, à Tivoli, ſans quoi elles ſont déplacées & ridicules.

CRYPTE, il eſt feminin. Les Anciens appelloient *cryptes* des lieux ſouterrains, des chambres, des grottes, des Chapelles conſtruites ſous terre & voûtées. On a trouvé dans les *cryptes* de Rome & des environs d'excellentes piéces d'antique ; ce mot vient de κρύπτω *abſcondo*, d'où les Latins ont fait *crypta*.

CTESIPHON, fameux Architecte, qui eſt auſſi nommé Cherſiphron, donna les deſſeins du fameux Temple de Diane d'Epheſe, qui furent exécutés en partie ſous ſa conduite, & en partie ſous ſon fils Metagéne & d'autres Architectes. Cteſiphon inventa une machine dont il ſe ſervit pour tranſporter les colonnes qui doivent ſervir d'ornement à ce Temple, les ayant fait amener depuis les carrieres où on les avoit taillées, juſqu'à Epheſe; mais n'oſant pas ſe fier aux charrois ordinaires, parce que les chemins étant peu fermes, la péſanteur des fardeaux qu'il avoit à conduire feroit enfoncer les roues, il aſſembla quatre piéces de bois de quatres pouces en quarré, dont il y en avoit deux qui étoient jointes en travers avec les deux autres qui étoient plus longues & égales au fût de chaque colonne. Il ficha aux deux bouts de chaque colonne des boulons de fer faits à queue d'aronde, & les y ſcella avec du plomb, ayant mis dans les piéces de bois de traverſe des anneaux de fer dans leſquels les boulons entroient. De plus il attacha aux deux bouts de la machine de gros bras de chêne, enſorte que lorſque les bœufs la tiroient par ces eſpéces de timons, les boulons qui étoient dans les anneaux de fer y pouvoient tourner aſſez librement pour faire que les fûts des colonnes roulaſſent aiſément ſur la terre, & ainſi il fit amener toutes les colonnes.

CUBE, corps ſolide quarré, dont toutes les faces ſont égales. Pied cube, ou pied cubique, c'eſt un pied en quarré.

CUL de lampe, ornement d'Architecture & de Menuiſerie qu'on met aux voûtes & aux planchers, & qui imitent l'extrêmité inférieure d'une lampe. Les voûtes Gothiques ſe terminent aſſez ordinairement en cul de lampe.

CUL de lampe en encorbellement, c'eſt une ſaillie de pierres rondes par leur plan, qui porte en encorbellement la retombée d'un arc doubleau, d'une tourelle, d'une guérite.

CUL de four : c'eſt une voûte ſpherique. *Cul* de four en pendentif, c'eſt une voûte ſpherique, rachetée par quatre fourches ou pendentifs.

CULE'E. On appelle *culée* en Architecture, la maſſe de pierre qui ſoutient a derniere arche d'un pont, & qui réſiſte à toute ſa pouſſée.

CULE'E d'arc-boutant, ce ſont de gros piliers ſur leſquels porte la voûte des grandes Egliſes, & qui reçoivent les retombées des arc-boutans.

CULOT, ornement de Sculpture & d'Architecture, approchant de la forme d'une tige, d'où naiſſent des fleurs, des feuillages, &c.

CURIEUX, CURIOSITE'. Un *curieux* en Peinture, eſt un homme qui amaſſe avec choix tout ce qu'il y a de plus rare en deſſeins & en tableaux : ces raretés s'appellent *curioſités*.

Curioſités en Peinture, Cabinet *curieux*, Piéces rares & *curieuſes*.

Curieux ſignifie quelquefois recherché. Le Titien étoit *curieux* dans ſon coloris ; Raphaël étoit *curienx* dans le choix & dans les accommodemens des Draperies.

Quelques modernes ſe ſont ſervis du mot de *curioſité*, dans une acception des plus nouvelles.

Mr Mariette a dit : le nom de Mr Jubach ſubſiſtera long-temps dans la *curioſité*, c'eſt-à-dire, parmi les *curieux*. *Deſcript. du Cabinet de Mr Crozat.*

CUVETTE, on appelle ainſi le grand baſſin de plomb qui reçoit l'eau qui coule le long des canaux du toit, & d'où elle deſcend dans les tuyaux de plomb qui ſont le long des murs : ces *cuvettes* ſont ordinairement en entonnoirs.

CYLINDRE, corps ſolide, long, & également rond dans ſa longueur. Archimede fut l'inventeur de la Sphere & du *Cylindre*, & a fait un excellent Traité ſur ces deux inſtruments. Les rouleaux dont on ſe ſert pour remuer les pierres, ſont des *Cylindres*, les tours du Cabeſtan & d'une infinité d'autres machines, ſont des *Cylindres*.

CYPRE'S, arbre toujours verd, & dont le bois dur, maſſif, vené & incorruptible, ſeroit très-propre à bâtir s'il étoit plus commun, & moins difficile à élever; il étoit d'un grand uſage aux anciens Sculpteurs. Une des Statuës de Jupiter au Capitole étoit de *Cyprés*.

C

DAIS. *Voyez* BALDAQUIN.

DALE. On appelle *dales*, certaines pierres dures coupées par tranches peu épaiſſes, dont on couvre des terraſſes, dont on fait des tablettes de balcons, & qu'on employe à divers autres uſages. La couverture du vieux Château de S. Germain eſt en partie de *dales*.

DANTE, [Vincent] fameux Mathematicien, fut en même-temps un fort bon Peintre, un Sculpteur habile, & un grand Architecte. Il fit à Perouſe une Statuë de Jule III. qui a paſſé pour un chef-d'œuvre. Philippe II. lui offrit des penſions conſidérables pour l'attirer en Eſpagne, dans la vuë de lui faire finir les Peintures de l'Eſcurial, mais Dante n'eut pas aſſez de ſanté pour accepter ces offres; il passa la plus grande partie de sa vie à Perouse, où il mourut l'an 1576, âgé de 46 ans. Il s'appliqu'a aussi à la Poësie, & il écrivoit fort bien en Prose; il a laissé plusieurs ouvrages, dont le plus considérable est la vie des Sculpteurs célébres.

Il y a eu à Perouse un autre Dante, (Jean-Baptiste) qui étoit un excellent Machiniste; il inventa une machine pour voler, & il en fit plusieurs fois l'expérience sur le Lac Thrasimene; mais un jour qu'il s'étoit élevé extrêmement haut, un des fers qui dirigeoit ses aîles artificielles ayant manqué, il tomba sur une Eglise de Perouse, & se cassa la cuisse; il fut assez heureux pour guérir de cette chûte, qui apparemment le rendit sage. Il mourut à Venise à 40 ans.

DARDANELLES, ce sont deux Châteaux situés sur les deux bords du détroit de Gallipoli, entre l'Archipel, & la Mer de Marmora; les Turcs nomment ces forteresses *Boghase-Issari*, c'est-à-dire, Châteaux du détroit. L'un est en Asie, de figure quarrée, flanqué de quatre tours, les unes quarrées, les autres rondes. Au milieu de ce Château est un Donjon d'une forme quarrée, sur la plate-forme duquel on a placé plusieurs batteries. L'autre Château qui est vis-à-vis, est en Europe, & est assis sur le penchant d'une colline; sa forme est triangulaire, & son donjon est quarré. On croit que ces deux Châteaux & les villages qui les environnent ont été bâtis sur les ruines de *Sestos* & *Abydos*, deux Villes fameuses qui étoient situées sur le détroit. Outre ces deux forteresses qui sont enfoncées dans le détroit, on en trouve deux autres dans la même opposition, à l'entrée même de Gallipoli, qui sont très-modernes; l'un s'appelle le Château neuf d'Asie ou de Natolie, & l'autre le Château neuf d'Europe ou de Romélie. Mahomet IV. les fit construire en 1658: ils sont beaucoup plus forts que les premiers, & il y a cinq quarts de lieuë de trajet de l'un à l'autre.

Celui d'Asie est assis sur une langue de terre qui s'avance dans la mer, & ses murailles sont flanquées de tours & de bastions, garnis de batteries; la Mosquée est assez belle.

Celui d'Europe, dont la forme est des plus irrégulieres, renferme dans son circuit plusieurs maisons, avec une Mosquée dont le Dôme & le Minaret, aussi-bien que les autres édifices, paroissent beaucoup en-dehors, parce qu'ils sont construits sur une élevation.

DAU (Girard) étoit de Leiden; il fut Disciple du Rembrant, & il lui devoit l'intelligence des principales régles de son Art pour le coloris. Il peignoit à l'huile & en petit: ses tableaux ne passent pas la hauteur d'un pied, mais il les terminoit avec un soin infini, & ils lui coutoient autant de temps, que de plus grands tableaux en emportent aux

Peintres ordinaires. Il travailloit principalement pour les portraits, mais il étoit si long à les faire, qu'il lassoit souvent la patience des personnes qui se faisoient peindre. La femme d'un résident de Dannemark ayant voulu lui faire faire son portrait, il la tint cinq jours pour peindre seulement sa main ; je doute que nos Françoises eussent eu la même patience. Il se faisoit payer de ses tableaux à proportion du temps qu'il y mettoit : moyennant quoi ils étoient assez chers, quoique ce Peintre n'en fût pas beaucoup plus riche, ne se faisant payer que sur le pied de vingt sols par heure ; chaque petit tableau lui coutoit au moins deux mois d'un travail assidu, & il les vendoit six ou sept cens livres, & quelquefois mille selon le temps qu'il y avoit mis. Il étoit bien éloigné de la maniére expéditive de Vandeik, qui croquoit en trois ou quatre heures un tableau de trois ou quatre pieds de haut. Dau avoit fait percer une fenêtre haute dans son cabinet, afin d'avoir des ombres avantageuses, & il broyoit ses couleurs sur une glace de cristal ; ces précautions extrêmes, sa patience & la profonde expérience de son Art, l'ont fait passer pour le Peintre le plus laborieux & le plus léché de son tems. Dau vivoit dans le dix-septiéme siécle.

DE'. On appelle *dé* en général tous les cubes de pierre, soit ceux qu'on met sous les statuës, & qui posent sur le pied-destal, soit ceux dans lesquels on scelle les montans des treillages, soit ceux sur lesquels on met des pots de fleur dans des jardins.

DECORATEUR, DECORATION. On doit entendre par le mot de *décoration*, non-seulement les décorations de theâtre, mais toutes les autres représentations pittoresques, telles que les arcs de triomphe, les catafalques, les *décorations* de reposoir, de feux d'artifice, de canonisations, de certaines processions publiques, qui se font en Flandres, en Italie.

Piétro Cosimo, Peintre Florentin, avoit beaucoup de talent pour ces sortes de représentations.

Mr Servandoni le plus grand *Décorateur* que nous ayons eu, a inventé, ou du moins a apporté en France un nouveau genre de *décoration*, fort connu aujourd'hui sous le nom de représentation.

Il a donné aux Thuilleries dans la salle des machines, la représentation de l'Eglise de S. Pierre de Rome, les travaux d'Ulisse, la descente d'Enée aux enfers, &c. ces deux dernieres représentions furent exécutées au naturel par des Acteurs Pantomimes, qui représentoient des scenes muettes ; ces spectacles étoient fort pompeux, mais un peu froids, sur-tout pour une nation comme la nôtre.

L'artifice de la *décoration* consiste principalement dans la nouveauté, l'invention, dans la variété des objets, dans le beau choix des ordres d'Architecture, dans l'éclat & dans la fraîcheur du coloris, dans les proportions de la perspective, dans la richesse & la magnificence des ornemens.

On appelle *décorateurs* ou Peintres *décorateurs*, ceux qui s'adonnent à ce genre de Peinture.

DECHARGER. On dit de certaines couleurs qu'elle se *déchargent*. Le gris est une couleur sujette à se *décharger*.

DECRIRE, tracer, exprimer, prononcer, *décrire* les contours d'une figure, d'une tête, d'un bras.

DEDALE, Athenien, & ouvrier fort habile, inventa plusieurs instrumens de Méchanique, & fit même des statuës mouvantes, il ne fut pas exempt des bassesses de l'envie, car jaloux de l'habileté de Calus ou Talus son neveu, qui avoit inventé une sorte de roue pour les Potiers, il l'assassina, & se refugia à Créte avec son fils Icare vers le Roi Minos. C'est là qu'il bâtit le fameux Labyrinte de cette Isle, où il fut lui-même renfermé, parce qu'Icare servoit Pasiphaé dans ses amours. L'histoire nous apprend qu'il vivoit un peu avant le dernier siége de Troye. Plutarque dit qu'il étoit cousin germain de Thesée. Il fit ses plus beaux ouvrages à Memphis en Egypte : les habitans en furent si satisfaits, qu'ils lui érigerent une statuë dans le Temple de Vulcain, & qu'ils lui rendirent des honneurs divins.

Outre que *Dedale* étoit très-habile Architecte, il passoit encore pour un excellent Sculpteur. On lui attribue aussi plusieurs découvertes sur l'Art de la Charpenterie, & sur la maniére de construire les vaisseaux.

Son fils Icare périt sur un navire faute de le sçavoir le gouverner : car les aîles dont les Poëtes ont feint que *Dedale* & Icare se servirent pour se sauver de Crete, ne signifient autre chose, sinon que dans cette occasion, *Dedale* inventa l'usage des voiles pour échaper plus surement à la colere du Roi Minos, qui le poursuivoit dans des vaisseaux qui n'alloient qu'à force de rames.

DEGAGEMENT, (piéce de) c'est une piéce qui sert à *degager* les appartemens, ensorte qu'on peut y entrer & en sortir sans passer par la porte ordinaire. Rien ne contribue davantage à rendre un appartement commode que les piéces de *dégagement* : on dit *dégager* dans le même sens. On *dégage* un appartement en ménageant derriere de petites piéces, un corridor, un escalier dérobé.

DE'GAUCHIR. Les Architectes & les Sculpteurs disent : *dégauchir* le bois, *dégauchir* la pierre, *dégauchir* le bronze: c'est unir, redresser, applanir.

On dit dans le même sens *dégrossir*, mais ce dernier terme est plus familier aux Sculpteurs qu'aux Architectes.

DE'GRADATION, DE'GRADER. On appelle *dégradation*, l'affoibliſſement imperceptible des teintes, & ce paſſage inſenſible d'une grande lumiére, a une lumiére plus douce, qui va toujours en s'affoibliſſant, des grandes ombres à des ombres moins fortes qui diminuent par dégrés, & qui ſe perdent inſenſiblement & confuſément. Les clairs ne doivent pas ſe précipiter tout d'un coup dans les ombres, ni les ombres ſe perdre tout d'un coup dans les clairs; cette diminution doit ſe faire ſucceſſivement & par dégrés, c'eſt ce que les Peintres appellent *dégradation*, & non pas *gradation*, comme l'avancent les Auteurs du Dictionaire de Trévoux, article *gradation*. *Dégradation* des couleurs; *dégradation* des jours, des ombres, des lumiéres bien *dégradées*.

DE'LARDER. *Voyez* AMAIGRIR.

DE'LICAT, DE'LICATESSE, DE'LICATEMENT.

Un pinceau *délicat*. Le *Correge* étoit un Peintre *délicat*, ſes païſages ſont touchés *délicatement*, il avoit une grande *délicateſſe* d'expreſſion.

DELINEATION, deſcription qui ſe fait par lignes. *Voyez* l'article DESSEIN.

DEMI-LUNE, en terme d'Architecture militaire, c'eſt un ouvrage compoſé ordinairement de deux petits flancs, & de deux faces ou angles ſaillans, ce qui forme la figure d'un demi cercle.

Dans l'Architecture civile, c'eſt un bâtiment dont les aîles s'arrondissent & s'avancent en forme d'amphitheâtre ou de demi-cercle.

DEMOISELLE, cylindre de bois, avec deux anses, dont on se sert pour battre la terre remuée, & pour enfoncer les pavés.

DENIS, [l'Abbaïe de S.] c'est une des plus anciennes & des plus belles Abbaïes de France; elle est située à deux petites lieues de Paris.

Le Roi Dagobert, & l'Abbé Suger, sont ceux de ses bien-facteurs qui ont le plus contribué à sa grandeur. Son Eglise, telle qu'on la voit aujourd'hui, fut construite en 1281.

C'est un des plus beaux bâtimens gothiques qui soit dans le monde. Il a dans œuvre trois cens trente-cinq pieds de longueur, sur quatre-vingt-dix de haut. La croisée a cent-vingt pieds de long, & trente-neuf de large. Ce lieu est éclairé par trois ordres de fenêtres, dont les plus grandes ont quarante pieds de haut. Les vitrages sont anciens & de très-belle maniére. Le chœur & les chapelles renferment un nombre considérable de tombeaux & de cenotaphes de nos Rois.

Celui de Dagobert est le plus ancien.

Ces tombeaux jusqu'à celui de Louis XII. qui est d'une belle maniére, sont plus considérables pour leur antiquité que par la beauté du travail.

On y voit aussi les tombeaux de quelques particuliers, que nos Rois ont honorés d'une ſépulture à côté d'eux, comme celui de Bertrand du Gueſclin, de Louis de Sancerre, du Duc de Châtillon, & du Vicomte de Turenne. On eſt ſurpris de rencontrer parmi ces illuſtres morts le Marquis de S. Maigrin.

Le Mauſolée du Vicomte de Turenne eſt ſans contredit le plus beau. Le Brun en a tracé le plan, & Tuby l'a exécuté. On y voit *l'Immortalité* qui tient d'une main une couronne de laurier, & qui ſoutient de l'autre ce grand homme. La Sageſſe & la Valeur ſont à ſes côtés : la premiere eſt étonnée du coup funeſte qui enléve ce Heros à la France, & l'autre eſt plongée dans la conſternation.

Le Tréſor de l'Egliſe qu'on voit dans une ſalle particuliere de la maiſon, conſiſte en cinq grandes armoires, qui renferment des morceaux fort capables d'intéreſſer la piété, la curioſité, & même la cupidité des hommes.

Les plus conſidérables ſont ;

Une grande Croix d'or de deux pieds & demi de long, ſur deux pieds en croiſée, toute couverte de pierreries & d'un beau travail.

L'Oratoire de Philippe Auguſte.

L'Aigle d'or enrichi de pierreries, & ſur-tout d'un très-beau ſaphir.

Un Manuſcrit en vélin du Nouveau Teſtament, qui a environ neuf cens ans.

Le Chef de S. Denis, dont l'image

est en or, avec une Mître couverte de pierres précieuses, & deux Anges de vermeil doré qui soutiennent le Chef, & un troisiéme de même façon sur le devant.

Le Calice & la Patène de l'Abbé *Suger* : la Coupe du Calice est d'une belle Agathe Orientale, d'un beau travail.

L'Oratoire de *Charlemagne.*

Un Vase d'Agathe Orientale le plus parfait de tous les ouvrages anciens de ce genre ; l'excellent ouvrier qui l'a fait y a représenté à ce qu'on croit une fête célébrée en l'honneur de Bacchus. On est surpris de trouver dans une même armoire cette piéce prophane à côté d'un Calice & des Offernens de S. Benoît, comme de voir une tête de Cléopatre, ou de Julie, sur le Reliquaire de Charlemagne.

Un Sceptre d'or, qui a cinq pieds dix pouces de long.

La Châsse de S. Louis en vermeil doré, avec pierreries.

Le Bâtiment des Moines, est un des plus beaux, & des mieux distribués qui se voient. L'escalier en est grand & hardi, le réfectoire spacieux, la salle du Chapitre décorée d'une admirable menuiserie, les dortoirs vastes & bien éclairés. *Description de Paris par Mr Pig.*

DENTELURE, DENTICULE, DENTELET, ornemens d'Architecture qu'on emploie ordinairement dans les corniches. Ce sont de petites entaillures, de de petits creneaux assez semblables aux dents. Vitruve assigne à chaque *denticule* pour sa largeur la moitié de sa hauteur, & veut que les petits intervalles qui les séparent soient d'un tiers moins larges que les *denticules* mêmes.

L'on appelle aussi *denticule* le membre même de la corniche sur lequel on taille les *denticules*.

Dans ce sens *denticule* est masculin, au lieu qu'il est feminin dans l'autre.

DESCENTE de Croix. On appelle *descente de croix*, certains tableaux où l'on représente J. C. descendu de la Croix. La *descente de Croix* de Daniel de Voltere est le plus bel ouvrage que nous ayons en ce genre.

DESPORTES [François] naquit en 1661, au village de Champigneul en Champagne. Il fut envoyé à Paris à l'âge de douze ans, & mis sous la conduite de Nicasius Peintre Flamand, fort renommé pour les animaux. En 1699, *Desportes* fut reçu à l'Académie. Le principal talent de ce Peintre étoit pour les chasses, les chiens, les animaux, les fleurs; personne n'a mieux réussi dans ce genre. Il entendoit parfaitement les couleurs locales, la perspective aërienne, l'effet du tout ensemble. Les ouvrages de ce Peintre sont répandus dans une infinité de maisons, à Paris, dans les maisons de campagne, dans les Maisons Royales: on voit les plus parfaits à Versailles, soit dans le Château, soit dans la ménagerie. *Desportes* mourut à Paris en 1743, âgé de quatre-vingt-deux ans.

DESSEIN, DESSINATEUR, DESSINER.

1°. On entend par le mot de *dessein*, tout ce qui regarde l'attitude, le mouvement, l'équilibre & la pondération des corps, la configuration des parties, la proportion & la simétrie des membres.

2°. On appelle plus particuliérement *desseins* certaines représentations de figures, de païsages, de morceaux d'Architecture, &c. qui se font à la plume, au crayon, ou même au pinceau, mais sans autre couleur que le crayon ou l'encre de la Chine, ou quelqu'autre composition semblable.

Desseins à la plume.

Desseins au crayon.

Desseins lavés.

Desseins en grisailles.

3°. On appelle *dessein*, la pensée ou le plan d'un tableau que le Peintre jette rapidement sur le papier pour juger de l'effet du tableau qu'il médite; dans ce sens esquisse & *dessein*, sont des mots presque sinonimes.

4°. On appelle encore *dessein*, la représentation de certaines parties détachées; par exemple d'un bras, d'une tête, d'un pied, d'une main que les Peintres font pour leur usage, ou pour l'instruction de leurs éléves: dans ce sens, *dessein* & étude, signifient une même chose ; cependant il est mieux dans cette occasion de se servir du mot d'étude.

5o. Enfin l'on appelle *desseins* certains modéles que les Peintres font pour les ouvriers, pour les Manufactures d'Etoffes & de Tapisseries.

Ceux qui les font & qui se bornent à ces sortes d'ouvrages, s'appellent *Dessinateurs.*

Dessinateur pour des ouvrages de Menuiserie ou d'Orfévrerie.

Dessinateur pour les Etoffes.

Dessinateur des Gobelins.

Le mot de *dessinateur* s'étend aussi en général à toutes les personnes qui *dessinent* : Raphaël & Michel Ange, ont été les plus grands *dessinateurs* qui ayent paru depuis le renouvellement des Arts.

DESSINER, c'est tracer au crayon, ou à la plume, ou bien au pinceau, mais sans autre couleur, des figures, des païsages, ou d'autres représentations. *Dessiner* d'après nature, d'après le naturel, d'après l'antique : *dessiner* de fantaisie.

DE'TACHE'. On dit d'un tableau que les figures sont bien *détachées* lorsqu'il n'y a point de confusion, qu'elles sont bien démêlées, & qu'il semble qu'on peut tourner au tour. Un bras bien *détaché.* Dans un païsage les objets doivent être extrêmement *détachés.*

DE'TREMPE. On appelle ainsi les couleurs délayées avec de l'eau, de la colle, ou de la gomme ſans huile. Peindre en *détrempe*.

La *détrempe* a ſes avantages auſſi bien que la Peinture à l'huile. Sa plus grande utilité eſt de n'avoir point de luiſant & de tenir les couleurs mattes, de telle maniére qu'on les voit dans toutes ſortes de jours : avantage que n'ont pas les couleurs à l'huile.

DEVIS, c'eſt un plan raiſonné & détaillé d'un édifice, contenant une expoſition exacte des choſes néceſſaires pour la conſtruction, avec l'eſtimation des dépenſes.

DIAMETRE. Le *diamétre* d'une colonne eſt la ligne droite que l'on tire d'un des points de ſa circonférence à l'autre en paſſant par le centre.

Une colonne pour être réguliére, doit avoir au moins ſept *diamétres* de hauteur.

Les colonnes de l'ordre Corinthien en ont dix.

DIAPHANE, tranſparent. Les Décorateurs emploient des colonnes *Diaphanes* dans les Châteaux de feu, dans les repréſentations d'un Palais du Soleil, d'un Temple de Pluton, &c.

DIGUE, maſſif de terre ou de pierre, bordé de pieux, & fondé dans l'eau, pour ſoutenir une levée, & empêcher les inondations.

DIMINUE', colonne *diminuée* : c'eſt une colonne qui commence à retrécir dès le pied de ſon fût & qui va toujours en diminuant, contre ce qui se pratique dans d'autres colonnes qui ont du renflement.

Ce retrécissement s'appelle aussi *diminution*, & quelquefois *confracture*.

DIMINUTION. La *diminution* qui se fait dès le pied est plus naturelle & imite davantage les Arbres, qui ont donné l'idée des colonnes, & qui étoient en effet les piliers des anciens édifices : mais cette *diminution* n'est pas si agréable que celle qui commence au tiers du fût.

Dans l'Architecture Gothique, on ignoroit l'Art des *diminutions* & des renflemens, & toutes les colonnes étoient de parfaits cylindres, en quoi elles avoient beaucoup moins de grace.

DINOCRATE ou STENOCRATE, célèbre Architecte Macédonien, fleurissoit environ 300 ans avant J. C. On raconte que voulant se faire connoître d'Alexandre le Grand, il prit des lettres de recommandation pour les premiers de sa Cour, afin d'avoir un accès plus facile auprès du Roi ; mais voyant qu'on le remettoit de jour à autre, il résolut de se produire lui-même. Il se dépouilla donc de ses habits ordinaires, se frotta tout le corps d'huile, se couronna d'une branche de peuplier, & couvrant son épaule gauche d'une peau de Lion, il prit une massue dans sa main. En cet équipage, qui relevoit sa taille avantageuse, paroissant comme un autre Hercule, il s'approcha du Trône d'Alexandre, pendant qu'il rendoit justice. La nouveauté de ce spectacle surprit Alexandre, qui lui demanda qui il étoit: *Dinocrate* répondit qu'il étoit l'Architecte *Dinocrate*, & qu'il lui apportoit un projet digne de sa grandeur. Il lui déclara qu'il tailleroit le Mont-Athos en forme d'une statuë, tenant en sa main gauche une grande ville, & en sa droite une coupe, qui recevroit les eaux de tous les fleuves qui découlent de cette montagne, pour les verser dans la mer. Alexandre n'approuva pas ce dessein, mais il retint l'auteur auprès de lui, & le mena en Egypte, où il lui commanda de bâtir la Ville, qui fut nommée Alexandrie. Pline dit que *Dinocrate* acheva de rebâtir le Temple de Diane à Ephese, ruiné par l'incendie d'Erostrate, & qu'après avoir mis la derniere main à ce grand ouvrage, il repassa à Alexandrie, où Ptolomée Philadelphe Roi d'Egypte, lui ordonna de bâtir un Temple, qui devoit être consacré à la mémoire de sa femme Arsinoé. Dans le dessein que cet Architecte forma de ce bâtiment, il s'étoit proposé de mettre à la voûte du Temple une grosse pierre d'aimant, qui selon lui, auroit suspendu en l'air la statuë de cette Princesse, laquelle auroit été toute de fer, afin d'obliger les peuples par cette merveille, à avoir plus de vénération pour cette Reine, & à l'adorer comme une Déesse: mais la mort du Roi étant survenue, ce dessein extravagant fut interrompu.

DIOGNETE, Architecte & Ingénieur, étoit de Rhode ; il rendit de grands services à sa patrie, lorsque Démétrius Poliorcetes assiégea la Ville de Rhode. Epimaque avoit construit par l'ordre de ce Prince, une Hélépole d'une grandeur prodigieuse, c'est-à-dire, une tour roulante, pour approcher des murailles de la Ville, & du haut de cette tour, combattre les assiégés ; mais *Diognete* trouva moyen d'inonder promptement le terrain par où l'Hélépole devoit passer, ce qui la rendit tout-à-fait inutile : de sorte que Démétrius qui avoit mis toute son espérance dans le succès qu'il attendoit de cette machine, fut obligé de lever le siége, la premiére année de la CXIX. Olimpiade, & 304 ans avant Jesus-Christ. Les Rhodiens comblerent d'honneur *Diognete* comme leur libérateur, & lui assignerent une pension très-considérable.

Il y eut aussi à Rome un Peintre nommé *Diognete*, de qui l'Empereur Antonin le Philosophe apprit à peindre, comme on le voit dans la vie de cet Empereur.

DIOPTRIQUE, c'est la partie de l'Optique qui explique les effets de la réfraction de la lumiére.

DISLOQUE'. *Voyez* ESTROPIE'.

DISPOSITION. *Voyez* ORDONNANCE.

DISTRIBUER, DISTRIBUTION, termes de Peinture. Des jours ou des ombres bien distribués.

Une belle *distribution*, une belle ordonnance. Un ouvrage bien *distribué*.

DOSME, voûte demi-spherique qu'on éléve au-dessus d'un Pavillon, d'un Sallon, d'un Vestibule, & plus ordinairement au-dessus d'une Eglise.

DOSME *surbaissé*, c'est celui dont le contour à moins d'un demi cercle.

DOSME *surmonté*, c'est un *Dôme* Hemispherique.

Le plus beau *Dôme*, & le plus admirable pour ses proportions qui soit dans le monde, est le *Dôme* de S. Pierre de Rome. Il est du dessein de Michel-Ange, qui avoit promis d'élever en l'air un édifice tout semblable à la Rotonde, & qui a tenu parole. *Voyez* PIERRE. Après le *Dôme* de S. Pierre de Rome, on vante celui de Milan, de Florence, & l'ancien *Dôme* de Ste Sophie; ce dernier à dix-huit toises de diamétre.

DOMINIQUIN [le] son nom de famille étoit *Dominico Zampieri*. La nature lui avoit donné un esprit pésant, paresseux & stérile. Il surmonta tous ces obstacles, & il acquit par son travail, de la facilité, de la fécondité, de l'imagination & du génie, choses qui ne s'acquiérent presque jamais. C'étoit un homme l'aborieux, infatigable & absorbé dans son Art. Lorsqu'il sortoit de sa maison, il observoit avec attention tous les visages, toutes les attitudes, tous les objets. Lorsqu'il entreprenoit un tableau,

il

il méditoit, il réfléchissoit pendant des mois entiers. Dans le cours de l'ouvrage il s'arrêtoit, il s'abandonnoit à des méditations profondes, jusqu'à ce que son génie tardif s'échauffât ; alors il se passionoit, il s'animoit, il entroit dans une espéce de fureur pittoresque : on l'entendoit parler, rire, soupirer, pousser des cris plaintifs. Annibal Carrache étant entré dans sa chambre, le surprit un jour le visage enflâmé, l'air menaçant, & les yeux étincelans de colére. Il travailloit alors au fameux Tableau du Martyre de S. André, & il peignoit un des bourreaux.

Le *Dominiquin* avoit si peu de facilité dans les commencemens, que ses compagnons le comparoient au bœuf qui laboure la terre, & disoient que ses ouvrages étoient labourés à la charruë ; mais Annibal Carrache leur répondoit que ce bœuf, à force de labourer, rendroit le champ si fertile, qu'un jour il nourriroit la Peinture.

Le Poussin mettoit le *Dominiquin* au-dessus de tous les autres Peintres, pour l'expression, sans en excepter Raphaël. Il mourut en 1641, âgé de soixante ans.

DORIQUE, [L'Ordre] terme d'Architecture.

L'Ordre *Dorique* est le second des Ordres & le plus proportionné selon la nature.

On en attribue l'Invention aux *Doriens*, Peuples de la Grece.

La Colonne *Dorique* ne doit avoir aucun ornement ſur ſa baſe, ni dans ſon chapiteau, ſouvent même elle n'a point de baſe, comme on le peut voir au Temple de Marcellus à Rome. Sa hauteur eſt de huit diamétres ; cet ordre eſt majeſtueux & ſolide, & ne doit s'employer que dans les grands bâtimens. L'entablement en eſt plus maſſif & plus haut que celui d'aucun autre. Sa corniche n'admet point de feuillages ni d'autres ornemens trop recherchés. Si l'on y met des modillons, il faut qu'ils ſoient quarrés & unis. La friſe a pour ornemens des trigliphes ou boſſages. Les métopes qui ſont les eſpaces contenus dans les trigliphes, doivent être exactement quarrés. L'Architrave n'a auſſi que des ornemens ſimples, ou plutôt elle n'en a qu'un ſeul qui lui eſt particulier. Ce ſont des eſpéces de gouttes qui pendent des trigliphes, & qui ſemblent y être attachées.

DOSSE ſe dit particuliérement des piéces de bois qui ne ſont dégauchies que d'un côté, c'eſt-à-dire, du côté de la ſciûre ; ainſi la premiere planche que l'on tire d'un arbre ſcié eſt une *doſſe.* Les deux parties d'un arbre ſcié par la moitié ſont deux *doſſes.*

DOSSES, [Les] Peintres Ferrarois ; ils étoient freres. Ils ont excellé dans la partie du coloris, & ils ont fait de très-beaux païſages. Ils étoient contemporains de *l'Arioſte.*

DOUBLEAU. On dit arcs *doubleaux*; ce sont les premiers arcs d'une voûte, & qui s'étendent directement d'un arc-boutant à l'autre.

Les Charpentiers appellent aussi *doubleaux* certaines solives, celles par exemple qui portent le chevêtre.

DOUCINE. *Voyez* CIMAISE.

DOUELLE, la partie extérieure & intérieure d'une voûte, s'appelle *douelle*. *Douelle* intérieure, *douelle* extérieure : c'est ce qu'on appelle autrement *intrados*, ou *extrados*.

DOUILLET, tendre, moëlleux; figures *douillettes*. Etoffes, draperies *douillettes*. Carnations tendres & *douillettes*.

DRAPER, DRAPERIE. *Draper* signifie en peinture habiller d'une *Draperie*, *draper* une figure. *Draper* se dit aussi absolument & sans y joindre de régime. M. de Piles a dit : l'Art de *draper* consiste principalement, &c.

On appelle *draperies* les vêtemens dont on habille les figures.

Jetter une *draperie*.

Draperies légéres & volantes.

Draperies majestueuses.

Draperies pauvres.

Draperies qui sentent le mannequin; ce sont celles dont les plis sont durs & pleins de roideur. *Voyez* MANNEQUIN.

Les plis des *draperies* doivent être coulans, faciles, amples en petit nombre. Ils doivent être ondoians & voltigeans, en sorte que par leurs sinuosités & par leur molleſſe, ils ſemblent en quelque ſorte careſſer les figures.

Sint faciles pannis flexus, ſit grande volumen,
Sublimes amplique ſinus, vaga lintea, parci
Anfractus : ut flamma volent, ut lympha dehiſcant
Molliter, ut ſerpens ſinuoſo tramite currant,
Ac teretes palpent tactu leviore figuras.

Pictura Carmen.

Draperies de linge mouillé ; ce ſont des Etoffes colées & ad'hérentes, que les anciens Sculpteurs employoient, & dont quelques Peintres, comme le Perugin, ſe ſont ſervi pour *draper ;* mais elles n'ont jamais plû dans la Peinture ; au contraire elles font un fort bel effet dans la Sculpture : par-là on évite la grandeur & la dureté des plis, on rend les figures plus tendres, & les contours plus marqués. Dans l'orangerie d'Anet il y a une belle fontaine, où l'on voit une ſtatuë de femme, dont la *draperie* eſt de *linge mouillé*, & reſſemble ſi parfaitement à la chemiſe mouillée d'une femme qui ſort du bain, que l'œil y eſt trompé.

DRESSER, élever, mettre à plomb.

Dresser une ſtatuë, *dresser* un obéliſque.

Dresser d'alignement : c'eſt élever au cordeau.

Dresser le bois : c'eſt le couper droit.

Dresser la régle : c'eſt la tenir droite.

Dresser une pierre ; c'eſt la tailler également, & rendre ſes faces oppoſées paralléles.

Pierres *dressées* à la régle : c'eſt lorſque les paremens ſont bien mis & élevés à plomb.

DREVET [Pierre] pere & fils, ſe ſont beaucoup diſtingués dans l'Art de graver, ſur-tout pour les portraits. Quoiqu'ils ayent été tous deux très-célébres, le fils cependant a fait tort au pere, au jugement des connoiſſeurs ; ce dernier mourut à la fleur de ſon âge il y a trois ou quatre ans.

DURE, [Albert] Peintre & Graveur Allemand, naquit à Nuremberg l'an 1471. Si *Albert étoit né en Toſcane*, dit Vaſari, comme *il eſt né en Flandres*, (il falloit dire, en Allemagne,) *& qu'il eut pû former ſon goût ſur les belles antiques qu'on voit à Rome, il eut été le meilleur Peintre de l'Italie.* En effet *Albert Dure* étoit un homme univerſel, & c'eſt un des plus beaux génies qu'ait eu l'Allemagne. Outre un grand nombre de tableaux & d'eſtampes qui ſont répandues dans toute l'Europe, il a compoſé d'excellens traités ſur la Geométrie Pittoreſque, ſur la perſpective, ſur les proportions du corps humain, ſur les fortifications mêmes. Il mourut à Nuremberg âgé de cinquante-ſept ans.

E

EBAUCHE, EBAUCHER. L'*ébauche* eſt la premiere penſée du Peintre, le premier crayon, les premiers traits d'un ouvrage. Une premiere *ébauche*, une légére *ébauche* : *ébaucher* une tête, une figure, un païſage : ſon oppoſé eſt finir. Le *Titien ébauchoit* pluſieurs tableaux, le *Tintoret* les finiſſoit.

ECAILLE, ECAILLÉ. On dit qu'un tableau *s'écaille*, qu'il tombe par *écailles* lorſqu'il s'en détache de petites croutes & des parcelles. Les Peintures à fraiſques ſont ſujettes à *s'écailler* ; le ſtuc s'en *écaille* aiſément.

ECHAFFAUT, charpente que les Peintres font élever pour peindre des Dômes, des plafonds, & d'autres grands ouvrages.

ECHAFFAUDAGE, conſtructions faites de charpente ſous une voûte, ou contre une muraille, pour la commodité & la ſureté des ouvriers qui y font des réparations, ou des Sculpteurs & des Peintres qui y travaillent.

ECHAFFAUDER, dreſſer des échaffauts.

ECLAT. L'*éclat* du coloris : l'*éclat* & la vivacité des couleurs. Les tableaux de Rubens ont beaucoup d'*éclat*.

ECLUSE, conſtruction faite pour retenir ou pour élever les eaux.

La Hollande, dont les terres en plusieurs endroits sont au-dessous du niveau de la mer, ne se conserve que par le moyen des *écluses*. Les *écluses* du canal de Briare, & du canal de Languedoc, sont des ouvrages très-considérables.

Celles de Briare sont de grosses murailles distantes de 24 pieds environ, & fermées par de puissantes portes. On fait entrer un bateau dans le fossé, ou l'espace contenu entre les deux murailles. On lâche l'eau qui l'éléve de deux ou trois toises, & le fait passer d'un canal plus bas, en un canal plus haut. C'est ainsi qu'un bateau de la Loire au moyen de quarante-deux *écluses*, passe dans la Seine, quoique le terrain qui est entre ces deux Rivieres soit élevé de plus de cinquante toises.

Le canal de Languedoc a plus de cent *écluses*.

Jouilleres d'*écluse* : ce sont les deux murs à plomb avancés dans l'eau, qui retiennent les berges, où sont attachées les portes ou coulisses des vannes.

ECOLE. On distingue cinq *Ecoles* ou cinq Classes de Peintres.

L'*Ecole* Romaine ou Florentine.

L'*Ecole* Venitienne.

L'*Ecole* de Lombardie.

L'*Ecole* Flamande & Allemande

L'*Ecole* Françoise.

On entend par ces noms les peintres Romains, Venitiens, Lombards, Flamands & François,

Les autres nations n'ont point d'*Ecole* qui porte leur nom ; ainsi l'on ne dit pas l'*Ecole* d'Espagne, l'*Ecole* d'Angleterre.

Cimabué a jetté les fondemens de l'*Ecole* Romaine, qui est la plus ancienne & la plus estimée.

Les Bellins ont fondé l'*Ecole* de Venise.

Hubert & Jean Vandyck, celle de Flandre.

Le Correge est le premier Peintre qui se soit distingué dans l'*Ecole* de Lombardie.

Le Roi, le Rambert, Charmoi, Jannet, Corneille de Lion, & Jean Cousin, hommes assez médiocres, si l'on excepte le dernier qui fut un Peintre excellent, peuvent être regardés comme les fondateurs de l'*Ecole* Françoise.

L'*Ecole* de Rome s'est principalement attachée au dessein.

L'*Ecole* de Venise au coloris.

L'*Ecole* de Lombardie à l'expression.

Et l'*Ecole* Flamande au naturel.

L'*Ecole* Françoise a varié dans ses principes.

Plusieurs Peintres célébres ont fondé des *Ecoles* particulieres qui portent leur nom : l'*Ecole* de Raphaël, l'*Ecole* des Carraches, l'*Ecole* du Titien.

On entend par-là, les Peintres qui ont été les éléves de ces grands hommes, ou qui ont travaillé dans leur maniére.

L'*Ecole* d'Athenes : c'eſt le nom d'un des plus beaux tableaux du Vatican, où Raphaël a repréſenté un grand nombre de Philoſophes. La ſcène du tableau eſt un édifice d'une magnifique Architecture, diſpoſée de maniére à rendre la perſpective plus fuyante, & à donner une grande idée du ſujet. Ce lieu eſt rempli de Philoſophes & de Mathematiciens de tout âge, & de tout pays. On y reconnoît Pitagore, Socrate, Platon, Ariſtote, Diogene, Archiméde, &c. Sur le milieu du plan d'en-haut ſont Platon & Ariſtote, les Peres de la Philoſophie. Le premier tient ſous le bras gauche un livre avec cette inſcription Italienne *Timeo*, qui déſigne le *Timée*, un des plus beaux dialogues de ces Philoſophes. Ariſtote ſon Diſciple eſt à la gauche, tenant un livre appuyé ſur ſa cuiſſe, ſur lequel ont lit ce mot *Ethica ;* aux côtés de ces Philoſophes ſont leurs Diſciples, qui paroiſſent fort attentifs aux paroles de leurs maîtres

Derriére les auditeurs de Platon eſt Socrate, qu'on reconnoît à ſa tête chauve, & à ſon nés camus. Tout proche eſt un beau jeune homme en habit de guerrier, fort attentif au diſcours de Socrate, dont l'action eſt fort animée : on juge que ce jeune homme eſt Alcibiade. A côté d'Alcibiade eſt Antiſténes, qui de Corroyeur devint Philoſophe, & eut pour maître Socrate.

Parmi les diſciples d'Ariſtote, on remarque la même vivacité d'attention; on y remarque entr'autres un jeune homme ſtudieux, lequel appuyé contre la baſe d'un pilaſtre, les jambes l'une ſur l'autre, la tête inclinée ſur ſon papier, écrit ce qu'il vient d'apprendre, pendant qu'un vieillard ſur la même baſe, le menton appuyé ſur ſa main, regarde en repos ce que le jeune homme vient d'écrire.

Non loin delà eſt Démocrite enveloppé dans ſon manteau, marchant avec ſon bâton à la main, dans l'attitude d'un aveugle.

Dans un autre groupe, on reconnoît Pitagore aſſis qui écrit; à côté de ce Philoſophe eſt un jeune homme tenant une tablature de muſique, où ſont écrits ces mots, *Diapente*, *Diapaſon*, *Diateſſaron*, termes de muſique, pour marquer que les principes de la Philoſophie de Pitagore ſont tirés des proportions harmoniques.

Auprès de Pitagore ſont ſes diſciples, l'un deſquels aſſis auprès de ſon maître, & ayant la tête chauve, eſt dans l'attitude d'un homme qui écrit ſur ſes genoux. Il tient d'une main ſon encrier, & de l'autre ſa plume ſuſpendue, ouvrant les yeux, ſerrant les lévres, & donnant toutes les marques de l'attention la plus forte.

Plus loin eſt un Philoſophe ſeul, qui le coude appuyé ſur une baſe de marbre, & une plume à la main, regarde fixement à terre, & paroît plongé dans une profonde méditation. Il est vêtu d'une saye grossiére, les bas mal roulés, & d'une négligence vraiment Philosophique dans toute sa personne.

On remarque assez près de-là Diogene à demi nud, son manteau rejetté en arriere, sa tasse de bois auprès de lui.

Parmi les Mathematiciens on distingue Archimede, qui le corps courbé, mesure avec le compas deux triangles équilateraux. Il est environné de quatre disciples qui paroissent fort attentifs.

Derriere Archimede sont deux Astronomes, chacun un globe à la main, qui paroissent s'entretenir avec deux jeunes hommes qui sont au coin du tableau.

Toute cette composition est aussi sublime que sçavante & judicieuse, & c'est un des chef-d'œuvres de l'inimitable Raphaël. *De Piles cours de Peint.*

ECONOMIE, disposition, ordonnance, harmonie des parties.

L'*économie* d'un tableau.

Economie du dessein.

Une belle *économie*.

EDELINK (Gerard) fameux Graveur, naquit à Anvers, vers le milieu du dernier siécle. Louis XIV. l'attira en France par ses bienfaits. Cet homme laborieux, & plein de génie, nous a laissé un grand nombre de morceaux qui font l'admiration des connoisseurs. Les plus estimés sont la sainte Famille, d'après le tableau de Raphaël, la famille de Darius d'après le Brun, & la Madelaine d'après le beau Tableau des Carmelites. Edelink mourut en 1707.

EDILE. Les Romains appelloient *édiles*, certains Magiſtrats, dont une des premieres fonctions étoit d'avoir la direction & l'Intendance des Edifices publics, des Temples, des Aqueducs, des Fontaines, des Ponts, des Chemins, &c. leur nom eſt dérivé du mot latin Ædes, maiſon : de là *Ædilis*.

EFFET, ce qui eſt produit, ce qui réſulte. Un bel *effet* de lumière. Les grands plis font un bel *effet* dans les draperies. un bel *effet* de clair obſcur.

EGLISE, Temple conſacré à Dieu. *Egliſe* ſimple : c'eſt celle qui n'a que la Nef & le Chœur ſans croiſée, & ſans bas côtés.

Egliſe à bas côtés, c'eſt celle qui a de chaque côté une galerie voûtée.

Egliſe à double côtés, c'eſt celle qui a un double rang de galeries.

Egliſe en croix Grecque, c'eſt celle qui a une croiſée qui la coupe par le milieu, & qui a la même longueur que la Nef.

Egliſe en croix Latine, c'eſt celle dont la croiſée eſt moins longue que la Nef.

Egliſe Gothique, c'eſt une Egliſe bâtie dans le goût Gothique.

Le Lecteur ne ſera pas fâché de trouver ici une deſcription des anciennes *Egliſes* aſſez différentes des nôtres pour la forme.

« Elles étoient, dit Mr Fleuri, séparées autant qu'il se pouvoit, de tous » les édifices profanes, & environnées » de cours & de jardins, ou de bâtimens » dépendans des *Eglises* mêmes. D'abord » on trouvoit un portail, ou premier » vestibule par où l'on entroit dans un » péristile, c'est-à-dire, une cour quarrée, environnée de galeries couvertes, » soutenues de colonnes comme sont les » Cloîtres des Monastéres. Sous ces galeries se tenoient les pauvres à qui l'on » permettoit de mandier à la porte de » l'*Eglise*, & au milieu de la cour étoit » une ou plusieurs fontaines pour se laver les mains & le visage avant la » priere, (à qui ont succédé nos bénitiers.) Au fond du péristile il y avoit » un double vestibule, d'où l'on entroit » par trois portes dans la Basilique qui » étoit le corps de l'*Eglise*. Nous disons » qu'il étoit double, parce qu'il y en » avoit un en dehors, & un en dedans. » Près de la Basilique en dehors, on voyoit » d'ordinaire deux bâtimens; sçavoir, le » Batistére & la Sacristie, ou le Trésor. » La Basilique étoit partagée en trois selon sa largeur, par deux rangs de colonnes qui soutenoient des galeries des » deux côtés, & dont le milieu étoit la » Nef, comme nous voyons à toutes » les anciennes *Eglises*. Vers le fond à l'Orient étoit l'Autel, & derriere étoit » le Presbitére ou Sanctuaire, où les » Prêtres étoient assis pendant l'office,

» ayant au milieu deux l'Evêque, dont » la Chaire étoit tout au fond de la Ba- » silique, & terminoit la vûe de ceux » qui entroient par la principale porte. » Devant l'Autel il y avoit un retranche- » ment formé par une balustrade à jour, » que l'on appelloit *Cancelli*, *le Chancel*, » & qui étoit comme le Chœur. A l'en- » trée du *Chancel*, & vis-à-vis de l'Au- » tel étoit *l'ambon* ou le *pupitre*, qui étoit » un Jubé ou Tribune élevée, où l'on » montoit des deux côtés pour y faire » les lectures publiques; quelquefois » on en faisoit deux pour laisser le mi- » lieu libre, & ne point cacher l'Autel. » A la droite de l'Evêque étoit le Pu- » pitre de l'Evangile, & de l'autre côté, » celui de l'Epitre. Depuis le Pupitre » jusqu'à l'Autel étoit la place des Chan- » tres, qui n'étoient que de simples Clercs » destinés à cette fonction. Les Prêtres » avoient leur place derriere l'Autel avec » l'Evêque. La voûte de cet endroit étoit » plus basse que le reste de l'*Eglise*, & » l'on l'appelloit *conque*, parce quelle étoit » en forme de coquille, à cause de l'arc » qui la terminoit par devant; on nom- » moit aussi ce fond d'*Eglise tribunal*, » parce que dans les Basiliques profanes, » c'étoit le lieu où le Magistrat étoit as- » sis, accompagné de ses Officiers : cet » partie de l'*Eglise* étoit plus relevée que » le reste, de sorte que l'Evêque descen- » doit pour s'approcher de l'Autel. »

« L'Autel étoit une table prétieuse d'ar-

» gent ou d'or, enrichie de pierreries ; » du moins on la faisoit de marbre ou » de porphire. Elle étoit soutenue de » quatre pieds ou petites colonnes riches » à proportion. On la plaçoit autant » qu'il étoit possible sur le tombeau de » quelque Martyr. Il n'y avoit rien qui » posât directement sur l'Autel, mais il » étoit environné de quatre colonnes aux » quatres coins, qui soutenoient une es- » péce de Tabernacle ou tente, qui cou- » vroit tout l'Autel, & que l'on nom- » moit *Ciboire* à cause de sa figure, qui » étoit comme une coupe renversée. Ce » *Ciboire* surmonté d'une Croix, & les » colonnes qui le portoient étoient sou- » vent toutes d'argent, & il y en avoit » du poids de trois mille marcs. Entre » ces colonnes on mettoit des rideaux » d'étoffe prétieuse, pour en fermer l'Au- » tel. On suspendoit aussi sur l'Autel des » Colombes d'or ou d'argent, pour re- » présenter le S. Esprit. Les *Eglises* étoient » souvent ornées d'ouvrages à la Mo- » saïque, qui est une marqueterie faite » de petites piéces de rapport de verre, » de pierre, de bois, d'ivoire, &c. pein- » tes de diverses couleurs. On y voyoit » aussi d'autres Peintures qui représen- » toient les plus belles Histoires de l'an- » cien Testament, des miracles de Jesus- » Christ, & d'autres sujets qui pouvoient » exciter la dévotion, & servoient com- » me de livres aux ignorans. *Mœurs des* » *Chrétiens.* »

EGRATIGNE'. On appelle maniére *égratignée* un genre de fraiſque, qui conſiſte dans la préparation d'un fond noir de ſtuc, ſur lequel on applique un enduit blanc, qu'on ôte enſuite avec une pointe de fer, en découvrant par hachure ce noir qui fait les ombres; preſque toutes les fraiſques du Caravage ſont dans cette maniere.

La maniere *égratignée* a beaucoup de force, & elle réſiſte davantage aux injures du temps; mais elle eſt fort dure.

ELE'GANCE, ELE'GANT : *élégance* du deſſein. Peintre *élégant*, contours *élégans*, bâtiment *élégant*.

En fait de Peinture, l'*élégance* eſt l'Art de repréſenter les choſes avec choix, d'une maniere polie, & avec agrément: avec choix, en ſe mettant au-deſſus de ce que la nature & les Peintres font ordinairement: avec politeſſe, en donnant aux choſes un tour délicat qui frappe les gens de goût, & avec agrément, en répandant ſur tout l'ouvrage ces graces naturelles & piquantes, qui plaiſent à tous les hommes. *De Piles*.

ELE'VATION, ſe dit de la repréſentation d'une face de bâtiment deſſiné dans ſa hauteur.

On dit auſſi ortografie; l'une & l'autre, ſe diſent par oppoſition à plan.

ELE'VE, diſciple : c'eſt un terme particulierement conſacré à la Peinture. Les Italiens diſent *Allievo*. Avant l'inſtitution des Académies, & des Ecoles publiques,

bliques, les jeunes gens qui se destinoient à la Peinture, s'attachoient à des Maîtres particuliers dont ils suivoient les leçons, & qu'ils aidoient ensuite dans leurs ouvrages. Ils prenoient leur maniere, & souvent leurs défauts. Le Perugin pensa gâter Raphaël, qui étoit son éléve, & qui suivit pendant quelque temps la maniere séche & rude de son maître.

ELOIGNEMENT, se dit principalement de certains objets de perspective qui semblent fuir & s'éloigner considérablement. Dans l'*éloignement* de ce tableau, on voit une riviere, des montagnes. La Forêt de Dodone, peinte par Servandoni, présentoit un bel *éloignement* : on se sert aussi du mot de lointain.

Nunc æquora pingit,
Luminibus fictas procul ostendentia rupes :
Sive recedenti *fugitiva palatia saxo,*
Insidias factura oculis.

Pictura Carmen.

ELSYEME ou ELSYMER, (Adam) c'étoit un Peintre Allemand ; il n'a fait que de petits tableaux, mais il composoit d'une maniere ingénieuse, & il avoit une parfaite intelligence du coloris : il finissoit extrêmement tous ses ouvrages. Adam naquit à Francfort l'an 1574, & mourut à Rome sous le Pontificat de

Paul V. il étoit fils d'un Tailleur.

EMAIL. L'*émail* eſt une compoſition de verre calciné, de ſel, & de différens minéraux.

Peindre en *émail*, c'eſt appliquer des couleurs ſur de l'*émail*. On peint en mignature ſur l'*émail* comme ſur le vélin.

Ce travail, pour être bien fini, doit ſe faire ſur une plaque d'or, car le cuivre s'écaille, & jette des impuretés, & l'argent jaunit les blancs. Cette plaque d'or doit être un peu creuſe d'un côté, & relevée de l'autre. L'orſqu'elle eſt bien préparée, on y applique deſſus & deſſous un *émail* blanc, enſuite on y deſſine ſon ſujet avec du rouge brun, fait avec du vitriol & du ſalpêtre, ou avec de la rouille de fer. Quand le trait eſt bien arrêté, on met la plaque au feu; après quoi l'on y applique les couleurs particulieres calcinées au feu, & la plûpart *émaillées*: cette Peinture ſe retouche tant qu'on veut, mais à chaque fois il faut parfondre le tableau au feu de reverbére.

Ces ſortes d'ouvrages ſe font avec la pointe du pinceau comme la mignature ordinaire, excepté que les couleurs ſont détrempées d'huile d'aſpic au lieu de gomme.

Les plus célébres Artiſtes en ce genre ont été Jean-Toutin, Dubié, Morliere, Vauquer de Blois, Pierre Chartier, Petitot, Bordier, Louis Hance, & Henri Toutin, fils de Jean. Ce dernier a repréſenté d'après le Brun, la mere &

la fille de Darius aux pieds d'Alexandre ; ce tableau à six pouces de long. C'est dit Felibien, le plus grand ouvrage qu'on ait vû dans ce genre : les couleurs, les airs de tête, & toutes les belles expressions de l'original y sont parfaitement rendues.

EMBASEMENT, terme d'Architecture : c'est une espéce de piédestal continu sous la masse d'un bâtiment, de niveau avec le bâtiment, ou en saillie. On donne de l'*embasement* à certains édifices, pour exhausser les rez-de-chaussée, pour éviter les inondations, l'humidité, &c. la hauteur des *embasemens* doit marquer le niveau du plancher du rez-de-chaussée, & leur structure doit être simple, & sans moulures.

EMBLEME, EMBLEMATIQUE, l'*emblême* est un tableau enigmatique, qui sous une ou plusieurs figures, renferme une allégorie, tantôt morale, tantôt galante, tantôt historique, tantôt dévote, tantôt satyrique, dont le sens est ordinairement déterminé par des paroles.

Tableau *emblêmatique* : figure *emblêmatique*.

Voici la définition de Trévoux, Edit. 1721. *Espéce d'énigme en tableau, qui en représentant quelque Histoire connuë, avec quelques paroles au bas, nous apprend quelque moralité, ou nous donne quelqu'autre connoissance.*

Il y a autant de fautes que de lignes dans cet article.

1°. Il n'est point de l'essence de *l'emblême* de *représenter un sujet historique*. Toutes sortes de sujets romanesques, fabuleux, galans, satyriques, peuvent être *représentés* par l'*emblême*.

2°. Les paroles peuvent être au haut & au milieu, comme au bas de l'*emblême*.

3°. Il est des *emblêmes* qui ne contiennent point de moralité, ni rien qui mérite le nom de connoissance, tels que les *emblêmes* satyriques, & les *emblêmes* de galanterie; ainsi la définition est fausse dans tous ses points.

EMBOIRE, EMBU, on dit que les couleurs s'*emboivent*, qu'un tableau est *embu*, lorsque les couleurs n'en paroissent pas bien, & qu'elles ont un certain mat, qui leur ôte leur luisant, ce qui arrive quand les couleurs sont trop noyées, quand on y met trop d'huile, ou quand on les applique sur une couche qui n'est pas encore séche.

On fait revenir les couleurs avec le vernis ou du blanc d'œuf battu.

EMBORDURER, mettre une bordure. Un tableau *embordure*.

EMBRASURE, c'est l'ouverture dans laquelle on pose les fenêtres; quelques-un disent *embrasement*.

EMPASTER, EMPASTE', *empâter* un tableau, c'est y coucher des couleurs épaisses, le bien nourrir de couleurs. *Empâter* s'oppose à épargner. *Voyez* ce dernier mot.

Empâter des couleurs, c'est les faire épaisses. Un tableau bien *empâté.* Je crois qu'on pourroit aussi se servir du mot *empâtement.* L'*empâtement* d'un tableau, l'*empâtement* des couleurs.

EMPATEMENT, terme d'Architecture. On appelle *empatement* la partie la plus basse, & la plus épaisse d'un mur, qui lui sert de pied. L'*empatement* doit avoir au moins un tiers de plus d'épaisseur que la muraille.

EMPIETER, donner du pied. *Empiéter* une colonne, une statuë.

EMPREINDRE, EMPREINTE, termes de Gravure. *Empreindre*, c'est graver, imprimer une chose sur une autre. L'*empreinte* est la gravure, l'impression même, ou la chose gravée & imprimée.

ENCASTRER, enchasser avec entaille, par le moyen d'une entaillure. *Encastrer* des tableaux dans un lambris.

ENCEINTE, cloture de muraille. *Enceinte* d'une ville.

ENCHEVESTRER. *Voyez* CHEVESTRE.

ENCLAVE, subst. Les Architectes appellent *enclave*, la partie avancée d'un escalier, d'un petit cabinet, d'une soupente, & qui empiéte sur un apartement. On dit, ce cabinet, cet escalier font *enclave* dans l'apartement.

ENCLAVER, enfermer. Une piéce *enclavée* dans une autre. La chambre d'une Demoiselle est ordinairement *en-*

clavée dans celle de sa mere. Les parties d'une voûte sont *enclavées* l'une dans l'autre. Les solives d'un plancher sont *enclavées* dans les entailles d'une poûtre.

ENCLOS. *Voyez* ENCEINTE.

ENCOGNURE, coin, angle que forment deux murailles qui se joignent. Cette tablette doit être posée dans l'*encognure.*

ENCORBELLEMENT, tout membre d'Architecture posé en saillie, s'appelle *encorbellement.* On dit, pierres d'*encorbellement* : ce sont des pierres en saillie. L'*encorbellement* d'une muraille, c'est la partie qui déborde.

ENCRE, liqueur dont les Dessinateurs se servent.

Encre noire.
Encre verte.
Encre rouge.
Encre bleue.

Desseins à l'*encre*, desseins à l'*encre* de la Chine.

La meilleure *encre* après celle de la Chine qu'on puisse employer pour les desseins, se fait de la maniere suivante. Prenez du noir de fumée, que vous broyerez long-tems sur le marbre, avec de l'eau bien gommée; vous y mêlerez un peu d'indigo bien broyé; vous broyerez encore le tout pendant deux heures, après quoi vous le réduirés en bâtons de la hauteur que vous voudrez. Les ayant taillés avec un couteau, vous les marquerez si vous voulez avec un mouſe de fer ou de bois froté de noir, afin que la gomme ne les attache pas contre les parois du moule. On peut ſe ſervir de noir de noyaux de pêche, ou de noir d'os, ou d'ivoire, au défaut de noir de fumée, en brûlant les matieres dans un creuſet étouffé d'une brique, qui en bouche bien l'ouverture.

ENDUIT, en terme de Peinture ſe dit ; 1o. des couches de ſtuc qu'on applique ſur les murailles que l'on peint à fraiſque ; 2o. des couches de couleurs. *Enduire* de couleurs. Un *enduit* de couleurs. *Enduit* de ſtuc.

ENDUIT, en terme d'Architecture, ſe dit du mortier de plâtre, de chaux, de ciment, ou d'autre matiére ſemblable détrempée qu'on applique ſur une muraille. Les pierres ſpongieuſes ſont les plus propres pour les *enduits*.

ENFUMER, noircir. Un tableau *enfumé*, eſt un tableau fort vieux que le temps a noirci ; quelquefois on *enfume* des tableaux modernes, pour leur donner un air d'antiquité.

ENGLEBERT, [Corneille] Peintre Hollandois, vivoit dans le ſeiziéme ſiécle. Il a fait de fort bons ouvrages, principalement à Utrecht, & à Leyde ſa patrie. Il a eu deux fils, dont le dernier nommé *Lucas Cornelii* fut d'abord Cuiſinier, & devint enſuite un Peintre habile,

ENLUMINER, ENLUMINEUR, ENLUMINURE, ſe dit proprement des eſtampes. *Enluminer* une eſtampe, c'eſt la colorier, la laver avec des couleurs gommées.

L'*enluminure* eſt l'Art d'*enluminer*. Cet Art eſt très-facile, & demande au plus cinq ou ſix leçons; voici en quoi il conſiſte. On colle ſur une toile, ou ſur une planche, l'eſtampe que l'on veut *enluminer* : on y jette une couche de colle d'amidon le plus blanc que l'on peut trouver. Quand la colle eſt ſéche, on étend ſur l'eſtampe avec le pinceau des couleurs en détrempe; enſuite on paſſe deſſus un vernis de colophane, de therébentine, ou de quelqu'autre compoſition. Ces ouvrages ſont de peu de durée, & jauniſſent au bout de cinq ou ſix mois.

On appelle encore *enluminure*, l'eſtampe même *enluminée*.

On appelle *Enlumineur* celui qui *enlumine*.

Enlumineur d'eſtampes.

Enlumineur de cartes.

ENNEMI. On appelle couleurs *ennemies*, celles qui s'accordent mal, & qui ne peuvent ſubſiſter enſemble ſans offenſer la vûe. Le bleu & le vermillon, ſont des couleurs *ennemies*, leur mélange produit une couleur aigre, rude & déſagréable.

ENSEIGNE, petit tableau pendu à une boutique de Marchand, ou à une chambre d'ouvrier, pour la déſigner. Il y en a quelques-unes de fort bien faites. On dit en parlant d'un mauvais tableau, c'eſt une *enſeigne* à biere.

ENSEMBLE,

ENSEMBLE, ce qui résulte de l'union des différentes parties d'un tableau, s'appelle, l'*ensemble*, ou le tout *ensemble* du tableau.

On dit aussi l'*ensemble* d'un bâtiment. C'est ce qu'appelloit Horace, en fait d'ouvrages de Sculpture, *ponere totum*; & ce qu'il disoit des mauvais Sculpteurs de son siécle, peut bien convenir aux mauvais Peintres du nôtre.

Æmilium circa ludum faber imus & ungues
Exprimet, & molles imitabitur ære capillos;
Infelix operis summâ, quia ponere totum *nesciet.*

« *Le tout ensemble*, dit, *Mr de Piles*, est » une subordination générale des objets, » les uns aux autres, qui les fait con» courir *tous ensemble* à n'en faire qu'un. » C'est un résultat, *dit-il encore*, des par» ties qui composent le tableau. L'effet » qui en résulte, consiste dans une su» bordination générale où les bruns font » valoir les clairs, comme les clairs font » valoir les bruns, & où le mérite de » chaque chose n'est fondé que sur une » naturelle dépendance. L'Art *du tout en» semble*, consiste à fixer agréablement » les yeux par des liaisons de lumiére & » d'ombres, par des unions de couleurs,

» & par des oppositions d'une étendue » suffisante pour soutenir les groupes, » & leur servir de repos. Ce n'est point » assez, *ajoute-t-il*, que les parties *d'un* » *tableau* ayent leur arrangement & leur » justesse en particulier ; il faut encore » qu'elles s'accordent *toutes ensemble*, & » qu'elles ne fassent qu'un *tout* harmo- » nieux : de même qu'il ne suffit pas » pour un concert de musique, que cha- » que partie se fasse entendre avec jus- » tesse, & demeure dans l'arrangement » particulier de ses notes : il faut enco- » re qu'elles conviennent d'une harmo- » nie qui les rassemble, & qui de plu- » sieurs *tons* particuliers, n'en fasse qu'un. »

ENTABLEMENT. On appelle *entablement*, le dernier rang de pierres en saillie qui est au haut des murs, & qui soutient la couverture d'un bâtiment.

L'*entablement* d'une colonne est la partie qui comprend l'architrave, la frise & la corniche. L'*entablement* est différent selon les différens ordres d'Architecture.

L'*entablement* comprend donc trois parties, l'architrave, la frise, & la corniche. Il faut que la solidité se trouve dans l'architrave, la grace dans la frise, & la légéreté dans la corniche. Scamozzi, celui de tous les Architectes, qui s'est expliqué avec le plus de clarté & de science, sur les proportions des ordres, établit ainsi les proportions de l'*entablement*; il donne à l'*entablement* Toscan & Dorique, le quart de leur colonne, qui est de ſept diamétres & demi avec leurs baſes & chapiteaux, de maniére que cette hauteur d'*entablement* vient à être un module & ſept huitiéme; toute cette hauteur ſe diviſe en dix-huit parties & un troiſiéme, deſquelles on donne cinq à l'architrave, ſix à la corniche, & les ſix autres parties avec un troiſiéme à la friſe. L'*entablement* Dorique, dont nous avons pour exemple, celui du theâtre de Marcellus, a deux diamétres & un huitiéme de la hauteur de la colonne, qui en a huit & un deuxiéme; & cette hauteur de deux diamétres & un deuxiéme, ſe diviſe en dix-huit parties & un ſixiéme, dont l'architrave prend cinq, la corniche ſix, les ſept & un ſixiéme demeurant pour la friſe.

Dans les ordres Ionique, Romain & Corinthien, l'*entablement* a le cinquiéme de la hauteur de la colonne; ainſi dans l'Ionique, qui a huit modules trois quatriémes, l'*entablement* a une module trois quatriémes: dans le Romain, qui a neuf modules trois quatriémes, l'*entablement* a une module dix-neuf vingtiémes: & dans le Corinthien, qui a dix modules, l'*entablement* a deux modules. Or chacun de ces *entablemens* ſe diviſe en quinze parties, dont l'architrave a cinq parties, la friſe quatre, & la corniche ſix, & l'on donne ordinairement à ces trois ordres des modillons, qui étant d'un grand ornement, peuvent difficilement être retranchés. La hauteur de l'*entablement* priſe pour ces ordres du cinquiéme de la colonne réuſſit bien, parce qu'elle tient la moyenne proportionnelle entre le quart qui eſt trop péſant, & un ſixiéme qui eſt trop foible, comme on le voit à l'arc de Trajan, au Port d'Ancone. Mais auſſi faut-il prendre garde que lorſque la frize eſt ornée, comme ordinairement elle l'eſt à ces ordres, elle doit être plus haute, ſelon que le bas le requiért, ce qui dépend du jugement de l'Architecte.

Pour expliquer plus en détail les parties qui compoſent l'*entablement* ſelon nos meſures, l'architrave dans chaque ordre aura un quatorziéme de la hauteur du fûſt de la colonne, & les friſes (ſans ornemens, aux ordres Ionique, Romain & Corinthien,) auront un dix-huitiéme $\frac{3}{4}$ du fûſt de leur colonne. La hauteur de l'*entablement* Toſcan & Dorique, eſt déterminée par la hauteur des têtes des poûtres, par les métopes, & par les triglyphes. Pour ce qui eſt des corniches, dans tous les ordres elles ont un douziéme de la hauteur de leurs fûſts, & cette proportion peut encore ſervir lorſque ces corniches régnent dans les piéces des apartemens, ou qu'elles ſervent d'impoſtes à des arcs & voûtes, quoiqu'elles ne ſoient portées, ni par des colonnes, ni par des pilaſtres.

Quant aux ſaillies des corniches qui ſont déterminées par les eſpéces des ordres, elles ſervent beaucoup à la variété de l'aspect d'une façade : mais il faut surtout observer, lorsqu'il y a plus d'un ordre, que la premiere corniche soit continuë. Il n'y a que celles des ordres supérieurs, qui doivent avoir des ressauts au droit des corps qu'elles couronnent.

ENTAILLE, ouverture faite avec le ciseau. *Entaille* à queue d'aronde. *Voyez* ARONDE.

ENTENTE, intelligence. Il y a beaucoup d'*entente* dans ce tableau. Il y a bien peu d'*entente* dans cet autre. Une belle *entente* de lumiéres & d'ombres. Felibien a dit : Un tableau bien conduit d'*ententes* de lumiéres. Mais cette phrase me paroit barbare.

ENTOILER, coler sur une toile. Entoiler une estampe, une these, un dessein.

ENTRAIT, se dit en terme de charpenterie des maîtresses piéces qui traversent & qui tiennent les deux parties opposées des couvertures. Le grand *entrait* : c'est celui qui tient aux jambes de force, avec le poinçon au milieu. Le petit *entrait*, c'est celui qui est au-dessus. Outre le grand *entrait*, & le petit *entrait*, il y a des demi *entraits*, ou *entraits* de *crouppe*, des *entraits* de *remplage*, &c.

ENTRE-COLONNE, c'est l'espace qui est entre les colonnes. On dit aussi *entre-colonnement*.

Les *entre-colonnes* doivent être proportionnés à la hauteur, & à la grosseur des colonnes.

Vitruve diſtingue cinq ſortes d'*entre-colonnemens.*

L'*entre-colonnement* pycnoſtile, c'eſt celui où les colonnes ſont ſi preſſées, que les *entre-colonnemens* n'ont qu'un diamétre & demi de la colonne.

Entre-colonnement ſiſtile, c'eſt celui où les colonnes ont un peu plus d'eſpace.

Entre-colonnement euſtyle, c'eſt celui qui a quatre modules & un quart.

Vitruve approuve fort l'ordonnance de l'*Euſtyle.*

L'*entre-colonnement diaſtyle*, c'eſt celui qui a ſix modules, ou trois diamétres de la colonne.

L'*entre-colonnement areoſtyle*, c'eſt le plus conſidérable de tous. Vitruve condamne également les excès du *Picnoſtyle*, & de *Areoſtyle.*

ENTREPRENEUR, Architecte en ſous ordre, qui ſe charge en total ou en partie du détail des conſtructions.

Entrepreneur pour la charpente.

Entrepreneur pour la maçonnerie.

ENTRESOLLE, s'entend en général tout petit apartement ménagé entre deux grands. Les *entreſolles* ne ſe conſtruiſent gueres dans les bâtimens ordinaires, qu'entre le premier & le rez-de chauſſée.

EPARGNER, terme de Peinture. Ne point toucher à une choſe. Les endroits d'un païſage ou l'on peint un ciel & des nuages, doivent être *épargnés*, c'eſt-à-dire, qu'il faut *épargner* les figures, les maiſons, les arbres, &c.

EPHESE, Ville d'Ionie, dans l'Asie mineure, que quelques-uns nomment maintenant *Figea*, est située sur la mer Egée, où elle a un port assez commode, avec un beau Château. Elle fut autrefois très-célébre pour le Temple de Diane, l'une des sept merveilles du monde, dont Crésiphon fut l'Architecte. On employa 220 ans à mettre ce fameux ouvrage dans sa perfection, quoiqu'il se fit aux dépens communs de toute l'Asie. Pline remarque que la premiere invention de mettre des colonnes sur un piédestal, & de les orner de chapiteaux & de vases, fut pratiquée dans ce Temple. Il y avoit 127 colonnes, données par autant de Rois. Sa longueur étoit de 425 pieds, & sa largeur de 220. Ses portes étoient de bois de cyprés, toujours luisant & poli : Toute sa charpente étoit de cédre, & l'on montoit jusqu'au haut du Temple, par un escalier fait d'un seul scep de vigne apporté de Chypre. La statuë de Diane étoit de cédre, selon Vitruve, d'or, si l'on en croit Xenophon, d'yvoire selon quelques autres, & de bois de vigne selon Mutien, Consul Romain. Ce magnifique Temple étoit orné de statuës, & de tableaux inestimables, & l'on y avoit épuisé l'industrie de tous les meilleurs ouvriers pendant deux siécles. Erastotrate ou Erostrate le brûla la même nuit que naquit Alexandre le Grand, l'an 356, avant Jesus-Christ.

EPISODE, en matiére de Peinture comme de Poësie, on appelle *épisode* toute action accessoire qu'on ajoute à l'action principale, pour l'étendre ou pour l'embellir. Le démoniaque qui compose un des groupes du tableau de la *Transfiguration*, peut passer pour un *Episode*.

EPITHALAME. Les Graveurs de Hollande appellent ainsi certaines estampes, faites en l'honneur de quelques nouveaux mariés, dans lesquelles on les représentes avec des attributs allégoriques, convenables à leur état, & à leur qualité. Il n'y a que les personnes riches qui fassent cette dépense, & l'on ne tire qu'un très-petit nombre de ces estampes, pour les distribuer aux parens & aux amis des mariés. Quand ce nombre est tiré on dore la planche, que l'on met ensuite en bordure, ce qui rend ces sortes de piéces fort rares.

Personne n'a mieux réussi dans ce genre, que Bernard Picart. Ses épithalames sont les morceaux les plus gracieux, & les plus recherchés de ce maître.

EPERON. On appelle *éperons*; 1o. les pointes de pierres qu'on met au-devant des piles d'un pont pour rompre l'eau; 2o. les piliers arc-boutans, ou contre-murs, dont on appuie une terrasse.

ESCALIER, dégrés de pierre commune, de marbre, ou de bois par lesquels on monte, & l'on communique aux divers étages d'une maison. Voici en quoi consiste la construction de cette partie essentielle d'un édifice, auquel, suivant Scamozzi, elle est aussi nécessaire que les veines au corps humain. Dans ce détail que j'ai tiré de *Palladio*, on trouvera tout ce qui a jamais été dit de plus curieux sur cette matiére.

Les *escaliers* ont besoin de trois ouvertures, dont la premiere est la porte par où l'on y monte, laquelle aura d'autant meilleure grace, qu'elle sera plus en vûe à ceux qui entrent dans la maison : & j'approuve fort qu'elle soit placée dans un endroit, où, avant que d'y arriver, on puisse voir la plus belle face de la maison : car par ce moyen, quoique le bâtiment soit petit, il paroîtra toujours grand ; mais il faut que cette porte soit apparente, & bien facile à trouver. L'autre ouverture, ce sont les fenêtres nécessaires à porter le jour sur l'escalier : elles doivent être dans le milieu, & d'une forme assez haute, pour que la lumiére se répande par tout également. La troisiéme est l'ouverture par où l'on entre dans le grand appartement ; celle-ci doit conduire dans les lieux les plus grands, les plus beaux, & les plus ornés de la maison. Les escaliers auront toutes les qualités réquises à leur perfection, s'ils sont clairs, spacieux, & faciles à monter. Pour les rendre clairs, il leur faut donner un jour fort vif, & faire en sorte, comme j'ai dit, que la lumiére se répande par tout également. A l'égard de leur largeur, il suffit que, conformément à l'étendue, & à la qualité du bâtiment, ils ne paroissent point étroits ni trop resserrés : néanmoins ils ne doivent jamais avoir moins de quatre pieds, afin que si deux personnes s'y rencontrent, elles puissent commodément passer sans s'incommoder. Ce sera une commodité dans la maison, que l'arcade de dessous l'*escalier* puisse servir à retirer quelques meubles ; mais c'en sera une bien plus grande pour les personnes, que la montée ne soit ni trop droite, ni trop difficile : c'est pour éviter ce défaut, qu'il est à propos de lui donner deux fois sa hauteur en longueur. Les marches ne doivent pas excéder un demi pied en hauteur ; & si on les veut tenir plus basses, principalement aux *escaliers* continus & longs, ils en seront toujours plus commodes ; mais les marches ne doivent jamais avoir moins de quatre pouces. La largeur des marches ne doit jamais être moindre d'un pied, ni aussi excéder un pied & demi. Il suffit d'en mettre jusqu'à onze, ou tout au plus treize. Que si par-delà ce nombre il falloit encore monter plus haut, on y fera un palier, que quelques-uns nomment repos, pour soulager les personnes foibles & lasses qui y pouront prendre haleine, & afin que si quelque chose venoit a tomber d'en haut, elle puisse s'y arrêter.

Les *escaliers* se font ou droits, ou à vis. Les droits se peuvent faire, ou mi-partie en deux branches, ou tout quarrés, ensorte qu'ils tournent de quatre côtés.

Pour faire ceux ci, on divise tout l'espace en quatre parties, deux desquelles sont pour les marches, & les autres demeurent au vuide du milieu, duquel l'*escalier* prendroit sa lumiére s'il demeuroit découvert. On les peut faire avec le mur en dedans, & alors dans les deux parties qu'on donne aux marches, le mur même s'y enferme encore, quoiqu'il n'y ait point de nécessité de le faire. Ces deux maniéres d'*escaliers*, sont de l'invention de *Luigi Cornaro*, Gentilhomme Venitien, Architecte célébre, qui a donné le dessein d'une très-belle gallerie, & d'un magnifique Palais qu'il a bâti à Padoue pour sa demeure.

Les *escaliers* à limace, qui se nomment encore à coquille ou à vis, se font tantôt ronds, tantôt ovales, quelquefois avec un noyau ou colonne dans le milieu, & d'autres fois vuides, principalement dans des lieux étroits, parce qu'ils occupent moins de place que les droits: mais ils sont aussi plus difficiles à monter. Ceux dont le milieu est vuide réussissent parfaitement bien, en ce qu'ils peuvent recevoir le jour d'en haut; & que tous ceux qui se trouvent au haut de l'*escalier* voyent, & sont aussi vûs de tous ceux qui montent.

Les autres qui ont un noyau se font en cette maniére. Le diamétre étant divisé en trois parties, on en donne deux aux marches, & la troisiéme demeure au noyau ; ou bien on diviſera le diamétre en ſept parties, dont le noyau du milieu en aura trois, & les quatre autres demeureront pour les marches, ce qui a été préciſément obſervé en la montée de la colonne Trajane : & ſi on faiſoit des marches courbes, elles auroient fort bonne grace, & ſe trouveroient beaucoup plus longues que les droites.

Mais comme il peut arriver que pour une plus agréable ou plus commode diſpoſition du terrain, on ſe trouve obligé de faire un *eſcalier* à vis avec noyau, & que le terrain ne permette pas de garder exactement les régles & proportions ſuſdites, alors on peut diviſer le diamétre en treize parties, dont on donnera neuf aux marches, & quatre au noyau.

Mais le diamétre des *eſcaliers* vuides étant diviſé en quatre parties, on en donne deux aux marches, & les autres reſtent pour l'eſpace du milieu.

Outre toutes ces maniéres d'*eſcaliers*, Marc-Antoine *Barbaro*, Gentilhomme Venitien, & homme de génie, en a trouvé encore un autre à limace, dont on ſe peut très utilement ſervir dans les lieux étroits : il n'a point de noyau ; & les marches étant courbes, paroiſſent fort longues : ſa diviſion eſt ſemblable à la précédente. Le compartiment de la forme ovale, eſt tout pareil à celui du rond. Cette figure eſt fort agréable, parce que toutes les fenêtres & les portes ſe rencontrent aux deux bouts & au milieu de l'ovale, ce qui eſt fort commode. *Palladio* en a fait un dans le Monaſtère de la Charité à Veniſe, qui eſt ſans noyau, & qui eſt d'une grande élégance.

On voit une autre belle maniére d'*eſcalier* à vis dans le Château de Chambor, bâti aux environs de Blois, par François I. en voici le deſſein : Ce ſont quatre rampes d'*eſcaliers* qui ont chacune leur entrée, & vont montant & tournant l'une deſſus l'autre, enſorte qu'étant placées au milieu du bâtiment, elles peuvent ſervir à quatre apartemens ſéparés, ſans que de l'un on puiſſe paſſer dans l'autre ; & parce que le milieu eſt vuide, on voit monter & deſcendre tout le monde, ſans qu'on vienne à ſe rencontrer.

On voit encore dans les portiques de Pompée à Rome, proche le quartier des Juifs, trois *eſcaliers* de la même eſpéce, dont l'invention eſt très-belle, en ce qu'étant tous trois poſés au milieu de l'édifice, où le jour ne pouvoit venir que d'en haut ; l'Architecte les avoit poſés ſur des colonnes, afin que la lumiére ſe répandit également par-tout. A l'imitation de quoi Bramante, le plus fameux Architecte de ſon tems, en fit un ſemblable au Palais de *Belvédere ;* mais il n'y mit point de marches : il le compoſa des quatre principaux ordres de colonnes, ſçavoir, le Dorique, l'Ionique, le Corinthien, & le Compoſite. Pour faire les *escaliers*, il divisa tout l'espace en quatre parties, deux desquelles étoient pour le vuide du milieu, & il en resta une à chaque côté des marches & des colonnes.

Il se trouve quantité d'autres maniéres d'*escaliers* dans les bâtimens antiques, comme de triangulaires, tels que ceux par où l'on monte à la coupe de la *Rotonde*, lesquels sont vuides au milieu, & prennent leur jour d'en-haut.

En la même Ville, ceux de l'Eglise des saints Apôtres, vers *Monte-Cavallo*, sont encore très-magnifiques : Ces *escaliers* étoient doubles, & ils ont servi d'exemple à plusieurs qui les ont depuis imités : ils conduisoient à un Temple bâti sur le haut de la montagne. *Palladio* de qui j'ai extrait cet article, donne les desseins de ces différens genres d'*escaliers*, au liv. premier, chap. 28.

ESCURIAL, superbe Monastére de Jeronimites, à sept lieues de Madrid, construit par Philippe II. en mémoire de la Victoire de S. Quentin. Le Roi & la Reine d'Espagne y ont leur appartement, & une Sépulture. L'Eglise & la Bibliotheque sont des vaisseaux superbes : C'est un François qui a bâti ce Monastére.

On arrive à cette vaste maison, par une allée d'ormes assez agréable ; mais on n'y trouve point en haut d'esplanade ; le bâtiment occupant presque tout ce qu'il y a de place unie. Le Palais contient de ſuperbes apartemens, bâtis à l'Italienne : mais les ameublemens n'en ſont pas riches. La pierre en eſt fort belle, & d'une eſpéce particuliére, entre le marbre & le grais, fort dure, & très-luiſante, avec des taches griſes. L'édifice n'eſt pas égayé comme ceux de France, & ce qu'il y a de plus conſidérable, eſt l'amas de tant de pierres qui compoſent les maſſes de ce bâtiment, lequel contient dix-ſept Cloîtres, & vingt-deux cours. Le Monaſtére renferme quatre Cloîtres, outre celui de l'Apotiquairerie. L'Egliſe dédiée à ſaint Laurent, eſt d'une belle ſtructure, ornée d'excellens tableaux, & de quantité de figures de bronze doré, dont le travail eſt admirable. Le grand Autel eſt élevé de dix-ſept dégrés ; il eſt de porphire, & environné de quatre rangs de colonnes de jaſpe. Le Sanctuaire eſt enrichi d'une infinité de pierreries ; & le Soleil qui porte le ſaint Sacrement, eſt eſtimé cinq cens mille écus. Sous ce grand Autel, il y a une Chapelle voûtée, où repoſent les corps des Rois d'Eſpagne. Ce magnifique Sépulchre a été bâti par l'ordre de Philippe IV. & ſe nomme *Pantheon*, parce que ſa ſtructure eſt priſe ſur le deſſein du *Pantheon* de Rome, appellé autrement Notre-Dame de la Rotonde. On y voit les Tombeaux de l'Empereur Charle-Quint, & des Rois qui lui ont ſuccédé juſqu'à préſent ; ils ſont du côté de l'Evangile, & de l'autre côté, reposent les corps de l'Impératrice Isabelle de Portugal, & des autres Reines. Tout le dedans de cette chapelle est de marbre noir, à la réserve de quelques ornemens de jaspe, de marbre rouge, & de bronze doré. Dans une voûte où l'on entre par une porte qui est au milieu de l'escalier de la Chapelle, ont déposé les corps des Princes & Princesses de la Maison Royale. Le Collége renferme quatre Cloîtres, avec plusieurs grands apartemens. Il y a trois Bibliothéques, dont la plus considérable contient environ huit mille volumes. *L'Escurial* en trente-huit ans, depuis que Philippes II. a commencé a le bâtir, jusqu'à sa mort, arrivée l'an 1598, tant en bâtiment, qu'en Peintures & Sculptures, a coûté cinq millions deux cens soixante-dix mille ducats, selon les comptes qui en ont été arrêtés : & si l'on comprend les ornemens de l'Eglise, cette dépense monte à six millions deux cens mille ducats, à quoi il faut adjouter ce qu'a coûté la Chapelle des Tombeaux bâtie par Philippes IV.

Louis de Foix, Parisien, célébre Architecte, employé par Philippes II. eut la conduite de ce magnifique édifice, qui fut brûlé en partie en 1671.

ESPACER, observer les espaces convenables. Colonnes *espacées*. Les arbres de ce païsage sont bien espacés.

On dit en Architecture *espacement*, pour signifier un *espace égal*. L'*espacement* des

solives.

ſolives. L'*eſpacement* des colonnes. *Voyez* ENTRE-COLONNE.

ESPAGNOLET [L'] ſon nom de famille étoit *Joſeph Ribera*. On l'appella *l'Eſpagnolet*, parce qu'il étoit Eſpagnol de naiſſance. Il fut diſciple & imitateur du *Caravage*. Il ſe plaiſoit à peindre des ſujets terribles & pleins d'horreur, & il n'a pouſſé que trop loin l'expreſſion en ce genre. Une femme Hollandoiſe, qui étoit enceinte, ayant vû ſon tableau d'Ixion ſur la roue, en fut ſi frappée, qu'elle mit au monde un enfant contrefait. L'*Eſpagnolet* mourut à Naple en 1656, âgé de ſoixante & ſept ans.

ESQUISSE, ESQUISSER. L'*eſquiſſe* eſt le premier crayon d'un ouvrage que l'on médite. Les Italiens diſent *ſchizzo*. « Les Peintres, dit Felibien, ne deſſinent pas d'abord avec juſteſſe toutes » les parties, ils en font une légére *eſquiſſe*, où ils établiſſent l'ordre de leurs » penſées. » *Eſquiſſer* un bras, une tête, une penſée, un deſſein; ſon oppoſé eſt arrêter, finir, terminer. Les Sculpteurs ont emprunté ce terme, & ils appellent *eſquiſſe* les premiers modéles de terre ou de cire qu'ils font.

Ebauche & *eſquiſſe* ne ſont pas des mots tout-à-fait ſynonimes. L'*eſquiſſe* eſt proprement la premiere penſée d'un tableau que l'on jette rapidement ſur un papier, ſur un carton ſéparé. L'ébauche eſt le commencement du tableau même, dont on trace les premieres lignes ſur la toile. L'*eſquiſſe* eſt ſéparée du tableau. L'ébauche ſe fait ſur le tableau même. Nous avons les *eſquiſſes* de Raphaël, de Jules Romain : Nous ne ſçaurions avoir leurs ébauches : cependant ces deux mots ſe confondent dans le langage ordinaire ; mais c'eſt aux Léxicographes à marquer exactement leur ſignification propre, & c'eſt ce que la plûpart des Dictionaires n'ont pas fait, nommément le Trévoux.

Mr de Piles a fait ce mot maſculin. Il a dit des *eſquiſſes* légers

ESTAMPE, image qui ſe tire d'une planche gravée.

L'origine des eſtampes eſt de l'année 1460, elle vient d'un nommé Marſo Finiguerra, Orfévre de Florence, qui gravoit ſur ſes ouvrages, & qui en les roulant avec du ſouffre fondu, s'apperçut que ce qui ſortoit du moule marquoit dans ſes empreintes les mêmes choſes que la gravûre, par le noir que le ſouffre avoit tiré des tailles. Il eſſaya d'en faire autant ſur des bandes d'argent avec du papier humide, en paſſant un rouleau bien uni par deſſus, ce qui lui réuſſit. Cette invention paſſa en Flandre, & s'y perfectionna un peu ; mais Marc-Antoine eut la gloire d'y mettre la derniere main.

Eſtampes en taille douce, ce ſont celles qui ſe tirent d'une planche gravée au burin : ce furent les premieres eſtampes.

Estampes à l'eau forte : Leur invention suivit de près l'origine de la Gravûre. Les *estampes* à l'eau forte, se gravent avec l'aiguille & avec l'échoppe.

ESTOMPER, c'est dessiner avec des couleurs en poudre qu'on applique par le moyen d'un rouleau de papier, dont le bout sert comme de pinceau.

ESTROPIER se dit d'une figure, d'un membre dessiné sans justesse, & sans proportions. On *estropie* une figure, lorsqu'on fait un pied plus long que l'autre, de petits doigts avec une grande main, un bras trop court, &c. *Estropier* un bras. Un dessein *estropié.*

ETANÇON, grosse piéce de bois dont on étaye une muraille. On dit mettre des *étançons*, poser des *étançons*, *étançonner.*

ETAYE. *Voyez* ETANÇON. Remarquez seulement que, *étaye* a une signification plus étenduë, & s'entend généralement de toutes sortes d'appuis, soit de charpente, soit de maçonnerie.

ETEINDRE, adoucir, affoiblir. Les grandes lumiéres doivent *s'éteindre* insensiblement vers leurs extrêmités. Le blanc qui est une lumiére fort vive, peut *s'éteindre* par les bruns.

On dit en terme de maçonnerie, *éteindre* la chaux, c'est la détremper avec de l'eau.

On dit aussi en terme de forge, *éteindre* le fer : c'est le plonger dans l'eau froide, lorſqu'il eſt tout rouge, c'eſt ce qui lui donne ſa trempe & ſa dureté.

E'TUDE. On appelle *étude* en matiére de Peinture, des deſſeins particuliers des grands Maîtres, qui ont repréſenté d'après nature certaines parties qui peuvent entrer dans une compoſition, des têtes, des bras, des mains, des figures ſous différentes attitudes, des animaux, &c. *Etudes* de Raphaël, d'Annibal Carrache.

EXAGONE, ou HEXAGONE, qui a ſix angles, ou ſix côtés. Bâtiment *éxagone*. En terme de fortification un ouvrage *éxagone*, eſt un ouvrage fortifié de ſix baſtions.

EXAMILION, muraille fameuſe qu'un Empereur Grec fit élever l'an 1413, ſur l'Iſthme de Corinthe. Cette muraille avoit deux lieues de long. Amurath II. la fit démolir. Les Venitiens la rétablirent en quinze jours de temps l'an 1463. Cette muraille qu'on a fort vantée, eſt bien peu de choſe, en comparaiſon de la grande muraille que les Chinois ont fait conſtruire pour ſe mettre à couvert de l'incurſion des Tartares.

EXPOSE', EXPOSITION. Tableaux *expoſés* à la vûe, *expoſés* en vente. L'*expoſition* des tableaux à la S. Louis.

EXPRESSION. Dans la diviſion ordinaire, l'expreſſion eſt compriſe dans le deſſein ; mais il me ſemble qu'on devroit en faire une partie ſéparée. Deſſiner & *exprimer* ſont des choſes fort différentes. L'*expression* est la représentation véritable & naturelle des choses, surtout des mouvemens de l'âme & des passions.

On dit communément que le dessein & le coloris, sont le corps de la Peinture, & que l'*expression* en est l'âme.

Membris addenda est ignea virtus
Scilicet, atque hebetes anima infundenda per artus.
Singula vitali spirent animata colore,
Gestus ubique micet vivax, vultúsque loquaces
Spiritus intus alat.

Pictura Carmen.

L'*expression*, dit Mr de Piles, est la pierre de touche de l'esprit du Peintre.

Raphaël, Jule Romain, & le Dominiquin ont excellé dans l'*expression*. Les principales qualités de l'*expression*, sont la justesse & la vérité, le naturel, la noblesse, la vivacité, la finesse.

EXTREMITE'S. Les *extrêmités* d'un tableau, sont les parties qui le terminent.

Ces *extrêmités* doivent être remarquables.

Sint tabulæ fines ac certo limite totum
Includatur opus, visis nec plura figuris
Luminibus mendax simulet promittere tela.

Les *extrêmités* des figures sont la tête, les pieds, les mains, les épaules, les coudes, les genoux, & les autres emmanchemens des membres.

Ces *extrêmités* doivent être plus travaillées & plus recherchées que tout le reste.

Les *extrêmités* des jointures doivent être rarement cachées ; si elles étoient couvertes d'une draperie, il est de la science de les marquer par des plis : les pieds doivent toujours être vûs.

Prœcipua extrêmis raro internodia membris
Abdita sint : sed summa pedum vestigia numquam.

Du Fresnoy.

EXTRADOS, EXTRADOSSE', L'*extrados* est la partie extérieure d'une voûte dont le dehors n'est pas brut. Voûte *extradossée*, c'est, comme on le voit, celle dont le parement extérieur est aussi uni que la douelle du dedans.

F

FABRIQUE, construction, maniére de construire. Cet édifice est d'une belle *fabrique*.

Fabrique se dit aussi en terme de Peinture, de tous les bâtimens en général que les Peintres représentent, mais plus particulierement de ceux qui ont plus d'apparence.

Ces *fabriques* ſont d'un grand ornement dans les païſages Le Pouſſin a peint des *fabriques* Romaines d'un grand goût.

Fabriques Gothiques, ce ſont des bâtimens dans le goût Gothique.

FAÇADE, partie extérieure, frontiſpice d'un grand bâtiment.

Façade du Louvre. Les Italiens diſent *facciata*.

Façade ſimple. *Façade* riche. *Façade* à portiques, &c.

On dit face dans le même ſens.

FACE, viſage. La *face* commence à la pointe des cheveux du front, & finit à l'extrêmité du menton.

La *face* ſe diviſe en trois parties égales : La premiere comprend le front : La ſeconde le nez : Et la troiſiéme la bouche & le menton.

Ordinairement les Peintres diviſent la figure en dix *faces*, de cette maniere.

Depuis le ſommet de la tête juſqu'à la pointe du front, un tiers de *face*.

Depuis la pointe du front juſqu'à l'extrêmité du menton, une *face*.

Depuis le menton juſqu'à la foſſette d'entre les clavicules, deux tiers de *face*.

De la foſſette au bas des mammelles, une *face*.

Du bas des mammelles au nombril, une *face*.

Du nombril aux testicules, une *face*.

Des testicules au haut du genouil, deux *faces*.

Le genouil contient une demi *face*.

Du bas du genouil au coude du pied, deux *faces*.

Du coude du pied à l'extrêmité de la plante, une demi *face*. De Piles.

La largeur du corps humain se divise de la même maniere.

L'homme étendant les bras, à du plus long doigt de la main droite à celui de la main gauche, dix *faces*, c'est-à-dire, qu'il est aussi large qu'il est long.

D'un côté des mammelles à l'autre, deux *faces*.

L'os du bras, dit *humerus*, est long de deux *faces*, depuis l'épaule au bout du coude.

Depuis l'extrêmité du coude à la premiere naissance du petit doigt, l'os appellé *cubitus*, avec partie de la main, contient deux *faces*.

De l'emboëture de l'omoplate à la fossette d'entre les clavicules, une *face*.

La main a la longueur d'une *face*.

Le pouce contient un tiers de *face*.

Le dedans du bras depuis l'endroit où se perd le muscle appellé pectoral, qui forme la mammelle, jusqu'au milieu du bras, une *face* & un tiers.

Depuis le milieu du bras jusqu'au commencement de la main, une *face* deux tiers.

Le plus long doigt du pied a un tiers de *face* de long.

Les

Les deux bouts des mammelles & la fossette d'entre les clavicules de la femme, forment un triangle régulier.

La plante des pieds forme la sixiéme partie de la figure. De Piles.

FAGE [Raimond de la] naquit à Toulouse en 1648 ; il fut un des plus feconds Dessinateurs du dernier siécle : il se borna à cette partie, & ne mit jamais la main au pinceau. Ses desseins à la plume sont dans une haute estime, & l'on peut juger de la réputation où étoit la *Fage*, par le trait suivant qu'on raconte de lui. On dit qu'étant à Rome, il fut rendre visite à Carlo Marat, le plus grand Peintre Italien de son tems. Carlo Marat étoit alors à son attelier ; il n'eut pas plutôt apperçu la *Fage*, qu'il quitta son ouvrage, & voulut le forcer de prendre son pinceau : La *Fage* s'en défendit, en disant qu'il n'avoit jamais essayé de peindre, & qu'il ne sçavoit que dessiner à la plume. « Si la chose est » ainsi, dit Carlo Marat, nous sommes » fort heureux : car si vous aviez en» trepris de peindre, nous serions for» cés de vous céder la palme, & moi» même tout le premier j'aurois quitté » le pinceau.

La *Fage* étoit fort débauché, & la plûpart des sujets qu'il a traités, se ressentent du libertinage de sa vie. Il mourut en 1690, âgé de 42 ans. Il n'eut point de pareil pour la fécondité de génie, pour l'abondance des pensées, & pour ſa prodigieuſe facilité. Il deſſinoit fort correctement, il plaçoit en Anatomiſte les muſcles fort à propos, & il a répandu un feu étonnant dans ſes compoſitions, principalement dans ſes deſſeins croqués.

FAIRE, ſe prend en terme de Peinture, en diverſes acceptions. On dit un païſage d'un beau *faire*, c'eſt un païſage bien touché, dont les touches ſont ſpirituelles.

Faire ſignifie quelquefois *peindre*. *Faire* l'hiſtoire, *faire* les animaux : c'eſt-à-dire, peindre l'hiſtoire, &c.

Faire ſec & dur, c'eſt peindre ſéchement, & durement.

FAISTAGE, FAISTE, ſe diſent 1o. de la couverture ou du toît d'un bâtiment ; 2o. de la plus haute piéce de charpente qui forme le toit, & où les chevrons ſont arrêtés par en haut ; 3o. d'une plaque de plomb creuſe, que l'on met au haut du comble.

FANTAISIE, peindre de *fantaiſie*. Les *fantaiſies* de Callot.

FARINE, employer des couleurs claires & fades tout enſemble, faire les carnations trop blanches, & les ombres trop griſes, c'eſt ce que les Peintres appellent donner dans la *farine*.

FARNESE. Le Palais *Farneſe* eſt un des plus beaux Hôtels de Rome.

Michel-Ange en fut le principal Architecte : il eſt en partie conſtruit des ruines du Coliſée.

Ce Palais contient quatre corps de bâtimens, qui forment une Cour quarrée, décorée de portiques, dont tous les pilastres sont ornés de statuës. La gallerie est un morceau inestimable pour les Peintures, elles sont de la main d'Annibal Carrache qui en fut très-mal récompensé. *Voyez* CARRACHE. On trouve encore dans ce Palais d'excellentes Peintures du *Titien*, & du *Salviati*, & des antiques curieuses. Tout le monde sait que l'Hercule & le *Taureau-Farnese*, sont deux piéces très-précieuses. La *Flore*, le *Dauphin* portant sur son dos un enfant, la *Charité* & *l'Abondance*, l'*Alexandre Farnese* tenant l'Herésie & la Rébellion enchaînées, le *Faune*, les deux *Captifs* sont aussi des morceaux d'un grand prix.

Le fameux *Taureau-Farnese*, est un groupe de sept figures. Une femme paroît attachée par ses cheveux à une des cornes de cet animal, deux hommes s'efforcent de les précipiter dans la mer, du haut d'un rocher, une femme & un petit garçon accompagnés d'un chien, regardent ce spectacle : ces sept figures sont d'un même bloc.

FAUX-JOUR. Un tableau est dans un *faux-jour*, lorsque la lumiére du dehors ne répond pas aux parties éclairées du tableau, & ne les fait pas voir dans son point de vûe.

FECE, FECER. On appelle *fece* du mot latin *fæx*, la lie qui reste aux couleurs lorſqu'elles ſont mal broyées. Les couleurs de terre *fecent* beaucoup. Les Auteurs du Dictionnaire de Trévoux, écrivent *feſſer : on devroit écrire fecer*, remarquent-ils, *mais on trouve feſſer.* On peut leur répondre que ceux qui ont écrit ce mot par deux ſſ ont fait une faute, & que ces Lexicographes en ont fait une ſeconde en les ſuivant.

Frictu color unus quiſque terendus
Aſſiduo : quidquam ne fæcis *adhœreat ollis*
Efficiet tritura frequens.

Pictura.

FELIBIEN [André] s'eſt diſtingué par ſon eſprit, par ſes connoiſſances, par ſon goût pour les Arts, ſur-tout pour la Peinture, & par ſes écrits. Il eut occaſion d'aller à Rome, à la ſuite de Mr le Marquis de Fontenai, Ambaſſadeur du Roi. Il contracta dans cette Ville un goût décidé pour la Peinture, & il ſe lia étroitement avec le Pouſſin. Mr Colbert étant parvenu au miniſtére lui fit pluſieurs graces, & lui donna la place de garde des Antiques. Il fut auſſi Hiſtoriographe du Roi, & de ſes bâtimens. *Felibien* a beaucoup écrit ſur la Peinture, & quoique ſon ſtile ſoit lâche & diffus, on ne peut lui refuſer le titre d'homme de goût, & d'homme d'eſprit. Ses entretiens ſur les vies des

Peintres, & ses principes d'Architecture sont ses deux meilleurs ouvrages. Il naquit à Chartres en 1619, & mourut en 1695.

Felibien a laissé trois fils, dont le second & le troisiéme, ont contribué à illustrer de plus en plus son nom. L'un (Jean François) a succédé à la Charge d'Historiographe du Roi & des Bâtimens, & a publié un *Recueil Historique de la vie des plus célébres Architectes*, *une Description des Maisons de Pline*, *une Description de Versailles & des Invalides*, &c. L'autre, connu sous le nom de *Dom Michel Felibien*, s'est rendu recommandable dans la sçavante Congrégation de S. Maur, par deux grands ouvrages. L'un est l'histoire de l'Abbaye de S. Denis, l'autre l'Histoire de Paris, qu'il n'a pas eu le tems de finir, & que le P. Lobineau, son confrere, qui l'a achevée, a fait imprimer en 1724.

FENESTRAGE, FENESTRE. Par le terme collectif de *fenêtrage*, on entend en général toutes les fenêtres d'un bâtiment.

Un *fenêtrage* singulier, bien entendu, mal entendu.

Les *fenêtres* qui sont des ouvertures qu'on laisse dans les bâtimens pour leur donner du jour, se font de différente maniere.

Fenêtre ceintrée : c'est une *fenêtre* en plein ceintre.

Fenêtre bombée : c'est une *fenêtre* qui n'a qu'un quart de cercle.

Fenêtre quarrée, ronde, ovale.

Fenêtre embrasée : c'eſt celle dont les tableaux ne ſont pas parallèles, & ſont en embraſure par dehors.

Fenêtre rampante, c'eſt une *fenêtre* en talus qui ne donne qu'un jour de ſervitude.

Fenêtre ruſtique : c'eſt une *fenêtre* en boſſage.

Fenêtre avec ordre : c'eſt une *fenêtre* décorée de pilaſtres, avec entablement.

Fenêtre dormante, ou à verre dormant: c'eſt une *fenêtre* qui ne s'ouvre point.

FERME, ſe dit en terme de charpenterie, de l'aſſemblage en triangle des piéces de bois qui ſont au-deſſus de chaque traverſe : c'eſt ſur elle que poſent les autres piéces qui portent la couverture.

FERRI (Ciro) éléve de Piétre Cortone, naquit à Rome l'an 1634. il fut non-ſeulement grand Peintre, mais grand Deſſinateur, & grand Architecte. Il a travaillé à Florence & à Rome. Il peignit dans cette derniere Ville, la Coupole de Ste Agnés, ſur la place Navone; mais il eut le chagrin de ſe voir ſurpaſſer par le Baccici, qui peignit les Angles de cette Coupole, & dont le travail parut fort ſupérieur à celui du *Ferri*. Cette préférence lui fut ſi ſenſible, qu'il en tomba malade, & qu'il en mourut, en 1689, âgé de cinquante-cinq ans. Il fut inhumé à Ste Marie *in Tranſtevere*, & on lui fit de magnifiques obſéques.

» Les desseins de Ciro *Ferri*, *dit un* » *Auteur moderne*, se confondent aisément » avec ceux du Cortone ; ils sont cepen- » dant moins lourds , & un peu plus » corrects : Il faisoit son trait à la plu- » me , lavé à l'encre de la Chine , ou » au bistre , quelquefois relevé de blanc » au pinceau. On en voit de dessinés à » la mine , & à la pierre noire , avec » des hachures souvent croisées : les extrê- » mités des figures sont un peu négligées : » les caracteres de ses têtes suffisent pour » le faire connoître. *Abrége de la vie des* » *plus fameux Peintres.* »

FESTON , bouquet , guirlande de fleurs liées ensemble , & suspendues par les extrêmités , d'où il retombe des chutes à plomb à chaque extrêmité. Une frise ornée de *festons*.

Festons de feuilles ou de feuillages.

Festons de feuilles de chêne.

Les *festons* imitent encore les feuilles d'Acanthe , les feuilles de persil découpées , les feuilles de laurier refendues par tro s feuilles à chaque bouquet , & d'olivier par cinq. Ce sont les ornemens ordinaires des frises , des chapiteaux , des bordures , &c.

FETI [Dominique] naquit à Rome en 1589 , & il fut l'éléve du Civoli , Peintre Florentin. Ensuite il se rendit à Mantouë , où la vûe des tableaux de Jule-Romain , agit si puissamment sur lui , qu'elle éleva son imagination , & ouvrit une nouvelle carriére à son génie. Le *Feti* mourut à Venise en 1624.

« Le *Feti*, dit l'Auteur *de l'abrégé des* » *vies des plus fameux Peintres*, peignoit » d'une grande force, quoique souvent » un peu noir : il avoit beaucoup de fi- » nesse dans la pensée, une grande ex- » pression, quelque chose de moëleux » dans sa Peinture, & qui *ragoute* infi- » niment les connoisseurs. Ses desseins » sont extrêmement rares : ils sont heur- » tés d'un grand goût à la pierre noire, » relevés de blanc de craie : d'autres sont » à la sanguine, hachés de droit à gau- » che, également-par tout. On en voit » de lavés au bistre, avec un trait de » plume. Il a fait des études admirables, » peintes à l'huile sur du papier : enfin » de quelque maniere que soient faits » ses desseins, on y trouve la couleur, » l'expression, & la belle touche : il n'y » manque qu'un peu plus de correction. »

FIAMMETTE, couleur de feu clair. Les Italiens disent *fiametta*, & les Latins, *flammula*.

FIER, FIERTE', FIEREMENT. On appelle couleurs *fieres*, les couleurs vives, éclatantes : le blanc est une couleur *fiere*. Peindre *fiérement*, c'est employer des couleurs fort vives, ou plutôt les coucher hardiment, & à grands coups. *Fierté* de coloris : Jule Romain donnoit beaucoup de force & de *fierté* à ses tableaux. La maniére de Michel-Ange est *fiere* & terrible.

FIGURE. Quoique ce mot soit fort

général, dit Mr de Piles, & qu'il ſignifie tout ce qui peut être décrit par pluſieurs lignes, néanmoins en Peinture, on l'entend ordinairement des *figures* humaines. Peindre la *figure*, faire la *figure*.

Annibal Carrache ne croyoit pas qu'on dût faire entrer plus de douze *figures* dans un tableau : Il exceptoit apparamment certains ſujets qui en demandent néceſſairement un plus grand nombre ; comme un Jugement univerſel, un maſſacre des Innocens, une bataille, une peſte. Ariſtide, un des plus fameux Peintres de la Gréce, a fait entrer cent *figures* dans le tableau de l'expédition d'Alexandre.

FINIMENT, FINIR. *Finir*, c'eſt achever avec ſoin, perfectionner. Ce tableau eſt bien *fini*. *Finiment* ne ſe dit gueres que des petits ouvrages de portraiture, ou de miniature, qui ſont travaillés avec beaucoup d'éxactitude & de délicateſſe. Felibien a dit : il y a un grand *finiment* dans cet ouvrage.

FINO (Palais du Chevalier) ce Palais bâti à Bergame, l'an 1611, ſur les deſſeins du Scamozzi, eſt ſitué dans un lieu des plus élevés de la Ville. L'étendue du terrain eſt de cent quatre-vingt-huit pieds de largeur, & de quatre-vingt-treize de longueur. La diſtribution de ce terrain, eſt faite en ſorte qu'il y a au-devant ſeize intervales de colonnes, & huit par le côté. Il y a au-devant deux grandes entrées. Entrant par celle qui eſt à la droite, on trouve à gauche le principal eſcalier, & à droite deux chambres: au bout du veſtibule d'entrée eſt une gallerie, longue de ſept intervales, d'où l'on va dans une cour de la même longueur, & large de cinq intervales, ou eſpaces, laquelle eſt ornée tout autour de pilaſtres d'ordre Ionique. A la droite de cette même entrée, il y en a une autre ſur le retour. A ce même côté, il y a trois chambres de diverſes grandeurs, dont deux qui ſont aux côtés de cette entrée, ſont éclairées par la ruë, & par la cour, & la plus grande eſt éclairée par deux ruës. A l'autre bout de la cour, il y a une ſale baſſe, longue de cinq eſpaces, & large de trois, auprès de laquelle il y en a une moins grande, regardant ſur la ruë, & joignant la gauche de l'autre grande entrée, qui eſt à la gauche, & à côté de cette ſale, il y a encore deux chambres. Allant plus avant, & juſques au bout, à la gauche de cette même entrée, on trouve un petit eſcalier dérobé qui aboutit à un corridor, au bout duquel à gauche, il y a encore un terrain vuide, entre les ſales, les chambres, & le vieux bâtiment, que nous ne décrivons pas.

La hauteur de cet édifice eſt de deux ordres. Le premier eſt Dorique, ayant des colonnes aux deux entrées, & un pilaſtre à chaque extrêmité de la façade;

le second est Ionique, orné de pilastres dans toute la longueur de la face. Au-dessus des deux entrées, les fenêtres sont en arcades, ayant leurs appuis ornés & soutenus de balustres. L'un & l'autre de ces étages sont partagés en deux, y ayant à chacun des entresoles.

FLANQUER, c'est plutôt un terme d'Architecture militaire, que d'Architecture civile. On dit, *flanquer* une muraille d'un bastion : c'est la fortifier d'un bastion. Un bastion *flanqué* d'une demi-lune : cependant on dit en Architecture civile, un corps de logis *flanqué* de deux aîles de deux pavillons, c'est-à-dire, accompagné de deux aîles de deux pavillons.

FLATTER. Peindre une personne plus belle qu'elle n'est, c'est la *flatter* : il ne se dit que des portraits. Les Peintres sont sujets à *flatter*. Portrait *flatté* : son opposé est *charger*, *voyez* ce dernier mot.

FLECHE, ce mot se prend en différentes acceptions. Il se dit ; 1o. d'un clocher qui aboutit en pointe.

2o. De la souche ou de la principale poûtre d'une gruë, & de quelques autres machines qui est posée à plomb, & sur laquelle ces machines tournent.

3o. De la poûtre d'un pont-levis qui va depuis la bascule jusqu'aux chaînes, qui tournant sur un pivot, sert à lever le pont.

FLEUR. Les *fleurs* sont un genre de

Peinture, comme les portraits, les païsages, l'histoire. Daniel Segre, Jesuite d'Anvers, s'est borné a peindre des *fleurs*: il s'est mis en grande estime par la fraîcheur & la légereté dont il les faisoit.

FLORENCE, Capitale de Toscane, est une des plus délicieuses Villes d'Italie, soit par la douceur de son climât, soit par sa belle exposition. Elle est située sur les bords de l'Arne qui la traverse, & qui a dans cet endroit cinq brasses de largeur. On dit qu'elle contient huit mille maisons, cent cinquante deux Eglises, quatre ponts, sept fontaines, dix-sept places, six colonnes, deux piramides, & cent soixante statuës publiques.

Les Palais de Florence sont très-beaux, & passent pour les mieux construits de toute l'Italie.

Le Palais *Pitti* (c'est le Palais Ducal) est un bâtiment d'une grande magnificence: on y arrive par une grande place, ornée d'un grand nombre de statuës, dont les plus estimées, sont le *David* de Michel-Ange, la *Judith* du Donatelli, l'enlévement d'une *Sabine*, par Jean de *Bologne*, le *Persée* de bronze du Cellini &c. La hauteur du Palais jusqu'à la corniche du troisiéme ordre, est de cent vingt-deux pieds. La grande gallerie du Palais peut avoir 400 pieds de longueur: on se promene entre deux rangs de statuës & de bustes, la plûpart antiques. On y a vû le *Scipion* de Bronze, la *Leda* dont jouit Jupiter, le *Bacchus* antique, & la *Copie* de Michel-Ange, qui ne céde point à l'original, la *Julie*, la *Pomone*, une *Venus*, une *Diane*, un *Apollon*, &c.

Cette gallerie conduit à plusieurs cabinets remplis de raretés, au moins du temps que la maison de Medicis subsistoit.

Dans une seule chambre il y avoit cent trente-sept portraits d'un grand prix ; ce qu'il y avoit de plus précieux étoit gardé dans le sallon octogone. On y a vû un diamant qui pesoit cent trente-neuf carats & demie : Une tête antique de César, d'une seule turquoise de la grosseur d'un œuf ; six statuës antiques qu'on ne se lasse point d'admirer : à sçavoir, le *Lutteur*, le *Rotateur*, ou l'*Esclave* qui aiguise sa serpe, [*voyez* ROTATEUR] le *Faune*, le *Cupidon* endormi, les deux *Venus*, l'une de six pieds, & l'autre de cinq : la derniere est cette fameuse *Venus*, connue sous le nom de *Venus de Medicis*.

« C'est le plus beau corps du monde ; » elle a la tête un peu tournée vers l'épaule gauche : elle porte la main droite au-devant de son sein, mais à quelque distance : de l'autre main elle se couvre les parties, mais sans y toucher non plus. Elle se panche doucement, & avance un peu le genou droit afin de se cacher mieux. La pudeur & » la chasteté sont peintes sur son visage,

» avec une douceur, un air de jeunesse, » une beauté & une délicatesse inexprimable. Son bras rond & tendre s'unit insensiblement à sa belle main : sa » gorge est admirable ; en un mot, ce » rare chef-d'œuvre est une parfaite imitation de la plus belle nature. »

Misson, voyage d'Italie.

FLOU, terme de Peinture. On dit peindre à *flou* : c'est peindre avec légereté, avec tendresse en noyant bien les teintes. C'est le contraire de *faire sec*, ou de peindre durement, & séchement.

On peint à *flou*, en repassant légérement sur les traits exécutés par le pinceau, avec une petite brosse de poils plus légers, & plus unis que ceux du pinceau ordinaire.

FOIX [Louis de] Ingénieur célébre, né à Paris, & originaire du Comté de *Foix*, a été en grande réputation sur la fin du XVI. siécle. Il demeura longtemps en Espagne, où il bâtit L'Escurial, tant le Palais, que le Monastere que Philipes II. fit construire avec une magnificence Royale. Il inventa aussi la machine avec laquelle on tire de l'eau dans la plus haute partie de la Ville de Tolede. Le Prince Dom-Carlos, Infant d'Espagne, le pria de lui faire un livre d'une telle pésanteur, qu'il en pût tuer un homme d'un seul coup. De *Foix* lui en donna un composé de douze tablettes, long de six pouces, & large de quatre, couvert de lames d'acier, & par dessus de lames d'or, qui pesoit plus de quatorze livres ; on dit que Dom-Carlos avoit souhaité cela, parce qu'il avoit lû en quelque endroit, dans les Annalles d'Espagne, qu'un certain Evêque qu'on avoit mis en prison, avoit donné ordre qu'on couvrît de cuir une brique de la grandeur d'un bréviaire, dont il avoit tué celui qui le gardoit, & qu'il s'étoit sauvé par ce moyen. Louis de *Foix* étant revenu en France, entreprit de boucher l'ancien Canal de l'Adour, près Bayonne, & d'en construire un nouveau pour le port ; ce qu'il exécuta en 1579. Il bâtit depuis le Fanal qu'on appelle vulgairement la Tour de Cordouan, à l'embouchure de la Garonne.

FONCE', obscur. Rouge *foncé*, vert *foncé*. En Peinture, il est mieux de dire rouge obscur.

FOND. *Voyez* CHAMP. *Fond & champ* ne sont pourtant pas des mots absolument synonimes : on dit des *fonds* blancs, un *fond* brun, & l'on ne dit pas un *champ* blanc, des *champs* bruns. Les *fonds* blancs donnent une vivacité merveilleuse à un tableau.

FONDATION, FONDEMENT, masse de pierres ou de pieux qui porte un bâtiment.

Fondations d'un pont. On jette des médailles dans les *fondations* des grands bâtimens.

Le mot de *fondation* pris dans ce sens, ne se dit qu'au plurier.

Felibien prétend qu'on ne doit s'en ſervir qu'en parlant des fondemens d'un édifice où on travaille actuellement, & que quand on parle d'un bâtiment achevé, il faut dire les fondemens, & non pas les *fondations*. L'uſage eſt contraire à ſa remarque. On dit tous les jours, en parlant *d'un édifice achevé :* il en a tant coûté pour les murs, tant pour la charpente, & tant pour les *fondations :* je crois même que *fondation*, vaut mieux là que *fondement*.

On donne ordinairement aux *fondations* la ſixiéme partie de la hauteur de l'édifice, & le double de l'épaiſſeur des murs qu'on éléve deſſus. Quand le terrain eſt plus ſolide, on peut leur donner moins de hauteur. Quand on bâtit ſur le Roc, il ne faut point d'autres *fondations*.

FONDRE, mêler. Des couleurs bien *fondues : fondre* les bruns dans les clairs.

FONTAINEBLEAU, Maiſon Royale à quatorze lieues de Paris, conſidérable par ſon étendue, & par la belle forêt qui l'accompagne. Les jardins ſont ſpacieux, agréables, & ornés de fontaines, de ſtatuës, de caſcades. Le Parc eſt un lieu fort champêtre : on y voit des allées à perte de vûe, avec des paliſſades d'une hauteur prodigieuſe. Il eſt décoré d'un beau canal, qui a ſix cens toiſes de long, ſur vingt de large.

Les premieres Peintures un peu conſidérables qui ſe ſoient faites en France, ont été exécutées à *Fontainebleau*, ſous François I.

François I. Le Primatice eut la direction de ces ouvrages. Il a peint avec Nicolo la gallerie d'Ulisse, ainsi nommée parce que ces deux Peintres y ont représenté les avantures d'Ulisse en 58 tableaux. La petite gallerie a été peinte par Maître *Roux*, & le Cabinet de *Clorinde* par Ambroise du Bois, qui y a représenté en huit tableaux, une partie de l'Histoire de Tancrede & de Clorinde. La Chapelle a été peinte par *Freminet ;* la salle des gardes, par *Erard*, & l'antichambre de cette salle, par *Cotelle.*

La plûpart des Peintures du Primatice, sont détruites, mais les desseins de ses tableaux subsistent, & faisoient un des principaux ornemens du Cabinet de Mr Crozat.

FOREST [Jean] Peintre du Roi, naquit à Paris le 5 Janvier *1636.* il fut disciple du *Mole*, & l'on peut dire qu'il surpassa son Maître. A une connoissance profonde de son Art, il joignit beaucoup de lecture, & sa conversation vive, agréable, & sçavante, attiroit chez lui un grand nombre de personnes de goût & de mérite. Il fit deux fois le voyage d'Italie, & il y resta sept ans dans le premier voyage. Mr de Segnelai, Sécrétaire d'Etat, l'y envoya la seconde fois, & le chargea de lui faire l'emplette de plusieurs tableaux : il en rapporta d'excellens, & c'étoit l'homme de France qui se connoissoit le mieux en Peinture. Cassana, célébre Peintre de Venise, étant consulté un jour sur ce qu'il pensoit de Mr *Forest*, *è un Titiano*, dit il, *overo*, *la medesima natura.* Jean *Forest* mourut en 1712.

FORTUNE-VIRILE (Temple de la) ce Temple connu aujourd'hui sous le nom d'Eglise de Ste Marie Egyptienne, se voit à Rome, du côté du pont Ste Marie, anciennement nommé *Pons Senatorius* : Il s'est conservé presque dans son entier. Sa façade est ornée de colonnes, & porte des demi-colonnes aux murs de la nef par le dehors qui accompagnent celles du portique, & ont toutes la même décoration : de sorte qu'à voir ce Temple de côté, il semble un periptere entouré d'allées. Les entre-colonnes sont de deux diamétres & un quart : ainsi sa forme est sistyle. L'aire du Temple est élevée de six pieds & demi du rez-de-chaussée, & l'on y monte par des dégrés qui ont pour appui l'embasement qui régne tout au tour de cet édifice. Les colonnes sont Ioniques, & leur base Attique, quoiqu'il semble qu'elle dût être Ionique ; mais cette base Ionique, dont Vitruve nous fait la description, n'est trouvée nulle-part parmi les antiques : Les colonnes sont cannelées, & ont vingt-quatre cannelures. Les volutes des chapiteaux sont Elliptiques : & ce qu'il y a de plus remarquable, c'est que dans les angles du Temple & du portique, les chapiteaux paroissent de front des deux côtés, ce qui peut-être, ne s'est jamais vû ailleurs, si ce n'est depuis Palladio, qui ayant trouvé cette composition belle & agréable, s'en est servi dans ses ouvrages. La porte du Temple a des ornemens d'un très-grand goût, & est d'une proportion fort réguliére. On trouve dans *Palladio* la description & les desseins de ce Temple, *au livre 4. premiere partie, p. 28.*

FOSSE [Charles de la] natif de Paris, étoit fils d'un Orfévre. Son Pere voulant le rendre habile dans son métier le mit chez *Chauveau*, Graveur célébre. Mais ce jeune homme n'ayant point de penchant pour la Gravure, passoit à peindre, une partie de son temps. Il commença d'abord par copier le tableau du Mai de Bourbon, qu'un de ses amis avoit eu petit : cet essai fut trouvé bon, & ses parens surpris de voir les progrès qu'il avoit faits dans la Peinture, sans pour ainsi dire avoir de maître, firent ensorte de le placer chez le Brun, premier Peintre du Roi. Le Brun fut étonné de la facilité & des dispositions qu'il reconnut en ce jeune homme. La *Fosse* profita si bien dans cette Ecole, que son maître l'employa dans ses grands ouvrages. La *Fosse* lui fut d'un grand secours dans ce qu'il fit à Paris chez Mr le Président Lambert, & ailleurs : aussi peut-on dire que la *Fosse* étoit né Peintre : L'envie qu'il eut de se perfectionner dans son Art, le détermina à partir pour l'Italie : il séjourna à Rome, où il dessina plusieurs tableaux de Raphaël. Delà il passa à Venise, où il fut si charmé du coloris des Peintres Venitiens, qu'il en fit sa principal étude. De retour à Paris, il peignit la Chapelle du Mariage, dans la Paroisse de S. Eustache : on dit que le Brun lui procura cet ouvrage, pour faire dépit à Mignard, qui avoit peint à fraisque la Chapelle des fonds : il s'en acquitta très-bien, & cette Chapelle lui fit beaucoup d'honneur. Il fut ensuite reçu à l'Académie Royale des Peintres, & il donna pour son tableau de réception, ce bel enlévement de Proserpine qu'on y admire. Il fut employé dans tous les travaux du Roi, changeant peu à peu sa premiere maniére, pour s'approcher le plus qu'il pourroit de celle de Lombardie. Le Duc de Montaigu qui faisoit batir à Londres un Hôtel magnifique, souhaita que la *Fosse* peignit le plafond de l'escalier, & celui du salon.

La *Fosse* à fait à Paris quantité d'ouvrages ; on en voit beaucoup à Versailles & à Trianon. Lorsque l'Eglise des Invalides fut achevée, il fut choisi pour en peindre le Dôme, & les quatre pendentifs : le Roi en fut si charmé, qu'il lui ordonna de remplir le grand morceau du fond de sa Chapelle de Versaille : La *Fosse* y représenta une Résurrection. Le beau plafond de la gallerie qu'on voyoit chez Mr Crosat le jeune, est de lui : il a toujours travaillé en grand & en petit jusqu'à sa mort ; il fit sur la fin de sa vie, & dans un âge fort avancé, une Nativité & une Adoration des Rois, pour le Chœur de Notre-Dame : ces deux grands tableaux ne sont point inférieurs à ses autres ouvrages. Il mourut à Paris en 1716, âgé de soixante & seize ans.

FOUDRE, c'est un ornement d'Architecture, en façon de flâme entortillée avec des dards, qui imite la *foudre*.

FOUILLE, FOUILLER, on dit faire une *fouille*, pour jetter les fondemens d'un édifice : c'est *fouiller* le terrain où l'on doit bâtir.

Fouiller une carriere : c'est l'ouvrir pour en tirer de la pierre.

Fouiller de la pierre : c'est chercher de la pierre.

Fouiller en terme de Sculpture, c'est évider. Cette draperie est bien *fouillée*, c'est-à-dire, que les plis en sont grands, & bien évidés.

FOUQUIERES, (Jâque) excellent Païsagiste, vivoit sous le régne de Louis XIII. il naquit à Anvers d'une famille médiocre, vers l'an 1580. il fut l'éléve de Brugle le Païsagiste, qu'on appelloit par sobriquet Brugle de velours, parce qu'il étoit souvent vêtu de cette étoffe, & que ses habits étoient toujours magnifiques. *Fouquieres* eut ordre de Mr des Noyers, Ministre d'Etat, de peindre les vûes des principales Villes de France, pour mettre entre les fenêtres de la grande gallerie du Louvre. *Fouquieres* crut cet ouvrage assez considérable pour demander qu'on le rendit maître de toute la conduite des ornemens de la gallerie ; mais le Poussin fut chargé de ce soin, quoique *Fouquieres* prétendit que ces païsages devoient être l'ornement principal de ce lieu, & que le reste n'étoit composé que d'incidens. *Fouquieres* avoit beaucoup de vanité, & parce qu'il avoit été annobli par le Roi, il aimoit mieux ne travailler que rarement, & gagner peu, que de n'être pas considéré comme un Gentilhomme d'un mérite extraordinaire : ces airs de qualité qu'il affectoit, lui firent donner le sobriquet de Baron de *Fouquieres*. Pour ce qui regarde ses tableaux, il en a fait d'excellens, & rien n'est plus beau que ce qu'il a peint d'après le naturel. On voit quantité de ses ouvrages à Paris, & un de ses éléves nommé Rendu, en a beaucoup copiés. *Fouquieres* mourut sans laisser de bien.

FRAIS, FRAICHEUR, carnations *fraiches*, *fraicheur* de coloris.

FRAISQUE, quelques-uns écrivent *fresque*, & les Italiens disent *fresco*.

Peindre à *fraisque*, c'est peindre sur un enduit encore *frais*.

Ces Peintures se font très-rapidement, car en même-temps que le maçon applique le mortier, le Peintre couche dessus ses couleurs, tandis que l'enduit est encore humide, & il ne peut revenir sur ses traits.

On appelle *fraiſque* , non-ſeulement cette maniere de peindre, mais l'ouvrage même qui eſt peint de la ſorte.

La coupe du Val-de-Grace, eſt le plus grand morceau de *fraiſque* qui ſoit dans le monde.

On n'employe pour la *fraiſque* , que des couleurs en détrempe : les principales ſont le blanc de plomb , le maſſicot jaune & blanc, l'orpin, la mine de plomb, le cinabre , la laque, les cendres bleues, le ſtile de grun, le noir de fumée, le blanc de chaux , &c.

FRANC FLORE, Peintre Flamand. Il étoit fils d'un Sculpteur d'Anvers : il ſuivit d'abord la profeſſion de ſon pere, mais il s'appliqua dans la ſuite à la Peinture , & il acquit une grande réputation dans cet Art : On l'appelloit le Raphaël de la Flandre. Il naquit en 1520, & mourut en 1570.

FRANCIA [François] naquit à Bologne l'an 1550. Il s'appliqua fort longtemps à travailler en Orfévrerie & en émail, & à graver des coins de médailles. Il ne commença de peindre qu'à quarante ans , ce qui ne l'empêcha pas de devenir un très-habile homme. Il mourut de la jalouſie que lui cauſa le tableau de Ste Cecile, de Raphaël, que ce Peintre lui adreſſa comme à ſon ami , pour le faire placer dans une Chapelle de Bologne. Il étoit âgé de 68 ans.

FRANCO, connû ſous le nom de *Bapriſta Franco* , naquit à Veniſe dans le ſeiziéme siécle. Il égaloit les plus habiles Peintres de son tems dans le dessein, mais il peignoit d'une maniere séche & dure, & son coloris étoit des plus médiocres. Le Duc d'Urbin l'employa pour faire divers desseins de vases de fayence. Il mourut à Venise en 1561.

FREMINET (Martin) naquit à Paris, en 1507. A l'âge de 25 ans, il fit le voyage d'Italie, où il passa environ quinze ans. Il s'attacha principalement à la maniere de Michel-Ange. *Freminet* étoit un Peintre fort sçavant, mais peu gracieux, & peu naturel. Il fut premier Peintre du Roi. Il mourut à Paris en 1619, âgé de 52 ans.

L'ouvrage le plus considérable de *Freminet*, est le plafond de la Chapelle de Fontainebleau. Il est ceintré, & partagé en compartimens, où ce Peintre a représenté des sujets de l'Ancien & du Nouveau Testament, tels que les animaux que Noé fait entrer dans l'Arche, l'Annonciation, &c.

FRESNOY (Charle Alphonse du) Peintre François. Il est beaucoup moins connû par ses tableaux, qui ne laissent pas cependant d'être estimés, que par son excellent Poëme de la Peinture, qui à pour titre, *de Arte Graphica*: de l'Art de peindre.

Ce Poëme est un chef-d'œuvre pour la netteté, pour la précision, pour l'élégance de la diction, & pour l'abondance & la brieveté des préceptes. On pourroit

roit le comparer à l'Art Poëtique d'Horace, s'il y avoit un peu plus d'agrément & de variété. Il a été imprimé plusieurs fois. Mr de Piles, intime ami de l'Auteur, l'a traduit & commenté sous ses yeux. *Du Frênoy* mourut d'une paralisie l'an 1665, âgé de 54 ans.

FRONTEAU, FRONTON, ce sont des ornemens d'Architecture, quelquefois ronds, & plus ordinairement triangulaires, en forme de petites corniches qu'on applique sur les portes, sur les fenêtres, le long d'une façade, & pour couronner une ordonnance: le champ ou panneau du milieu, s'appelle timpan.

Les *frontons* augmentent beaucoup la beauté des façades lorsqu'ils sont mis à propos, comme au milieu d'une loge, ou au porche d'un Temple, & le corps qui en est couronné, doit toujours être en saillie pour qu'on le distingue, & qu'il donne sur les autres parties continues de l'édifice. La proportion des *frontons*, est que la corniche de niveau sans la cimaise, (qu'elle n'a jamais lorsqu'il y a un *fronton*) doit être divisée en neuf parties, desquelles il en faut donner deux à la hauteur que le *fronton* a jusqu'au sommet, cette proportion étant, & plus agréable à la vûe que celle de deux dixièmes, plus commode pour faciliter l'écoulement des eaux, & plus conforme au *fronton* du porche de la Rotonde; enfin cet ornement forme un triangle, dont la base ayant dix-huit parties, les deux côtés en ont chacun dix, moins un huitiéme; & la perpendiculaire sur la baze, quatre parties, l'angle supérieur étant à peu près semblable à ceux d'un octogone régulier.

Outre les grands *frontons* des façades, on en peut encore mettre de petits sur les fenêtres, portes, & niches; & lorsqu'il y en a une suite, il est bon de les faire cintrés & triangulaires alternativement, comme ils sont à la Rotonde, & aux bains de Tite; leurs timpans peuvent être ornés de bas reliefs, comme celui du Temple de Castor & Pollux, à Naples, & comme on prétend qu'étoit celui de la Rotonde, dans lequel on voit les trous où étoient scellés les crampons de bronze qui en ont été enlevés: & comme il faut que les ornemens conviennent à l'usage des lieux, & aux personnes pour qui sont faits les édifices; on peut tailler dans ces bas reliefs, les armes, chiffres, devises, & autres choses de cette nature.

FRUIT. Les Architectes appellent *fruit*, la diminution presque imperceptible qui se fait en dehors dans une muraille à mesure qu'on l'éléve, & qu'on y ménage à dessein, en la faisant retirer en-dedans, de sorte que le bas est plus épais extérieurement que le haut.

Lorsque la diminution se fait en-dedans, & la retraite, ou inclinaison en-dehors, on l'appelle *contre-fruit*. Un mur aplomb n'a point de *fruit*, parce qu'il n'a point d'inclinaison.

On donne ordinairement un pouce & demie de *fruit* à un mur, sur la hauteur de douze pieds.

FUIR, FUITE, se dit principalement des objets de la perspective.

La perspective fait *fuir* les objets. De belles *fuites*. Couleurs *fuyantes*, ce sont les couleurs les plus légéres, comme le blanc, & le bleu céleste. Draperies *fuyantes*.

FUNERAILLES. Les *funérailles* chez presque tous les Peuples, ont été regardées comme un point de religion. Les Egyptiens, les Grecs, & les Romains, ont porté fort loin la magnificence en ce genre. De toutes les pompes funébres dont parle l'histoire, aucune n'est comparable à celle d'Alexandre le Grand, dont Diodore de Sicile nous a laissé la Description. Aridée, frere naturel d'Alexandre, ayant été chargé du soin de ce convoi, employa deux ans pour disposer tout ce qui pouvoit le rendre le plus riche & le plus éclatant qu'on eut encore vû. La marche fut précedée par un grand nombre de pioniers, afin de rendre praticables les chemins par où l'on devoit passer. Après qu'ils eurent été applanis, on vit partir de Babylone le magnifique chariot sur lequel étoit le corps d'Alexandre. L'invention & le dessein de ce chariot, se faisoit autant admirer que les richesses immenses qu'on y decouvroit. Le corps de la machine portoit sur deux essieux, qui entroient dans quatre roues, dont les moyeux & les rayons étoient dorés, & les jantes revêtus de fer. Les extrêmités des essieux étoient d'or, représentant des mufles de lions, qui mordoient un dard. Le chariot avoit quatre timons, & à chaque timon étoient attelés seize mulets, qui formoient quatre rangs : c'étoit en tout seize rangs, & soixante & quatre mulets. On avoit choisi les plus forts, & de la plus haute taille. Ils avoient des couronnes d'or, & des colliers enrichis de pierres précieuses, avec des sonnettes d'or. Sur ce chariot s'élevoit un pavillon d'or massif, qui avoit douze pieds de large, sur dix-huit de long, soutenu par des colonnes d'ordre Ionique, embellies de feuilles d'Achante. Il étoit orné au dedans de pierres précieuses, disposées en forme d'écailles. Tout autour régnoit une frange d'or en rézeau, dont les filets avoient un doigt d'épaisseur, où étoient attachées de grosses sonnettes, qui se faisoient entendre de fort loin. Dans la décoration du dehors, on voyoit quatre bas reliefs. Le premier représentoit Alexandre assis dans un char, & tenant à la main un sceptre, environné d'un côté d'une troupe de Macédoniens armés, & de l'autre d'une pareille troupe de Persans armés à leur maniére. Devant eux marchoient les Ecuyers du Roi. Dans le second, on voyoit des eléphans harnachés de toutes piéces, portant sur le devant des Indiens, & sur le derriere des Macédoniens, armés comme dans un jour d'action. Dans le troisiéme étoient représentés des escadrons de Cavalerie en ordre de bataille. Le quatriéme montroit des vaisseaux tout prêts à combattre. A l'entrée de ce pavillon, étoient des lions d'or qui sembloient le garder. Aux quatre coins étoient posées des statuës d'or massif représentant des victoires, avec des trophées d'armes à la main. Sous le pavillon on avoit placé un Trône d'or, d'une figure quarrée, orné de têtes d'animaux, qui avoient sous leurs cous des cercles d'or d'un pied & demi de largeur, d'où pendoient des couronnes brillantes des plus vives couleurs, telles qu'on en portoit dans les pompes sacrées. Au pied de ce Trône étoit posé le cercueil d'Alexandre, tout d'or, & travaillé au marteau : on l'avoit rempli à demi d'aromates & de parfums, tant afin qu'il exhalât une bonne odeur, que pour la conservation du cadavre. Il y avoit sur ce cercueil une étoffe de pourpre brochée d'or : Entre le Trône & le Cercueil, étoient les armes du Prince, telles qu'il les portoit pendant sa vie. Le pavillon en-dehors étoit aussi couvert d'une étoffe de pourpre à fleurs d'or : le haut étoit terminé par une très-grande couronne d'or, composée comme de branches d'olivier. Le Soleil qui dardoit ses rayons sur cette couronne, joint au mouvement du chariot, la faisoit briller d'une lumiére étincelante, & semblable à celle des éclairs. On conçoit aisément que dans une longue marche, le mouvement d'un chariot aussi chargé que celui-ci, devoit être sujet à de grands inconvéniens : afin donc que le pavillon & tous ses accompagnemens, soit que le chariot descendit ou qu'il montât, demeurassent toujours dans la même situation, malgré l'inégalité des lieux, & les violentes secousses qui en étoient inséparables : du milieu de chacun des deux essieux, s'élevoit un axe qui soutenoit le milieu du pavillon, & tenoit toute la machine en état. Le corps d'Alexandre, suivant les dernieres dispositions de ce Prince, devoit être porté au Temple de Jupiter Ammon : mais Ptolemée Gouverneur d'Egypte, le fit conduire à Alexandrie, où il fut inhumé. Ce Prince lui érigea un Temple magnifique, & lui rendit tous les honneurs que l'Antiquité Payenne avoit coutume de rendre aux demi-Dieux. Le Tombeau d'Alexandre subsiste encore, & est reveré par les Mahométans comme le tombeau, non-seulement d'un Roi illustre, mais d'un grand Prophéte. *Rollin.*

FUSIN, c'est une espéce de crayon fait avec du charbon de l'arbre, qu'on nomme *fusin.*

FUST. Le *fût* d'une colonne est la partie contenue entre la base & le chapiteau : c'est le corps même de la colonne.

G

GAI, couleurs *gaïes*, ce sont des couleurs vives, légeres & brillantes. Verd *gai*, païsage *gai*.

GAINE. *Voyez* SCABELLON.

GALERIE, piéce longue, voûtée ou plafonnée. *Galerie* des Peintures. La *galerie* de Versailles, la *galerie* de S. Cloud, la *galerie* du Palais Farnese, la *galerie* du Luxembourg: ce sont d'excellens morceaux de Peinture.

On appelle encore *galerie*, une espéce de tribune continue avec balustrade, pratiquée dans le pourtour d'une Eglise, sur les voûtes des bas côtés. Dans les Eglises Grecques, on s'en sert pour séparer les hommes des femmes: on pratique de ces sortes de *galeries* en pourtour, dans plusieurs autres bâtimens, soit en-dedans comme dans certaines bibliothéques, soit en-dehors.

GARD (Pont du) Pont célébre, bâti entre Avignon & Nismes, sur la Riviere du Gardon, est un ouvrage des Romains, & avoit été construit pour soutenir un aqueduc qui conduisoit des eaux dans la Ville de Nismes: ces eaux vénoient d'une fontaine qui se voit sur une colline, proche de la Ville d'Usez, à deux lieues du Pont du *Gard*; & parce que sur les deux bords de la Riviere du Gardon, il y a deux montagnes fort hautes, les Romains élevérent trois rangs d'arches les unes sur les autres, bâties de pierres de taille d'une grosseur & d'une longueur surprenante. Le premier rang qui soutient les deux autres, n'a que six arches, qui sont le premier pont. Le second rang a douze arches, de même hauteur & de même largeur que celles de dessous : mais le troisiéme en a trente-cinq, qui ne sont pas si hautes ni si larges. Le premier pont a cent cinquante pas de longueur ; & le troisiéme trois cens : celui-ci porte un canal couvert de grandes pierres de taille, qui est conduit du haut d'une montagne à l'autre.

GARDE-FOU. Les *garde-fous* sont des espéces de balustrades, formées par des piéces de charpente en mortaises, qu'on met sur les deux côtés d'un pont dormant, pour empêcher que les hommes ou les bêtes de charge ne tombent dans les fossés.

GARGOUILLE, canal ou goutiere de pierre orné de sculpture, & taillé tantôt en tête de serpent, tantôt en mufle de lion : quand ces *gargouilles* sont de plomb, on les appelle *canons*. *Gargouille* d'un toit.

Gargouille d'une fontaine, d'une cascade.

Les *gargouilles* des bâtimens Gothiques, représentent des chiméres, des harpies, & d'autres figures grotesques.

GAUD [Henri] né à Utrecht d'une

famille illustre, s'appliqua de lui-même au dessein, avec tant d'affection, qu'il n'y avoit point de jeune Peintre de son tems qui dessinât mieux que lui. Il alla à Rome du tems que le Peintre Adam Elsyeme y étoit : il se lia étroitement avec lui, & non-seulement il acheta de ce Peintre tous les ouvrages qu'il avoit faits jusqu'alors, & ce qu'il put tirer de lui pendant son séjour à Rome ; mais il lui paya encore d'avance les ouvrages qu'il devoit lui faire pendant quelques années. Henri étant de retour à Utrecht, grava d'après les tableaux d'Adam, sept piéces qui sont admirées des Curieux, pour leur singuliére beauté. Une fille qui le vouloit épouser, lui donna en 1624, un philtre, qui au lieu de le rendre amoureux, lui fit perdre l'esprit, ensorte qu'il étoit tout hebêté quand on lui parloit d'autre chose que de la peinture, de laquelle il raisonna toujours d'un très-bon sens jusqu'à la mort.

GENES. Genes, nommée la Superbe, est une Ville bâtie en amphitheatre, bien peuplée, fort marchande, & remplie de bâtimens magnifiques, sur-tout dans le quartier de la *Strada Nuova*, & de Saint Pierre d'Arene.

Cette Ville, située en partie sur le bord de la mer, & en partie sur une montagne, & dont les maisons magnifiques pour la plûpart, ont des toits en terrasse chargés de caisses & de pots de fleurs, est d'un aspect charmant, soit qu'on la conſidére de la mer, ſoit qu'on la regarde du haut de la montagne, ſur laquelle elle s'éléve en amphithéâtre. Ses plus beaux Palais, ſont, le Palais de la *Seigneurie*, ceux des *Palavicini*, de *Spinola*, des *Baldi*, des *Grimaldi*, des *Saluti*, des *Negro*, des *Lomellini*, des *Turſis*, des *Doria*: celui d'André *Doria*, tient ſans contredit le premier rang: il eſt auprès de la Tour du Phare, & il occupe tout le terrain qui ſe rencontre depuis le bord de la mer, juſqu'au haut de la montagne de ce côté là. Dans la partie la plus baſſe, on voit une galérie magnifique, d'environ ſix vingt pas, ſoutenue ſur des colonnes d'un beau marbre: après cela on rencontre le jardin qui eſt fort orné, on y voit un grand nombre de ſtatuës, parmi leſquelles on remarque celle d'André *Doria*, repréſenté en Neptune, beaucoup plus grand que nature.

Le Palais qui eſt bâti ſur la colline, eſt magnifique, ſoit pour l'Architecture, ſoit pour ſes ameublemens: on n'y voit que ſtatues, que buſtes, que bas-reliefs, que Peintures exquiſes, que tables de jaſpe, d'agathe, d'albâtre, & d'argent cizelées: il y en a une qui péſe 24 mille écus.

La plus belle Egliſe de *Genes*, eſt ſans contredit, l'Egliſe de l'*Annonciade*, dont les *Lomellini* ſont fondateurs. La voûte eſt de moſaïque dorée, les colonnes qui la ſoutiennent ſont de marbre, & l'on y voit d'admirables Peintures de *Rubens*, de Jule *Romain*, & d'autres grands maîtres.

Dans quelques autres Eglises, on voit aussi d'excellens morceaux : comme le Martyre de S. Etienne, peint par Jule *Romain*, dans l'Eglise qui porte le nom de S. Etienne : le tableau du Maître-Autel de l'Oratoire de S. Jean-Baptiste, qui est de *Vandeick*, un tableau du *Tentoret* à Saint François : c'est un S. Jean qui baptise notre Seigneur.

GENIE. Mr de Piles a défini le *genie* une lumiére de l'esprit, laquelle conduit à la fin par des moyens faciles.

Le *genie* est ce qui distingue les grands Peintres d'avec les Peintres médiocres ; le *genie* ne s'acquiert point.

Nascitur, ut vates, naturæ munere Pictor.
Ne quisquam attrectans calamos obstante Minervâ.
Audeat ad sacros picturæ accedere fontes,
Ni Deus ex alto nascenti afflaverit ignes
Ætherios : ni vena fluat pollentibus undis :
Ni menti porrò insideat vis illa creatrix
Atque opifex rerum, quœ, Numinis æmula summi,
Indigesta prius socians elementa colorum,
Et rudibus vitam succis, animum que mi-

nistrans,

Vertit in effigiem rerum : telâque potenti

Nunc homines spirare jubet, nunc prata virere,

Ire amnes. Pictura.

En terme de Sculpture on appelle *genies* certaines figures d'enfans aîlés, qu'on employe pour certains ornemens. *Genies* fleuronnés, ce sont ceux dont la partie inférieure se termine en naissance de rinceaux de feuillages ou de fleurs.

GENTILE DA FABRIANO. Le Pape Martin V. disoit, à la louange du *Gentile*, que ses ouvrages répondoient parfaitement à son nom : ses plus beaux tableaux sont à Rome, dans S. Jean de Latran, & dans l'Eglise de Ste Marie Majeure. Pour cette derniere Eglise, il a peint une fort belle Vierge, dont Michel-Ange faisoit grand cas. Il devint paralitique sur la fin de ses jours, & il mourut âgé de 80. ans.

GEOMETRIE. La *Geometrie*, dit M. de Piles, est le fondement de la perspective & de l'architecture pittoresque. Elle sert aussi pour trouver les justes proportions des membres & des figures. Mais il faut prendre garde de pousser l'exactitude trop loin, & l'esprit *Geométrique* peut tout gâter dans la Peinture comme dans la Poësie ; on doit éviter toute affectation, des contours trop égaux, des lide Jule *Romain*, & d'autres grands maîtres.

Dans quelques autres Eglises, on voit aussi d'excellens morceaux : comme le Martyre de S. Etienne, peint par Jule *Romain*, dans l'Eglise qui porte le nom de S. Etienne : le tableau du Maître-Autel de l'Oratoire de S. Jean-Baptiste, qui est de *Vandeick*, un tableau du *Tentoret* à Saint François : c'est un S. Jean qui baptise notre Seigneur.

GENIE. Mr de Piles a défini le *genie* une lumiére de l'esprit, laquelle conduit à la fin par des moyens faciles.

Le *genie* est ce qui distingue les grands Peintres d'avec les Peintres médiocres; le *genie* ne s'acquiert point.

Nascitur, ut vates, naturæ munere Pictor.
Ne quisquam attrectans calamos obstante Minervâ.
Audeat ad sacros picturæ accedere fontes,
Ni Deus ex alto nascenti afflaverit ignes
Ætherios : ni vena fluat pollentibus undis :
Ni menti porrò insideat vis illa creatrix
Atque opifex rerum, quœ, Numinis æmula summi,
Indigesta prius socians elementa colorum,
Et rudibus vitam succis, animum que mi-

niſtrans,
Vertit in effigiem rerum : telâque potenti
Nunc homines ſpirare jubet, nunc prata virere,
Ire amnes. Pictura.

En terme de Sculpture on appelle *genies* certaines figures d'enfans aîlés, qu'on employe pour certains ornemens. *Genies* fleuronnés, ce ſont ceux dont la partie inférieure ſe termine en naiſſance de rinceaux de feüillages ou de fleurs.

GENTILE DA FABRIANO. Le Pape Martin V. diſoit, à la louange du *Gentile*, que ſes ouvrages répondoient parfaitement à ſon nom : ſes plus beaux tableaux ſont à Rome, dans S. Jean de Latran, & dans l'Egliſe de Ste Marie Majeure. Pour cette derniere Egliſe, il a peint une fort belle Vierge, dont Michel-Ange faiſoit grand cas. Il devint paralitique ſur la fin de ſes jours, & il mourut âgé de 80. ans.

GEOMETRIE. La *Geometrie*, dit M. de Piles, eſt le fondement de la perſpective & de l'architecture pittoreſque. Elle ſert auſſi pour trouver les juſtes proportions des membres & des figures. Mais il faut prendre garde de pouſſer l'exactitude trop loin, & l'eſprit *Geométrique* peut tout gâter dans la Peinture comme dans la Poëſie ; on doit éviter toute affectation, des contours trop égaux, des lignes paralléles, & tout ce qui a l'air de figures *Geométrales*, comme des quarrés & des triangles ; enfin tout arrangement méthodique, d'où résulte, dit du Fresnoy, une ingrate simétrie.

Sive parallelos plures simul, & vel acutas,
Vel Geometrales (ut quadra triangula) formas :
Ingratamque pari signorum ex ordine quandam
Simmetriam.

GERMAIN [le Château de S.] c'est une des plus agréables maisons de plaisance de nos Rois. François I. Henri IV. Louis XIII. & Louis XIV. y ont fait faire successivement ces grands corps de bâtimens, qui en font un des plus considérables châteaux du Royaume. Le vieux Château a été bâti par François I. Henri IV. a fait construire le Château neuf, & a considérablement agrandi les jardins, qui s'étendent jusqu'aux bords de la Seine. Louis XIV. a fait faire les cinq gros pavillons qui ont été ajoutés au vieux Château : il a aussi embelli les jardins, & cette belle terrasse, qui en fait le principal agrément, est un monument de la magnificence de ce Monarque.

Le Parc est très-beau, & très-grand

La Forêt est vaste, bien percée & peuplée d'un grand nombre de bêtes fauves : elle contient un peu plus de cinq mille cinq cens arpens.

GIOCONDE [la] c'est peut-être le portrait le plus achevé & le plus beau qui se soit jamais fait : il est fort connu sous le nom de la *Gioconde* de *Leonard de Vinci*. Il est dans le Cabinet du Roi.

GIORGION [le] naquit à Castel Franco, dans le Trévisan : c'étoit un excellent coloriste, & personne ne l'a surpassé en ce genre pour l'amenité & pour le goût. Il fut l'éléve de Leonard de Vinci, & le maître du Titien. Il mourut l'an 1511, âgé de trente-quatre ans, suivant Felibien, & seulement de 32 suivant Mr de Piles.

GIOTTO (le) naquit auprès de Florence, l'an 1276. Il fut disciple de Cimabué, & il surpassa son maître. Il étoit contemporain du Dante & de Petrarque : ces deux Poëtes en parlent avec éloge dans leurs ouvrages, & ce dernier ne crut pas pouvoir faire un plus grand présent à un de ses amis, que de lui léguer un des tableaux du Giotto.

Benoît IX. pour essayer le talent des Peintres Florentins les fit prier de lui envoyer chacun un dessein de leur main. Le *Giotto* traça à la pointe du pinceau un cercle d'un seul trait qui fut trouvé si parfait, qu'on le préféra à tous les autres desseins : c'est ce qu'on appelle l'O di Giotto, & ce qui a fondé ce proverbe Italien : *Tu ſei piu rondo che l'O di Giotto.*

GLACIS, en terme d'Architecture ſignifie pente *douce*. Corniche en *glacis*, ou *glacis* de corniche : c'eſt une pente douce qu'on ménage ſur la cimaiſe d'une corniche, pour faciliter l'écoulement des eaux.

GLACIS, eſt auſſi un terme de Peinture : c'eſt une préparation de couleurs légéres & fuyantes, qu'on applique avec un pinceau fort délié ſur un enduit de couleurs encore plus claires. Les *glacis* contribuent beaucoup à l'union & à l'harmonie des couleurs.

GLAÇON, les *glaçons* en terme d'Architecture, ſont des ornemens qui imitent les *glaçons* naturels, & qu'on applique ordinairement ſur les bords d'un baſſin, ſur des caſcades, ſur des colonnes marines, aux montans des Grottes, & à d'autres ouvrages de ce genre.

GLADIATEUR. Le *gladiateur expirant*, eſt une des plus excellentes piéces de l'antique. Il étoit autrefois dans la vigne *Ludoviſe*, & on l'a vû depuis au Palais *Chigi*. C'eſt un homme qui vient de recevoir le coup mortel, mais qui a l'attention à ſa contenance : *ne non procumbat honeſtè.* Il eſt aſſis à terre, & il a encore la force de ſe ſoutenir ſur le bras droit.

GLAISE. La *glaiſe* eſt une terre graſſe, & d'un grand uſage pour pluſieurs conſtructions ; on en fait des briques & des tuilles ; on s'en sert dans les bâtardeaux, pour les puits, pour les bassins : sa propriété est de contenir l'eau, & d'empêcher qu'elle n'entre ou qu'elle ne s'échappe par ses pores.

GLOIRE, c'est la représentation d'un ciel ouvert & lumineux, des Anges, des Saints, &c. La *gloire* du Val-de-grace de Mignard : c'est le titre que Moliere a donné au beau poëme qu'il a fait sur cet ouvrage.

GOBELINS, [Les] cette maison qui a pris son nom de *Gille Gobelin*, fameux Teinturier, qui sous le régne de François I. y établit une manufacture, est aujourd'hui le lieu où se fabriquent les plus belles Tapisseries de l'Univers. Jans fameux Tapissier de Bruges, y fit les premieres tapisseries de haute & basse lisse qui y furent fabriquées.

La teinture des *Gobelins*, sur-tout pour l'écarlatte est très-renommée. Les plus habiles Peintres du Royaume sont chargés de faire les cartons des tapisseries.

GODET. On appelle *godets*, les petits vaisseaux où les Peintres mettent leur huile & leurs couleurs. Les Peintres en mignature, & les Enlumineurs, n'étalent point leurs couleurs sur la palette comme les autres, mais les tirent immédiatement des *godets*.

GOLTIUS (Henri) Peintre & Graveur Allemand. Il naquit à Mulbrach dans le païs de Juliers, l'an 1558 ; ses desseins

desseins à la plume, & ses estampes au burin sont fort estimées. Il mourut à Harlem en 1617.

GOMME, matiere gluante, dont on se sert pour broyer les couleurs en détrempe : On employe ordinairement la *gomme* d'Arabie. Les couleurs les plus épaisses, ont le plus besoin d'être *gommées*, sans quoi elles s'attachent difficilement.

La *gomme gutte* ou *gutta gamba*, est une *gomme* des Indes dont on fait un très-beau jaune, dont on se sert pour la mignature, & pour les lavis ; c'est une couleur fort aisée à employer.

GORGE, c'est un petit panneau de bois contourné qu'on met au haut des estampes, avec un rouleau ou cylindre au bas, pour les orner & pour les conserver.

La gorge est à une estampe, ce que la bordure est à un tableau. Elle détache l'estampe, & la fait paroître avec avantage, outre qu'elle la conserve.

GOTHIQUE. En fait d'Architecture on appelle *gotkique*, tout ce qui est sans goût, sans régle, sans correction de profils, & sans proportion.

Toutes les anciennes Cathedrales sont dans le goût *Gothique*.

Architecture *gothique*. Ordre *gothique*. Colonne *gothique*.

Les Goths voulant raffiner sur le goût simple & majestueux des Grecs, apporterent du Nord ce mauvais goût qui a subsisté en Italie & en France, depuis le cinquiéme siécle, jusqu'au renouvellement des Arts dans le seiziéme.

L'Architecture *gothique*, toute défectueuse qu'elle est, ne laisse pas d'avoir ses beautés & ses hardiesses.

Mr de Fenelon critique ainsi l'Architecture *gothique*. « Les bâtimens *gothiques*, » dit-il, sont de mauvais goût, quoique » hardiment construits. Les Inventeurs » de l'Architecture *gothique*, qui est » dit-on, celle des Arabes, crurent sans » doute avoir surpassé les Architectes » Grecs. Un édifice Grec n'a aucun or- » nement qui ne serve à couronner l'ou- » vrage : les piéces nécessaires pour le » soutenir, ou pour le mettre à couvert » comme les colonnes & la corniche, se » tournent seulement en grace par leurs » proportions : tout est simple, tout est » mesuré, tout est borné à l'usage. On » n'y voit ni hardiesse ni caprice qui » impose aux yeux : les proportions sont » si justes, que rien ne paroît fort grand » quoique tout le soit. Tout est borné » à contenter la vraie raison : au contrai- » re, l'Architecte *gothique* éléve sur des » piliers très-minces, une voûte immen- » se qui monte jusqu'aux nuës : on croit » que tout va tomber, mais tout dure » pendant bien des siécles, tout est plein » de fenêtres, de roses, & de pointes, » la pierre semble découpée comme du » carton, tout est à jour, tout est en » l'air : N'est-il pas naturel, que les pre-

» miers Architectes *gothiques* se soient » flattés d'avoir surpassé par leur vain » rafinement la simplicité Grecque, &c. »

GOUACHE, terme de Peinture. On appelle ainsi une Peinture à l'eau délayée avec de la gomme, où les couleurs sont couchées à plat, en quoi elle différe de la mignature, qui se fait en pointillant.

GOUSSET. Les Charpentiers appellent *gousset* une piéce de bois échancrée posée en travers, & destinée à soutenir une autre piéce de bois. La proportion ordinaire des *goussets*, est d'avoir trois pieds & dix pouces de long, sur dix pouces d'équarissage. Les *goussets* s'attachent avec des chevilles.

Les Menuisiers appellent aussi *goussets*, les petites consoles ou corniches qui servent d'appui à des tablettes, à des encognures, &c.

GOUST, terme qui se prend en différentes acceptions. On dit, un ouvrage de bon *goût*, de mauvais *goût*, d'un *goût* trivial, de grand *goût*.

On entend par grand *goût*, quelque chose de grand, de piquant, d'extraordinaire, de sublime même, & de merveilleux. Bon *goût*, dit quelque chose de moins que grand *goût*. Un tableau peut être de bon *goût*, sans être de grand *goût*. Le *goût* trivial s'oppose au grand *goût*, & le mauvais *goût* au bon *goût*. Un ouvrage peut être de mauvais *goût*, & avoir cependant quelque chose de sublime & de merveilleux : tels sont les ouvrages de plusieurs Peintres Flamands. On peut les comparer à certains bâtimens gothiques, où parmi quantité de choses de fort mauvais *goût*, on en trouve de sublimes & d'admirables.

Goût naturel, c'est celui qui se forme dans l'esprit à la vûe de la simple nature.

Goût artificiel, c'est celui qui s'acquiert par la vûe des ouvrages d'autrui, par la réflexion, par l'étude.

Goût de Nation, c'est celui qui domine chez chaque peuple.

Les différens *goûts* de Nation peuvent se réduire à cinq.

Le *goût* Romain, le *goût* Venitien, le *goût* Lombard, le *goût* Flamand, & le *goût* François, c'est-à-dire, qu'il y a autant de *goûts* que d'écôles.

Le *goût* Romain est plus grand, plus sçavant; le *goût* Venitien plus naturel; le *goût* Lombard plus moëleux & plus coulant; le *goût* Flamand plus simple, & souvent trop simple.

Le *goût* François tient beaucoup du *goût* Romain. *Voyez* ECOLE.

GOUTE. En termes d'Architecture on appelle *goutes*, certains ornemens qui imitent les *goutes* d'eau: les uns sont en cône, & les autres sont triangulaires.

GOUTIERE, canal pour l'écoulement des eaux, qu'on pratique au bas d'un toit, d'une terrasse, &c.

Goutiere de bois; *goutiere* de plomb; *goutiere* de pierre.

On appelle encore *goutiere*, la partie la plus haute de l'entablement qu'on nomme plus communément *larmier*.

GRACE, *grace* & beauté, font des choses fort différentes en Peinture.

La *grace* est un certain tour que l'on donne aux choses qui les rend agréables. Une figure peut être dessinée parfaitement, & admirablement coloriée sans avoir cette *grace* dont nous parlons. Elle sera belle, elle ne sera pas gracieuse; *vultu pulchro magis quam venusto*, comme Suetone le disoit de Neron : c'est cette *grace* qui a mis Apelle au dessus de tous les Peintres de l'antiquité, & qui fait préférer Raphaël à tous les Peintres modernes. De Piles.

Cette *grace* doit se trouver dans tous les sujets, dans les plus tristes, comme dans les plus gais, dans les plus terribles, comme dans les plus agréables, dans les vieillards & dans les soldats, comme dans les femmes & dans les enfans.

Gratia *cum primis, decor & nativa venustas*
Eniteant tabulis, & spiret amabile tela,
Nescio quid. Pictura Carmen.

GRANACCI, Peintre Florentin, excella dans les représentations pittoresques. Lorsque Leon X. fit son entrée à Florence, ce Peintre composa une espéce de

Mascarade heroïque, qui lui attira de grands applaudissemens, & dans laquelle il représenta le triomphe de Paul-Emile. Le *Granacci* mourut en 1543.

GRANIT, espéce de marbre dur, mal poli & tacheté, fort commun en Egypte.

Il y a du *granit* tacheté de violet & de blanc.

Il y en a de verd mêlé de blanc : le plus commun a des taches grises & verdâtres sur un blanc sale.

On voit des colonnes de *granit* d'un seul morceau, qui ont quarante pieds de hauteur.

Les pyramides étoient de *granit*.

Marbre *granit*, marbre *granitelle*.

GRAPPE de raisin, terme de Peinture, dont on se sert pour exprimer l'effet des grands groupes d'ombres & de lumiéres : c'est ainsi que le Titien disoit que dans la distribution des jours & des ombres, il prenoit pour régle la *grappe de raisin*, c'est-à-dire, qu'il tâchoit de disposer les objets, de telle maniere que les grandes lumieres se trouvassent ensemble & que les grandes ombres fussent pareillement liées entr'elles, comme on le voit dans la *grappe de raisin*, dont les grains du côté de la lumiere font une masse de clair, & les grains du côté opposé, font une masse d'ombre. Cette comparaison familiere a passé en proverbe chez les Peintres, qui ont depuis appellé ces grands groupes séparés d'ombres & de lumieres, *la grappe de raisin.*

> *Fertur Titianus ubique*
> *Lucis & umbrarum normam appellaſſe* racemum.
>
> Du Freſnoy.

GRATICULER. *Voyez* RE'DUIRE.

GRAVURE s'entend & de l'Art de *graver*, & de l'ouvrage même de *gravure*.

Il eſt étonnant que le ſecret de la *gravûre* ſur les cornalines, ſur les agathes, & les autres pierres précieuſes, ſecret que poſſédoient les anciens, ne les ait pas conduits à l'invention de la *gravûre* ſur cuivre ; & qu'ils n'ayent pas imaginé que de même qu'on tiroit ſur la cire & ſur d'autres matiéres molles, des empreintes des pierres gravées, on pourroit auſſi en tirer de pareilles des planches de cuivre : ce dernier ſecret n'a été connu que vers le milieu du quinziéme ſiécle. Il n'eſt pas vrai, comme le dit Felibien, que les Graveurs en pierre en ayent été les Inventeurs. Il faut avouer que de cette invention à l'autre, le trajet étoit court ; cependant on a été plus de deux mille ans à le faire.

L'invention des eſtampes eſt dûe à Maſo Finiguerra, où plutôt au hazard, puiſque cet Orfévre Florentin rencontra ce ſecret ſans le chercher. *Voyez* ESTAMPE.

On *grave* ſur différentes matiéres, mais

plus ordinairement ſur le bois & ſur le cuivre. Pour *graver* ſur le bois, on a une planche de poirier ou de buis fort unie, on deſſine ſon ſujet ſur cette planche, enſuite on évide le bois, en épargnant ſoigneuſement les traits du deſſein qui reſtent de relief. Les inſtrumens dont on ſe ſert pour ce travail, ſont le canif & le cizelet.

Pour *graver* en cuivre, on a une planche de cuivre rouge, bien battu & bien poli. On deſſine ſon ſujet ſur cette planche, & on le *grave* avec le burin. Il faut que le burin ſoit bien acéré, & de bonne trempe.

La *gravûre* à l'eau forte demande plus de préparatifs : il faut d'abord chauffer la planche de cuivre ſur le feu, enſuite on y étend un vernis que l'on noircit, en expoſant la planche à une chandelle, du côté que l'on a appliqué le vernis : après cela on calque ſur cette planche un deſſein qu'on a fait à part, & que l'on a bien frotté de ſanguine, ou d'une autre compoſition. Par ce moyen la ſanguine s'imprime aiſément ſur le vernis, & y marque tous les traits du deſſein. L'outil dont on ſe ſert pour graver eſt l'échoppe. C'eſt une eſpece d'aiguille ovale plus ou moins groſſe ſelon la nature du travail. Quand les traits ſont bien formés, on coule l'eau forte ſur la planche, qu'on a eu ſoin de border de cire, enſorte que ſes petits parois retiennent l'eau forte : on a auſſi l'attention de prendre garde que

que l'eau ne morde pas également partout. Pour cela lorſque certaines parties qui doivent être plus épargnées, ont aſſez reçû de cette eau, on les frotte d'une compoſition d'huile & de ſuif, pour empêcher l'eau forte de pénétrer plus avant.

La *gravure* au burin eſt plus tendre & plus délicate.

La *gravure* à l'eau forte eſt plus mâle, plus expreſſive, & plus propre aux grandes ordonnances.

La *gravure* en bois, quoique ſuſceptible de beauté, eſt fort négligée aujourd'hui.

Un certain Hugo de Carpi inventa une maniere de graver en bois, qui produiſoit des eſtampes qui paroiſſoient lavées de clair obſcur.

Il faiſoit pour cet effet trois planches différentes pour la même eſtampe; l'une ſervoit pour les jours & les grandes lumiéres, l'autre pour les demi-teintes, & la troiſiéme pour les contours & les ombres fortes: ce ſecret a été renouvellé de nos jours par M..... dont les eſtampes coloriées ont cauſé plus de ſurpriſe que de plaiſir: je dis renouvellé, car ſon ſecret pour imprimer des petits tableaux de clair obſcur, ne différe de celui de Hugo Carpi, qu'en ce qu'il frotte ſes planches de deux ou trois couleurs au lieu d'encre, ce qui forme ces ouvrages amphibies, qu'on ne peut appeller ni tableaux ni eſtampes.

Gravure à la maniére noire: c'eſt une

maniere de graver, dont l'invention eſt aſſez nouvelle: on l'appelle ainſi, parce qu'au lieu de préparer la planche en la poliſſant, on la prépare par une *gravure* fine, croiſée dans tous les ſens & uniforme, qui l'occupe entierement, enſorte que ſi on l'imprimoit après la préparation, on en tireroit une empreinte très-forte, & également *noire* par tout.

La *gravure noire* eſt donc celle qui au lieu de burin pour former les traits & les ombres, ſe ſert de bruniſſoir pour tirer les objets de l'obſcurité, en leur diſtribuant peu à peu les lumieres qui leur conviennent.

GRENETTES d'Avignon, ce ſont de petites graines dont on fait un très-beau jaune: on les fait bouillir dans du vinaigre, ou dans de l'eau ſeulement. On s'en ſert dans la mignature pour les lavis, &c.

GRIMALDI (Jean François) naquit à Bologne en Italie en 1606, & fut l'éléve des Carraches, dont il étoit parent. Il ſe diſtingua principalement dans le païſage: il fut élû deux fois Prince de l'Académie de S. Luc. Son coloris eſt frais, ſon pinceau ferme, moëleux & léger, ſes ſites beaux, ſon feuiller gracieux, en un mot ſes païſages ſont accomplis. Le *Grimaldi* mourut à Rome d'une hidropiſie, l'an 1680, dans ſa ſoixante & quatorziéme année.

GRISAILLE, Peinture où l'on n'employe qu'une ſeule couleur, qui eſt blanchâtre, ou *griſâtre*.

Travailler de *griſaille :* on dit auſſi *griſailler.*

GROTE, caverne creuſée dans une montagne ou dans un rocher.

Les *grotes* artificielles ſont des bâtimens ruſtiques que l'on conſtruit dans les jardins, & qui imitent les *grotes* naturelles : on y employe les *congellations*, les *marcaſſites*, les *criſtaux*, les *amétiſtes*, les *pétrifications*, la *nacre*, le *corail*, *l'écume de fer*, & généralement toutes ſortes de *minéraux*, de *foſſiles* & de *coquillages*.

L'un des ouvrages les plus achevez en ce genre, étoit la *grote* de Verſailles, qui ne ſe voit plus qu'en eſtampe.

Les Italiens appellent *grotes*, certaines Egliſes ſouterraines : la *grote Vaticane*.

Grote de Pouzzolles, que quelques-uns nomment la *grote* de Naples, a été creuſée en forme de chemin, au travers de la Montagne de Pauſilipe, pour abréger le voyage de Naples à *Pouzzolles*, ſans être contraint d'aller par mer, ou de monter & de deſcendre cette montagne. Cette ouverture a bien mille pas, ou une demie lieue de longueur, cent pieds de hauteur, & trente ou quarante de largeur; mais comme nonobſtant deux ſoupiraux qui ſont ſur le haut de la montagne, il y fait encore aſſez noir, & que la grande pouſſiere que les paſſans, les chevaux, & les voitures élévent, l'obſcurciſſent encore davantage, les cochers & les voituriers ont coutume quand ils ſe rencontrent, d'éviter le choc, en criant l'un à l'autre *alla marina*, ou *alla montagna*, pour dire quils ſont du côté de la mer, ou du côté de la terre.

La plus commune opinion eſt que le premier auteur de cette grande entrepriſe, fut un nommé Cocceius; mais les Hiſtoriens qui en ont parlé n'ont rien dit de ſa qualité, & de ſes emplois, ni du tems auquel il l'éxécuta. Il y en a d'autres qui prétendent que ce fut Lucullus qui la fit conſtruire, qu'il y employa plus de cent mille hommes, & que cette *grote* fut faite en quinze jours; mais outre que ce ne fut pas Lucullus qui l'entreprit, c'eſt qu'il eſt impoſſible que tant de monde eût été employé à cette ouvrage: il ne s'agiſſoit pas de porter des matériaux, au contraire, il ne falloit que faire une ouverture dans le roc avec le marteau, & comme cette ouverture n'avoit pas pour lors plus de quinze ou vingt pieds de largeur, tant d'ouvriers ſe ſeroient plutôt nui les uns aux autres, qu'ils nauroient avancé l'ouvrage. Il eſt bien vrai que Lucullus a fait auſſi percer cette montagne, mais c'étoit dans la mer à l'endroit où eſt ſitué Niſita, qui eſt une petite Iſle préſentement détachée de cette montagne, & qui en faiſoit une partie avant que Lucullus y eut travaillé.

La grote de Pouzzolles fut toujours fort étroite juſqu'au tems d'Alphonſe I. Roi d'Aragon, qui la fit élargir, & la mit dans l'état où elle eſt aujourd'hui.

Dom Pedre de Tolede étant Viceroi, fit élargir les soupiraux, & réduisit au niveau le terrain, qu'il fit paver de pierres larges, comme celles des rues de Naples. On voit à l'entrée de cette *grote* sur le haut de la montagne du côté de Naples, le Sépulchre de Virgile.

Le Duc Charle Emmanuel entreprit vers le milieu du dernier siécle, de percer pareillement le *Mont-Viso*, où dans lequel il fit pratiquer un chemin semblable à celui de la *grote* de *Pouzzolles*, & long de cinq cens pas géométriques, assez haut & assez large pour le passage des mulets chargés; ce qui facilite beaucoup le transport des marchandises de France en Italie.

GROTESQUES, petites figures d'hommes & d'animaux, que l'on représente mêlés d'ornemens chimériques & ridicules: on les appelle ainsi, parce que l'on trouva de ces sortes de Peintures sous terre dans des *grotes* à Rome. Ce fut le célébre Peintre Jean d'Udine qui fit cette découverte, pendant que l'on fouilloit dans les ruines du Palais de Tite. En remuant la terre, on découvrit certaines chambres peintes de ces figures, avec des petits tableaux d'histoires, accompagnés d'ornemens en bas relief, faits de stuc. Jean d'Udine les alla voir avec Raphaël, & tous deux furent surpris de la beauté de ce travail que le tems n'avoit point gâté, parce que l'air n'y étant point entré, toutes les couleurs s'étoient conſervées. Jean commença de copier ces ſortes de Peintures, & à l'imitation de ces originaux en fit de ſemblables. Il trouva enſuite le ſecrèt de faire le ſtuc tel qu'il le voyoit dans ces reſtes de l'antiquité, & fit avec cette matiére des ornemens *groteſques*, qui furent ainſi appellés, parce qu'ils étoient ſemblables à ceux qui avoient été trouvés dans les *grotes* ou chambres ſouterraines dont je viens de parler.

Vitruve nous donne la deſcription de ces *groteſques* antiques : voici ſes paroles.

« *Pro columnis ſtatuuntur calami, pro faſtigiis harpagineтuli, ſtriati cum criſpis foliis & volutis, ſuprà faſtigia earum ſurgentes ex radicibus cum volutis cauliculi teneri plures habentes in ſe ſine ratione ſedentia ſigilla, non minùs etiam è cauliculis flores dimidiata habentes ex ſe exeuntia ſigilla, alia humanis, alia beſtiarum capitibus ſimilia.*

« C'eſt-à-dire, on peint des roſeaux au lieu de colonnes ; & au-deſſus de ces roſeaux des colonnes cannelées, & des harpons avec des feuillages tout au ſommet, pluſieurs rejettons qui naiſſent de leurs racines, ſurquoi l'on voit des marmouſets aſſis ſans aucun ordre, ou bien des fleurs au bout de ces rejettons avec de petites ſtatuës à demi-corps qui ſemblent ſortir du milieu de ces fleurs, & qui ont les unes des têtes d'hommes, les autres des têtes d'animaux. »

GROUPE, GROUPER. On appelle *groupe*, l'amas de plusieurs choses accouplées, & assemblées en peloton.

Groupe de figures, *groupe* d'animaux, *gronpe* d'arbres, de fleurs & de fruits: ces choses font *groupe* avec ces autres.

Les Italiens disent *groppo*, qui pourroit bien être derivé du mot latin *globus*.

Des figures bien *groupées*, bien *agroupées*, ingénieusement *groupées*. Des membres qui se *groupent*, & qui se contrastent.

Il peut y avoir plusieurs *groupes* dans un tableau.

Annibal Carrache ne vouloit pas qu'il y en eût plus de trois grands.

Les *groupes* dit du Fresnoy, doivent être détachés les uns des autres, & séparés par des vuides, pour éviter la confusion.

Agglomerata *simul sint membra, ipsæque figuræ*
Stipentur, circumque globos *locus usque vacabit.*
Ne male dispersis dum visus ubique figuris
Dividitur, cunctisque operis, fervente tumultu,
Partibus implicitis, crepitans confusio surgat.

Mr l'Abbé de M... dit dans ſon Poëme de la Peinture :

Arcenda tabellis
Turba figurarum nimio confuſa tumultu,
Indiſcreta locis, ubi concurrentia paſſim.
Corpora corporibus, quaſi mutua bella laceſſunt,
Et malè contiguis ſibi frangunt artubus artus.
Sit procul iſte fragor, placido ſed in æquore telæ
Serpat amena quies, & docta ſilentia regnent.

Les Sculpteurs employent le mot de *groupe* dans le même ſens. Le *Laocoon* eſt un *groupe* de trois figures.

En terme d'architecture on appelle colonnes *groupées*, des colonnes accouplées, & qui ſur un même piedeſtal ou ſocle, ſont diſpoſées deux à deux. Le periſtile de l'Hôtel de Soubiſe eſt formé de colonnes *groupées*.

GRUE, machine d'un fort grand uſage dans l'Architecture, pour élever les fardeaux. Elle eſt compoſée d'un arbre ou poinçon, avec des arcs-boutans, empatemens & moiſes, d'un col, qu'on augmente quelquefois d'une écoperche, d'une rouë, d'un tambour, d'un treuil, &c.

Cette machine s'appelle *gruë*, parce que son col avance comme celui d'une *gruë*.

GUEDE, c'est une plante qu'on appelle autrement pastel : sa couleur est d'un bleu foncé. Les Teinturiers s'en servent, & les anciens Bretons s'en peignoient le visage.

GUERCHIN. [Le] François *Barbieri* da *Cento*, surnommé le *Guerchin*, par ce qu'il étoit louche, naquit à Bologne l'an 1597. Il s'est attaché à la maniere du Caravage, préférablement à celle du Guide & de l'Albane qui lui paroissoit trop foible. Il dessinoit d'un grand goût, & il peignoit avec beaucoup de force, mais avec peu de correction & d'agrément : sa maniere est dure & terrible comme celle du Caravage. Il mourut à Bologne âgé de soixante & dix ans.

Mr Mariette parle ainsi des desseins du *Guerchin*.

Le *Guerchin* quoique peu correct dans ses desseins, « plait cependant pour le » moins autant qu'un Dessinateur plus » sévére : c'est que ses contours sont cou-» lans & de chair, que ses compositions » sont grandes & nobles, & qu'il y a » dans la distribution de son clair obscur » une intelligence, & des effets merveil-» leux. Ce Peintre a outre cela une plu-» me tout-à-fait séduisante, & lorsqu'il » y joint quelques coups de lavis, il met » dans ses desseins une *vaguezze* qu'on » ne trouve dans les desseins d'aucun au-

» tre maître. Ses desseins de païsages sont » fort recherchés ; il avoit une maniére » de les faire qui fait un grand effet » &c. » *Description Sommaire du Cabinet de Mr Crozat.*

Si cet éloge est véritable, il en faut conclure que le *Guerchin* étoit plus grand Dessinateur que grand Peintre.

Mais Mr Mariette a eu un peu d'indulgence pour ce Peintre, comme pour quelques autres. En général il faut beaucoup rabattre des éloges qu'on trouve dans les Catalogues d'estampes, de tableaux, & d'autres curiosités dont on veut favoriser le débit par de pompeuses annonces.

GUERITE, petit Pavillon de différente forme, qu'on place tantôt à l'entrée d'un Château, d'une Citadelle (c'est là que la sentinelle se retire,) tantôt au haut d'une maison pour y servir de belvédere.

GUIDE, [Le] Peintre de l'Ecole de Lombardie.

Il hesita long-temps entre la maniere de Raphaël & du Caravage, & il tâcha de s'en former une qui réunit toutes les perfections de ces deux Peintres, c'est-à-dire, la grace du premier, & la fierté du second. Son génie doux & voluptueux le fit pancher du côté de Raphaël, & le Caravage lui en sçût si mauvais gré, qu'il parloit avec le dernier mépris des ouvrages du *Guide*.

La grandeur, la noblesse, le goût, la

délicatesse, & une grace inexprimable caractérisent tous les tableaux de ce Peintre. Il a parfaitement réussi dans les draperies, dans les têtes, les pieds & les mains : dans toutes ces parties il est comparable à Raphaël, principalement pour l'expression touchante de ses têtes.

Ses plus beaux ouvrages sont le Martyre des Innocens, son Ariadne, sa Vierge qui coud, & l'enlévement d'Heléne : on voit ce dernier tableau à l'Hôtel de Toulouse. Quoique ce soit un des plus beaux qui soient sortis des mains du *Guide*, il péche néanmoins du côté de l'expression qui n'est point assez vive ni assez animée : les personnages sont si tranquilles, qu'on ne devineroit jamais qu'il fut question d'un enlévement. *Description de Paris.*

Je finirai cet article par la remarque judicieuse que Mr Mariette a faite sur les desseins de ce Peintre. « Il ne faut » pas croire, dit-il, qu'il se soit ainsi » élevé sans s'être assujetti à un grand » travail : l'on s'en apperçoit aisément, » & principalement dans les desseins qu'il » a faits en grand pour ses études. Tout » y est détaillé dans la plus grande pré» cision, l'on y voit un homme qui con» sulte perpétuellement la nature & qui » ne se fie point à l'heureux talent qu'il » a de l'embellir. »

Le *Guide* naquit à Bologne en 1575. la passion du jeu l'emporta si loin, qu'elle lui fit perdre des sommes immenses,

& même le goût de sa profession. Il mourut en 1642.

GUIGNEAU. *Voyez* CHEVESTRE.

GUILLOCHIS, c'est un ornement d'Architecture dont les Anciens se sont fort servis. Le *guillochis* est un entrelas de deux listeaux ou petites bandes, qui marchent continuellement à une distance parallele, & égale à leur largeur, avec cette sujettion, qu'à leurs retours & à leurs intersections, ils doivent toujours former un angle droit : sans cela ils n'ont plus de grace, & leur forme est Gothique.

Les Anciens appliquoient ordinairement les *guillochis* sur des membres droits & plats, comme sur la face du larmier d'une corniche, sous les sophites des architraves, à l'entour des portes, & sur les plinthes des bases, quand leurs tores, & leurs scoties étoient ornées : les *guillochis* ont encore beaucoup de grace dans le contour des plafonds.

GYP, ou GYPSE, c'est un plâtre fort fin, fait d'une pierre transparente qu'on trouve dans des carrieres de plâtre commun.

Le *gyp* est transparent comme le talc, &c.

H

HACHURE. Les Graveurs appellent *hachures*, certaines lignes fort serrées qui se croisent transversalement les unes les autres, & qui ſervent à marquer les ombres: on en trace de pareilles à la plume & au crayon, & en terme de deſſein on les nomme auſſi *hachures*. Quelques Graveurs ont eu le ſecret d'ombrer leurs eſtampes, ſans le ſecours de ces *hachures*.

HARMONIE, union. L'*harmonie* d'un tableau, *harmonie* des couleurs: ces groupes font une belle *harmonie*.

Harmonie ſe dit auſſi en terme d'Architecture, pour marquer la convenance & les juſtes rapports des parties d'un bâtiment.

Le Pere *Caſtel* prétend que l'*harmonie* des couleurs, vient des mêmes proportions que l'*harmonie* des ſens; c'eſt ce qui a donné lieu à ſon ſyſtême du *claveſſin oculaire:* au reſte Mr de la Chambre avoit eu la même idée avant lui. Il dit que le verd qui eſt la plus agréable des couleurs répond à l'octave, le rouge à la quinte, le jaune à la quarte, voyez ſon traité des couleurs de l'Iris.

HARPON, barreau de fer, qui entre en forme de goupille par le bout d'une poûtre, pour l'entretenir avec les murs.

HELICE, ſubs. fem. On appelle *helice* ou fait en *helice*, tout ce qui eſt tracé en forme de vis, autour d'un cilindre: un eſcalier en *helice*, eſt un eſcalier dont les dégrés ſe ſoutenant les uns les autres, tournent en ligne inclinée, & décrite en forme de vis autour du noyau: c'eſt ce qu'on appelle la vis d'archimède.

HEMSKERCK (Martin) Peintre Hollandois. Il dessinoit correctement, mais d'une maniere seche; d'ailleurs il ne manquoit pas de fécondité. Il mourut fort riche à Harlem l'an 1574, âgé de soixante-seize ans, & il légua par son Testament au Bourg d'Hemskerch, lieu de sa naissance, de quoi marier tous les ans une fille du Village, à condition que les gens de la nôce iroient le jour du mariage danser sur sa fosse.

HEPTAGONE, qui a sept angles, ou sept côtés. Uu bâtiment *heptagone*: un *heptagone* régulier, c'est un bâtiment à sept faces ou côtés égaux. Un salon *heptagone*. Une fortification *heptagone*.

HERALDIQUE, (La science) c'est l'Art & la Science du blason. en terme d'Architecture on appelle colonne *heraldique*, une colonne qui est ornée d'armoiries.

HERME, ou HERME'S. Les Antiquaires appellent *hermés*, certaines statuës mutilées de Mercure, sans bras & sans pieds, qui se plaçoient dans les carrefours & dans les portiques; il y en avoit un grand nombre à Athenes: on en voit de différentes formes dans les recherches curieuses de Mr *Spon*, & dans les antiquités du P. *Montfaucon*. Il y en avoit de mixtes, où l'on voyoit la Statuë de Mercure jointe à celle d'une autre divinité: comme les *Herm-Harpocrates*, les *Herm-Athenes*.

Les *Herm-Harpocrates* représentoient

Mercure que les Grecs appelloient *Hermés*, & *Harpocrate* Dieu du silence.

Les *Herm-Athenes* représentoient conjointement Mercure & Minerve.

HEURTÉ, se dit en Peinture en parlant du dessein. Un dessein *heurté* est un dessein fait avec une grande liberté, & qui n'est touché que de coups hardis, & peu prononcés.

HEXASTYLE. On dit un Temple *hexastyle*, un portique *hexastyle* : c'est un Temple, un portique qui a six colonnes de front. Le Temple de l'Honneur & de la Vertu, bâti à Rome par l'Architecte *Mutius* étoit *hexastyle*.

HIPPODROME, manége fameux de Constantinople, qui subsiste encore en partie aujourd'hui. C'est une grande place qui a cinq cens pas de long, & cent vingt de large : elle étoit anciennement destinée pour la course des chevaux, *ἵππος equus*, *δρόμος cursus*. On y voit encore cinq colonnes, au milieu desquelles est une piramide remarquable par ses caractéres hieroglyphiques. Au bas de la piramide on reconnoît l'Empereur Theodose, accompagné de ses deux fils Honorius, & Arcadius : les Turcs appellent cette place *At meidan*, mot qui dans leur langue répond à celui d'*hippodrome* : *at* signifie cheval, & *meidan* carriére.

HIRE [Laurent de la] de Paris, fut un des vingt-deux Peintres & Sculpteurs qui composerent le corps de l'Académie Royale de Peinture & de Sculpture, lorsqu'elle fut établie en mil six cent quarante-huit.

Quoique disciple de Vouet, il ne suivit point sa maniere : celle de la *Hire* n'étoit pas d'un meilleur goût : elle étoit à la vérité plus recherchée, plus fine & plus naturelle, mais toujours insipide.

Ses païsages sont plus estimés que ses tableaux d'histoire ; il les terminoit avec grand soin, & ils étoient fort lêchés.

Il étoit tellement attaché à la perspective Aërienne, qu'il confondoit toujours ses lointains dans l'exhalaison, selon la méthode qu'il avoit apprise de Désargues : il en usoit pour ses figures comme pour ses lointains, car à la réserve de celles qui étoient sur le devant, toutes les autres se perdoient dans un brouillard, à mesure qu'elles s'éloignoient.

Il fut un des 12 Professeurs de l'Académie, jusqu'à sa mort, qui arriva le 28 Décembre 1656. Il étoit âgé de 61 ans.

Laurent de la *Hire* a eu un petit fils qui avoit beaucoup de goût pour le dessein & pour la Peinture ; mais l'Art de la Médecine qu'il professoit, & l'étude particuliere qu'il faisoit des plantes, lui donnoit trop d'occupation pour lui laisser la liberté de suivre les dispositions qu'il avoit pour la Peinture.

Nous avons de lui quelques morceaux fort estimés, mais en très-petit nombre.

HISTOIRE. De tous les genres de Peinture, l'*histoire* est le plus noble & le plus

plus difficile. Peintre d'*hiſtoire*.

Faire l'*hiſtoire*, ſe dit dans le même ſens que faire les animaux; faire le païſage, c'eſt-à-dire peindre des ſujets d'*hiſtoire*, peindre des animaux, &c.

HOLBEIN, [Jean] Peintre Suiſſe. La force de ſon génie, ſans autre ſecours, & ſans autre étude que celle de la nature, en a fait un excellent Peintre. Il avoit l'imagination belle, il deſſinoit avec une facilité admirable, & ſes grands tableaux ſont pleins d'invention. Il a fait un grand nombre de portraits.

Holbein naquit à Bâle l'an 1498, & mourut à Londres de la peſte l'an 1554. Il peignoit de la main gauche: la danſe des morts, le triomphe des richeſſes, & la pauvreté, ſont les plus conſidérables de ſes ouvrages.

HONTORST (Gerard) paſſoit pour un des premiers Peintres de ſon temps. Il naquit à Utrecht en 1592, fut diſciple de Blomaert, & alla enſuite à Rome, où après avoir bien étudié le deſſein, il s'éxerça à faire des ſujets de nuit avec tant d'application & de ſuccès, que perſonne juſques ici ne les a mieux repréſentés. Etant de retour à Utrecht, il fit pluſieurs tableaux d'hiſtoires.

Il étoit ſi réglé dans ſes mœurs, & ſi honnête dans ſes maniéres, qu'il avoit attiré la plûpart des enfans de qualité d'Anvers, qui alloient apprendre à deſſiner chez lui. Il montra auſſi à deſſiner & à peindre aux enfans de la Reine de

Bohême, sœur de Charle I. Roi d'Angleterre : c'est-à-dire à deux fils, sçavoir, le Prince Palatin, & le Prince Robert, & à quatre filles, entre lesquelles la Princesse Sophie & l'Abbesse de Maubuisson se distinguerent.

Le Roi d'Angleterre Charles I. attira *Hontorst* à Londres, où il fit de grands ouvrages pour ce prince.

Etant de retour en Hollande, il peignit dans les maisons de plaisance du Prince d'Orange quantité de grands sujets Poëtiques, tant à fraisque qu'à l'huile, & entr'autres dans le Palais appellé, *la Maison du Bois*, à une demie lieue de la Haye.

HUILE. L'invention de peindre à l'*huile* est du quinziéme siécle. Jean de Bruges Peintre Flamand, en est l'auteur. Cette Peinture consiste à employer des couleurs broyées & détrempées avec de l'*huile* : elle a plusieurs avantages sur la dettempe : elle est plus douce, elle imite mieux le naturel, elle marque plus fortement les ombres, & elle peut se remanier. On ne s'en sert communément que dans les tableaux de moyenne grandeur : cependant il y a de grands ouvrages comme des voûtes d'Eglise & des galeries qui sont peintes à l'*huile*; mais outre que le grand air les noircit ou les jaunit, souvent la moindre humidité en détache la Peinture, ce qui n'arrive point à la fraisque, qui ne tombe qu'avec la muraille même sur laquelle on l'applique.

Les meilleurs *huiles* qu'on puisse employer, sont l'*huile* de lin, & de noix.

Pour fondre les couleurs, & pour les adoucir sur la toile, on employe l'*huile* d'aspic, qui ôte le luisant des Peintures: on s'en sert aussi pour nettoyer les tableaux: mais il faut prendre garde qu'elle n'emporte la couleur.

HYDRAULIQUE, machine *hydraulique*. On appelle machine *hydraulique*, celle qui sert à conduire ou à élever les eaux. Une écluse, une pompe, sont des machines *hydrauliques*. Une des plus célébres machines *hydrauliques*, est la machine de Marly. Le premier mobile est l'eau de la Seine, qui fait tourner plusieurs grandes rouës, lesquelles font agir des manivelles, qui, avec des pistons, puisent l'eau dans les pompes, & par d'autres pistons la refoulent dans des canaux contre le penchant d'une colline, pour la porter à un réservoir élevé dans une tour de pierre, environ 62 toises plus haut que la riviere, & pour fournir continuellement 200 pouces d'eau.

La Science même ou l'Art de construire ces sortes de machines, s'appelle *hydraulique*.

I

JALOUSIE, petite fenêtre, faite de bandes de bois, croisées diagonalement, qui laissent des vuides par où l'on peut voir sans être vû. Les *jalousies* se placent dans les Tribunes d'Eglise, dans les écoutes des écoles, dans certaines loges des theâtres, &c.

JAMBE, se dit en terme de maçonnerie & de charpenterie.

Jambes de force. Chez les Maçons, c'est une chaîne de pierre de taille qu'on place dans une muraille de plâtre ou de moilon, pour soutenir les principales poûtres des planchers, c'est ce qu'ils appellent autrement *jambe sous poûtre*, *jambe étriere*, *jambe boutice*. Chez les Charpentiers, ce sont deux grosses piéces de bois qu'on entaille dans les poûtres, & qu'on joint par un tirant ou entrait, pour faire une ferme ou un triangle, qui soutient les pannes & autres piéces qui forment le toît & la couverture. Il y a dans les combles coupés des *jambes* de *force* de dessus, & des *jambes* de *force* de dessous: les unes au dessous de l'entrait, les autres au-dessus.

Outre ces grosses piéces de bois, appellées *jambes* de *force*, il y en a de plus petites, que les Charpentiers appellent *jambettes*: on les place sur l'entrait pour soutenir les arbalestriers, & en d'autres lieux, comme sur des blachets, pour soutenir les chevrons.

JAUNE, couleur.

JAUNE de Naples: c'est une couleur très-propre pour les ouvrages de mignature.

On s'en sert aussi pour les draperies qu'on fait en lavis, & par tout où il faut du *jaune* qui ait du corps.

ICHNOGRAPHIE, c'eſt le plan géométral d'un bâtiment coupé par ſa baſe ou ſon pied, ſelon un plan paralléle à l'horiſon, qui en marque ſeulement les longueurs, les angles & les latitudes & l'épaiſſeur, ſans en marquer les élévations ni le profil, comme fait L'ORTOGRAPHIE.

ICONOGRAPHIE, ce mot qui eſt tout Grec, ſignifie la même choſe que *Deſcription d'Images.*

L'*iconographie* en général, eſt la connoiſſance des images ou ſtatuës, des vaſes, des bronzes, des buſtes, des bas-reliefs, des Peintures, &c.

On l'entend plus particulierement de la connoiſſance des morceaux de l'antique.

ICONOLOGIE, Science qui regarde les figures & les repréſentations, tant des hommes que des Dieux.

Elle aſſigne à chacun les attributs qui leur ſont propres, & qui ſervent à les différencier : ainſi elle repréſente Saturne en vieillard avec une faulx : Jupiter armé d'un foudre, avec un Aigle à ſes côtés, Neptune avec un trident, monté ſur un Char tiré par des Chevaux Marins, Pluton avec une fourche à deux dents, & traîné ſur un Char, où ſont attelés quatre Chevaux noirs : Cupidon ou l'Amour avec un arc, des flêches, un carquois, un flambeau, & quelquefois un bandeau ſur ſes yeux : Apollon tantôt avec un arc & des flêches, & tantôt avec une lyre : Mercure un caducée en main, coëfé d'un chapeau aîlé avec des talonnieres de même: Mars armé de toutes piéces, avec un coq, qui lui étoit consacré : Bacchus couronné de lierre, armé d'un Thirse, & couvert d'une peau de Tigre, avec des Tigres à son Char, qui est suivi de Bacchantes: Hercule revêtu d'une peau de Lion, & tenant en main une massue: Junon portée sur des nuages avec un Paon à ses côtés: Venus sur un Char tiré par des Cignes, ou par des Pigeons: Pallas le casque en tête appuiée sur son Bouclier (qui étoit appellé Egide) & à ses côtés une Chouette qui lui étoit consacrée: Diane habillée en Chasseresse, l'arc & les flêches en main, Cerés avec une faucille & une gerbe.

Comme les Payens avoient multiplié leurs divinités à l'infini; les Poëtes & les Peintres après eux se sont exercés à revêtir d'une figure apparente des Etres purement chimériques, ou à donner une espéce de corps aux Attributs divins, aux Saisons, aux Provinces, aux Fleuves, aux Arts, aux Sciences, aux Vertus, aux Vices, aux Passions, aux Maladies, &c.

Ainsi la Force est représentée par une femme d'une mine guerriere, appuyée sur un cube; on voit un Lion à ses pieds. On donne à la Prudence un miroir entortillé d'un serpent, symbole de cette vertu; à la Justice une épée & une balance; à la Fortune un bandeau &

une rouë ; à L'Occasion, un toupet de cheveux sur le devant de la tête, chauve par derriere ; des couronnes de roseaux, & des urnes à tous les Fleuves ; à l'Europe une couronne fermée, un sceptre & un cheval ; à l'Asie un encensoir, &c.

JESUITES. Les *Jesuites* qui ont trois maisons dans Paris, en ont deux qui sont décorées de tableaux assez considérables, à sçavoir, leur Noviciat, & leur maison Professe.

Dans la Chapelle du Noviciat, qui est la plus réguliere Chapelle de Paris, on voit trois tableaux qui attirent la curiosité des connoisseurs L'un représente la Sainte Vierge qui prend les *Jesuites* sous sa protection ; il est de Simon *Vouet*.

L'autre représente J. C. prêchant & enseignant ; il est de Jacque *Stella* : ces deux tableaux sont dans la croisée, vis-à-vis l'un de l'autre.

Le troisiéme est sur le grand Autel, & représente *Saint Xavier* ressuscitant un mort : c'est un des chef-d'œuvres du *Poussin* : voici le jugement que Sauval porte de ce tableau. « Poussin, dit-il, a disposé ses figures, ensorte qu'elles voient toutes le miracle, & a remué leurs passions avec un jugement & une adresse qui lui est toute particuliere. Il a conduit & manié leur douleur & leur joie par dégré, à proportion des dégrés du sang & de l'interêt, ce qui paroît

» visiblement sur leur visage & par leurs
» attitudes toutes différentes. L'un s'é-
» tonne du miracle, l'autre en doute,
» l'un par sa gaïeté témoigne son con-
» tentement, l'autre par la continuation
» de sa tristesse montre qu'il ne s'en rap-
» porte ni au récit d'autrui, ni à sa vûe:
» une femme au chevet du lit soutient la
» tête de la personne ressuscitée. Elle est
» plantée & courbée avec une Science &
» une force toute spirituelle, & tout-à-
» fait merveilleuse. On remarque dans
» les yeux, la bouche, le mouvement
» des bras, les plis du visage, & toutes
» les actions d'une autre qui est au pied
» du lit, que la douleur qui s'étoit em-
» parée de son ame, ne céde qu'à gran-
» de force à la joie, & cette joie enco-
» re ne se fait voir que comme le Soleil
» dans un temps fort chargé, qui simple-
» ment par quelque foible rayon, sans
» pouvoir percer la nuë, à peine donne
» à connoître qu'il a envie de se montrer.
» Il n'y a que le *Poussin* au monde capa-
» ble d'exprimer ce combat de passions
» si opposées dans une même personne,
» & sur un même visage. J. C. dans le
» Ciel honore ce miracle de sa présence:
» la figure & les attitudes en sont toutes
» majestueuses & divines: elle est si finie
» dans toutes ses parties, qu'il n'y a que
» le seul *Raphaël* qui en puisse faire une
» semblable. Les envieux & les médisans,
» disent que le *Poussin*, *Raphaël*, & l'An-
» tique, ont fait la même figure, & la
croyent

» croyent prise de la *Colone Trajane;* mais » les désintéressés & les intelligens, tien- » nent que le *Poussin* n'est redevable de » la beauté des attitudes toutes divines, » qu'à son grand génie. »

La Chapelle de la Congrégation de cette même maison, est aussi fort ornée : on y voit une *Annonciation* peinte par *Champagne* ; l'apparition de la Vierge à *S. Ignace* dans la grotte de *Manreze*, par *Mignard*, & un *S. Jerôme* dans le désert du même.

Voyez ce qui est dit sur les tableaux de la Maison Professe. Art. MESIUS.

Les *Jesuites* de Rome ont une fort belle Eglise, qui est ornée des plus belles Peintures.

On y voit (je parle de l'Eglise de la Maison Professe) un S. Xavier de *Carle Maratte*, une Circoncision du *Mutien*, une Trinité du *Bassan*, & un autre S. Xavier d'*Annibal Carrache*.

JET, JETTER, termes de Peinture. On dit *jetter* une draperie, le *jet* des draperies, draperies d'un beau *jet*.

Ce mot de *jetter*, dit Mr de Piles, *est d'autant plus expressif, que les draperies, ne doivent pas être arrangées comme les habits dont on se sert dans le monde ;* mais *qu'en suivant le caractere de la pure nature*, laquelle est éloignée de toute affectation, les plis se trouvent comme par hazard autour des membres.

Jet & jetter, se disent aussi des ouvrages de fonte, de cire, de plâtre, &c.

Jetter en bronze, en plâtre, &c. La Statuë equestre de Louis XIV, érigée dans la place de Vendôme, a eté fondue d'un seul *jet*. Voyez la Description qu'en a donnée Mr Boffrant.

JETTE'E *Voyez* MOLE.

ILLUMINATIONS. Les *illuminations* pittoresques, font un très-bel effet sur le Theâtre, ou dans les décorations des fêtes pupliques. Elles consistent à éclaïrer par des lumieres qu'on n'apperçoit point, des colonnes, des figures, & d'autres représentations, peintes sur des matiéres transparentes, comme le verre, la soie, la toile, le papier, &c. on en fait de toutes sortes de couleurs, & l'artifice en est fort agréable.

IMAGE, IMAGER. On entend par le mot d'*image*, quelque chose de sacré, comme la représentation de Dieu, de la Vierge & des Saints. On dit l'*image* d'un Saint, & le portrait d'un Roi.

Image de papier, *image* en taille douce, *image* en taille de bois.

Imager, *Imagere*, est celui ou celle qui vend des *Images*.

IMPASTATION. Un ouvrage d'*impastation*, ou fait par *impastation*, est un ouvrage de pierre ou d'autre matiere semblable, broyée, détrempée, & comme pêtrie, dont on a fait un mastic.

Quelques personnes ont pensé que les pierres d'une grandeur énorme qu'on voit dans certains obelisques, & dont on voit des colonnes de quarante à cinquante pieds de hauteur qui paroiſſent d'un ſeul morceau, ne ſont autre choſe qu'une *impaſtation* ou compoſition de cette nature.

IMPOSTE, eſpéce de corniche ſur laquelle un berceau ou un autre ouvrage en voûte prend ſa naiſſance.

IMPRIMER, IMPRIMURE. En terme de Peinture on appelle une toile *imprimée*, une muraille *imprimée*, la toile ou la muraille ſur laquelle on a mis les premieres couches pour la préparer à recevoir les couleurs qui doivent former le tableau. *Imprimure* eſt l'action d'*imprimer* : le moins qu'on peut mettre d'*imprimure* ſur une toile, eſt toujours le meilleur.

Imprimer, dans l'Art de bâtir, c'eſt mettre une ou pluſieurs couches de couleur à huile, ou à détrempe, ſur des ouvravrages de charpenterie, de menuiſerie, ſoit pour les conſerver, ſoit pour les décorer.

INCARNAT ; couleur de chair, fraîche & vermeille.

L'*Incarnat* des roſes ; bouche *incarnate*.

Incarnadin eſt le diminutif d'incarnat.

INCRUSTATION, INCRUSTER. On dit *incruſter* une muraille de marbre : c'eſt y appliquer des feuilles ou morceaux de marbre joints & maſtiqués dans les entailles qu'on pratique exprès dans le mur. Nos peres diſoient *inſoliature*, & ce mot méritoit d'être conſervé.

L'Eglise de Genes est *incrustée* de marbre par dehors : les dedans en sont fort nuds. On fait des *incrustations* de terre cuite, de porphyre, d'agathe, & de jaspe. Colonnes *incrustées* d'agathe, ce sont des colonnes dont le noyau de brique ou de tuf est revêtu de pierres d'agathe mastiquées.

INDIGO. L'*indigo* naturel est une pâte qui se fait avec une plante qui croit principalement dans les Indes : on en tire un beau bleu violet. On fait un *indigo* artificiel avec la guêde.

INGENIEUR, s'entend particulierement de ceux qui s'appliquent à l'Architecture militaire. On le dit aussi de quelques-uns de ceux qui s'appliquent à l'Architecture civile.

Ingenieur pour les ponts & chaussées.

Ingenieur vient d'*engein*, vieux mot qui signifioit machine. D'*engein* on a fait *engignour*, puis *Ingenieur*.

INSERTION, terme d'Anatomie, & de Peinture. On appelle *insertion*, l'endroit où s'emmanchent & *s'inserent* les membres & les autres parties du corps. *Insertion* des os, des nerfs, des muscles. Il est de la science & de l'agrément de marquer les *insertions*.

INTRADOS, ou *Intradosse* (car les deux se disent, mais le premier est masculin, & l'autre feminin) c'est la partie intérieure d'une voûte, la partie courbe du dedans d'un voussoir. *Intrados*, comme je viens de le dire, est masculin, & *intradosse* feminin.

INVALIDES [Hôtel des] maison destinée pour servir de retraite aux Officiers & aux Soldats qui sont hors de combat. Ce vaste & magnifique édifice fondé par Louis XIV. fut commencé en 1671. Nous ne parlerons ici que de l'Eglise qui en fait le principal ornement.

Cette Eglise construite sur les desseins de Libéral *Bruant*, est décorée d'un Dôme dont la coupe a été peinte par d'excellens maîtres : ce Dôme a 50 pieds de diametre. Les douze Apôtres qui sont représentés sur la premiere voûte, ont été peints par *Jouvenet*. La Gloire qui est peinte sur la seconde voûte, & les quatre Evangelistes, sont de Charle *la Fosse*. Les six Chapelles qui sont au bas du Dôme, ne sont pas moins ornées, & ont été peintes par les deux *Boullongnes*, & par Corneille. La voûte du Sanctuaire de l'Eglise, a été peinte par Noël *Coypel* : Il y a représenté d'un côté la *Ste Trinité*, & de l'autre l'Assomption de la Vierge.

INVENTION. *Voyez* COMPOSITION.

JOCONDE, Religieux Dominiquain; il étoit Philosophe, Theologien, Antiquaire, Peintre & Architecte: Il a particulierement réussi dans ce dernier talent. C'est lui qui a bâti le Pont Notre-Dame, & le petit pont, & ce fut à l'occasion de ces deux ouvrages, que

Sannazar fit cette froide Epigramme.

Jocondus *geminum imposuit tibi sequana*
pontem,
Hunc tu jure potes dicere pontificem.

JOINT. On appelle *joints* les espaces entre les pierres qui se remplissent de mortier ou d'autre matiere semblable.

JOINTURE. *Voyez* INSERTION.

IONIQUE. L'ordre *Ionique* est un des cinq ordres d'Architecture: c'est un ordre Grec, qui tire son nom de l'*Ionie*, Province soumise aux Atheniens, qui passent pour les inventeurs de cet ordre; c'est pour cette raison qu'on l'appelle aussi ordre *Attique*.

Il est un peu plus composé que le Dorique, & il tient le milieu entre cet ordre & l'ordre Corynthien. La colonne *Ionique* a de hauteur neuf de ses diamétres. Ce qui distingue particulierement l'ordre *Ionique*, c'est qu'il a des volutes ou des cornes de Bélier à son chapiteau, & que le fût de ses colonnes est ordinairement cannelé: elles ont communément vingt-quatre cannellures. Quelquefois ces cannellures sont mêlées de baguettes ou bâtons ronds au bas de la colonne, à la différence du haut, qui est strié & cannellé en creux, sans autre ornement: sa corniche a des denticules. Quelques gens croyent que les proportions de la colonne *Ionique*, sont prises ſur celles du corps de la femme, comme les proportions de la colonne Dorique, ſur celles du corps de l'homme.

JONTOYER, c'eſt remplir de mortier ou d'autre matiere ſemblable les ouvertures ou eſpaces des pierres. *Réjontoyer*, c'eſt *jontoyer* pour la ſeconde fois. On *rejontoye* un vieux bâtiment : quelques-uns écrivent *jointoyer*.

JORDANS [Jacque] Peintre d'Anvers, naquit en 1594. Il apprit les premiers principes de ſon Art chez Adam Van Ort, ce qui n'empêchoit pas qu'il n'allât chez les autres Peintres qui étoient à Anvers, deſquels il examinoit les ouvrages, & faiſant d'un autre côté des études particulieres ſur la nature même, il devint par ce moyen auteur de ſa maniere, & l'un des plus habiles Peintres des Païs-Bas. Il ne lui manquoit que d'avoir vû l'Italie, ainſi qu'il le témoignoit lui-même par l'eſtime qu'il faiſoit des Maîtres de ce païs-là, auſſi bien que par l'avidité avec laquelle il copioit leurs tableaux quand il en pouvoit trouver. Ce qui l'empêcha de faire le voyage d'Italie, fut ſon mariage qu'il contracta trop jeune avec la fille d'Adam Ort ſon maître. Son talent étoit pour les grandes compoſitions. Sa maniere étoit forte & vraie, mais peu gracieuſe ; on a dit que Rubens, chez qui il avoit puiſé ſes meilleurs principes, & pour qui il travailloit, craignant qu'il ne le ſurpaſſât dans l'intelligence du coloris, l'occupa long-tems à faire en détrempe des cartons de tapisseries pour le Roi d'Espagne, d'après les esquisses coloriées que Rubens en avoit faites, & l'on prétend que Rubens affoiblit par cette contrainte, le pinceau & la maniere du Jordans.

Il fit quantité d'ouvrages pour la Ville d'Anvers, & pour toute la Flandre. Il en a fait aussi de considérables pour les Rois de Suéde & de Dannemarck. Il étoit infatigable, & son unique recréation étoit d'aller voir le soir ses amis.

Il mourut en 1678, âgé de quatre-vingt-quatre ans.

Il a gravé quelques morceaux à l'eau forte, mais d'une maniere un peu lourde.

JORDANS [Lucas] naquit à Naples l'an 1632, & fut l'éléve de Ribera. Il perfectionna beaucoup sa maniere à Venise & à Rome, & devint par son application un des plus fameux Peintres de son temps. Charle II. l'attira en Espagne, & lui fit peindre l'Escurial. *Jordans* travailloit avec une prodigieuse facilité, & personne n'a tant peint que lui, sans en excepter le Tintoret. Il mourut à Naples en 1705, âgé de soixante & treize ans. Ses principaux ouvrages sont à Naples, à l'Escurial, à Madrid, à Tolède, à Seville, à Florence, à Gênes, &c.

JOUR, terme de Peinture. Les *jours* d'un tableau : ce sont les parties les plus éclairées.

Jours de reflets : ce sont des lumieres refléchies.

Jours naturels : ce sont les lumieres directes.

Tableau dans son *Jour*, dans un faux *jour*. Voyez FAUX-JOUR.

JOUVENET [Jean] naquit à Rouen en 1644. C'est un des plus grands Peintres de notre Nation, & un de ceux qui a le plus travaillé.

« Ses compositions, dit Mr Piganiol » de la Force, sont pleines de feu, de » même que ses expressions ; mais ce feu » diminue dans les têtes de ses figures, » qui ne disent pas *grand-chose*. »

Voilà un éloge & une critique assez difficiles à concilier ; comment concevoir qu'un Peintre est plein de *force* & de *feu* dans ses compositions, lorsque ses visages qui doivent être le centre de la *force* & de la *chaleur*, ne disent pas *grand-chose*.

Jouvenet mourut à Paris, le 6 Avril 1717, âgé de 73 ans.

Parmi les ouvrages de *Jouvenet*, on estime sur-tout les quatre tableaux qu'il a faits pour S. Martin des Champs, & que l'on voit dans la Nef : ils ont vingt pieds de largeur, sur douze de hauteur.

Ils représentent J. C. chez le Pharisien ; la Résurrection du Lazare ; les Vendeurs chassez du Temple ; & la Pêche de S. Pierre.

Ces quatre tableaux sont fort estimés pour la grandeur de la composition, la hardiesse & la correction du dessein, la fierté du pinceau, & l'intelligence du clair obscur.

Louis XIV. ayant entendu parler de ces Tableaux, ordonna à *Jouvenet* d'en faire les cartons, pour les faire exécuter en tapisseries, par le Févre, Maître de la Manufacture des Gobelins.

Quand le Czar alla aux Gobelins, Mr le Duc d'Antin lui ayant offert de la part du Roi les Tapisseries qui lui plairoient le plus, ce Prince fut si frappé de la beauté de celles qu'on avoit faites d'après les cartons dont je viens de parler, qu'il les demanda par préférence.

Jouvenet ayant été attaqué d'une paralysie sur le côté droit, se mit à peindre de la main gauche, & fit ce tableau admirable de la Visitation qu'on voit à Notre-Dame : c'est un des plus beaux ouvrages qui soit sorti de ses mains.

IRIS (Verd d') couleur des plus tendres, & qui fait un très-beau verd : voici comme cette couleur se peut faire.

Prenez des fleurs de lys les plus bleues, qu'on appelle autrement *Iris* : séparez en le dessus qui est satiné, & n'en gardez que cela, car le reste n'est pas bon ; ôtez en même tems toute la petite nervure jaune. Pilez dans un mortier ce que vous aurez choisi, ensuite jettez dessus un peu d'eau, trois ou quatre cueillerées plus ou moins, selon la quantité des fleurs que vous aurez : il faut que vous ayez fait fondre dans cette eau un peu d'alun & de gomme ; mais en petite quantité :

ensuite broyez bien le tout ensemble, puis le passez dans un linge fort, & mettez ce jus dans des coquilles, que vous ferez sécher à l'air.

IRREGULIER, fait contre les régles.

Dessein *irrégulier ;* attitude *irréguliere ;* colonne *irréguliere ;* bâtiment *irrégulier.*

ISOLE', se dit d'un corps détaché de tout autre.

Un pavillon *isolé :* une colonne *isolée.* Les bâtimens d'Italie sont la plûpart *isolés ;* ce qui est d'une grande commodité, non-seulement à cause des jours qu'on prend de tous les côtés, & des issuës qui sont en plus grand nombre ; mais parce que cette position les met plus à l'abri des incendies.

ISPAHAN, Capitale de la Perse, est une des plus grandes Villes du monde. Sa situation est agréable, ses maisons sont quarrées & bien bâties, ses mosquées superbes, & rien ne manque à sa décoration.

Elle a douze grandes lieues de France de circuit, & ses Fauxbourgs seuls, sont plus grands que Paris. On croit qu'elle a été bâtie sur les ruines de l'ancienne Hecatompylos, Ville fameuse de l'Asie, qui avoit cent portes. Le Zenderoud qui coule au milieu d'*Ispahan*, le sépare par deux bras, & fournit abondamment de l'eau dans les maisons, qui pour la plûpart ont une fontaine.

On vante principalement la grande

place d'*Ispahan*, qu'on nomme *Meidan*, c'est-à-dire, *grand marché*. Sa forme est un quarré long, environné de maisons de même hauteur, & de même symétrie, & toutes construites de brique. Des arcades régnent au pourtour, & l'on y voit une grande quantité de boutiques, occupées par des Banquiers, par des Orfévres, des Lapidaires, & d'autres riches Négocians. Cette place est environnée d'arbres, toujours verds, qu'on a soin d'élaguer, pour que les feuilles ne cachent point les boutiques. Au pied de ces arbres coule un ruisseau, dans un canal de pierre, qui fait tout le tour de la place. Aux deux coins sont deux grands bassins, où ces eaux s'assemblent. Le Palais du Roi est en face de cette place. La Ville d'*Ispahan* est des plus marchandes, & l'on y voit un concours prodigieux d'Etrangers de toute Nation.

JUBE', Tribune d'Eglise, placée ordinairement au-dessus de la principale porte, à l'endroit où sont les orgues. Dans certaines Eglises le *jubé* est au-dessus de la porte du Chœur. C'est ainsi qu'est placé celui de S. Germain l'Auxerrois, un des plus beaux ouvrages que l'on voye dans ce genre. Le *jubé* de l'orgue de S. Jean en Grêve à Paris, est d'une grande hardiesse.

JUGEMENT Universel. Ce grand sujet a été traité par plusieurs excellens Peintres; en France par Jean Cousin, (son tableau est aux Minimes de Vincennes;) à Florence, dans la belle Eglise de S. Laurent, par le Pontorno : à Pise, par André Orgagna, Peintre Florentin, & à Rome par Michel-Ange. Ces deux derniers se sont permis de grandes licences, & ont traité peu gravement ce sujet terrible : Voici la critique que Mr l'Abbé de M... a faite du tableau de Michel-Ange.

Hinc procul Italici culpata audacia quondam
Artificis : pingens qui mundi extrêma ruentis
Funera, & ultrices venturi Judicis iras,
Larvarum omnigenas species & ludicra miris
Induxit portenta modis, stygiasque sorores,
Infernumque senem conto simulachra cientem,
Et vada cœruleis sulcantem livida remis :
Obscœnas etiam effigies, & lubrica passim
Objectare oculis monstra indignantibus ausus.
Horruit aspectu pietas, &c.

Pictura Carmen,

Lucas de Leyde a fait aussi un Jugement Universel.

Lucas Signorelli a traité le même sujet à Orviette, & Michel-Ange en a emprunté plusieurs figures qu'il a mises dans son Jugement Universel.

JULE ROMAIN, fut l'éléve de Raphaël qui l'associoit à tous ses travaux. *Jule* attrapa si bien la maniere de ce Peintre, qu'on ne distingua pas toujours la main du maître de celle du disciple. Il étoit sçavant, ingénieux, & sublime dans ses compositions, mais quelquefois peu naturel. Sujets d'histoire, païsages, tableaux de chevalet, ouvrages de fraisque : *Jule Romain* fut un Peintre Universel, & il excella dans tous les genres. Il a peint à Rome une partie des loges du Vatican, & la grande salle, où il a représenté les Batailles de Constantin sur les desseins de Raphaël.

Après la mort de ce Peintre, *Jule Romain* son héritier s'abandonna à son propre génie, & se traça une route nouvelle.

Ce qu'il a fait dans le Palais du T. aux environs de Mantouë, est son plus grand ouvrage. Sa Gigantomachie surtout, est une piéce sublime pour l'invention, & admirable même dans ses préparatifs. *Voyez* la Description de ce tableau dans le *Pictura*, p. 16. & suivantes.

Jule Romain mourut à Mantouë l'an 1546, âgé de cinquante quatre-ans.

JUSTINIANI. Le Palais *Justiniani* qui se voit à Rome, est moins considérable pour son Architecture, que pour les Antiques & les Tableaux curieux qu'il renferme : il n'y en a point à Rome qui le surpassent de ce côté là. On y a vû jusqu'à 1867 Antiques, & 638 tableaux.

Entre les Antiques les plus estimées, on comptoit la tête de Néron, la Minerve, la Venus qui sort du bain, l'Adonis, le Sphinx, l'Hercule de bronze & le Marc-Auréle.

Parmi les tableaux, on estimoit surtout le S. Jean du Titien, l'Amour du Guide, la Céne de l'Albane, le Batême de J. C. par Annibal Carrache, &c.

K

KIOSQUE. Chez les Peuples du Levant, les *Kiosques* sont de petits Pavillons isolés & ouverts de toutes parts, où l'on prend le frais. Les plus riches sont peints, dorés, & pavés de porcelaine. Il y en a un grand nombre à Constantinople.

L

LABYRINTHE, édifice coupé d'une infinité de corridors & de chambres qui tournent & qui rentrent les unes dans les autres, & dont il eſt fort difficile de ſortir.

On parle de quatre fameux *labyrinthes*; celui de Crete, bâti par Dedale, celui de Lemnos, celui d'Egypte, & celui d'Italie.

Le plus célébre eſt celui d'Egypte, qui fut l'ouvrage de pluſieurs Rois, & que Pſammeticus eut la gloire de finir. Il étoit bâti à l'extrêmité du lac Mœris, & il renfermoit dans ſon enceinte douze Palais diſpoſés régulierement, & qui communiquoient enſemble. Quinze cens chambres entremêlées de terraſſes, s'arrangeoient autour de douze ſalles, & ne laiſſoient point de ſorties à ceux qui s'engageoient à les viſiter; il y avoit autant de bâtimens ſous terre. Ces bâtimens ſouterrains étoient deſtinés à la Sépulture des Souverains.

Ce *labyrinthe* ſubſiſtoit encore du temps de Pline, quoique, ſuivant le témoignage de cet Ecrivain, c'eſt-à-dire, ſuivant la tradition du tems, il y eut trois mille ſix cens ans qu'il eut été conſtruit.

LABYRINTHE de carriere: c'eſt la multiplicité des ruës que forme une carriere qu'on a beaucoup fouillée.

Il y a ſous l'Obſervatoire de Paris, & aux environs une eſpéce de *labyrinthe*, dont les ruës paralléles ſont revêtues de maçonnerie de moilon bien dreſſé, & couvert du ciel naturel de la carriere.

LAITANCE, ou *lait* de chaux: c'eſt de la chaux bien délayée, dont on ſe ſert pour

pour blanchir les murs. *Voyez* CHAUX.

LAITERIE, c'eſt dans une métairie, l'endroit où l'on ſerre le laitage, & où l'on fait le fromage & le beurre. A Chantilly il y a une *laiterie*, en forme de ſallon, avec des ornemens d'Architecture, & des incruſtations de marbre qui font un très-bel effet.

LAMBERT [l'Hôtel] appartenoit anciennement au Préſident de ce nom; il eſt aujourd'hui à Mr de la Haye. C'eſt un des beaux Hôtels de Paris, & ſans contredit la maiſon la plus décorée de l'Iſle S. Louis: la plûpart des appartemens ont été peints par les plus habiles mains.

Il y a un Cabinet, dont les lambris ſont peints en païſages par *Patel*, & par d'*Hermans*, & qui eſt orné de cinq grands tableaux du *Romanelli*, où l'Hiſtoire d'Enée eſt repréſentée: la gallerie eſt fort riche. Le plafond repréſente les travaux d'Hercule, & a été peint par le Brun, à l'envi de le Sueur qui a peint le vaſte appartement qui fait face à cette gallerie, où il a repréſenté Phaëton dans le Palais du Soleil: ce morceau & le cabinet des bains, ſont des chef-d'œuvres de le Sueur.

La Bibliotheque & les Veſtibules, ſont peints en griſaille.

LAMBOURDE [Pierre de] c'eſt une pierre tendre qu'on trouve dans les carrieres d'Arcueil & des environs, qui porte depuis 20 pouces juſqu'à cinq pieds, mais on la délite.

LAMBOURDE, piéce de bois de ſciage, qu'on place, & qu'on ſcelle avec du plâtre ſur un plancher, pour y attacher un parquet, ou pour y clouer des planches. On met du pouſſier de charbon entre les *lambourdes*, pour empêcher que l'humidité ne faſſe tourmenter & dejetter le parquet, ſur-tout dans les ſalles baſſes. Daviler.

LAMBRIS, en terme de maçonnerie ſe dit de l'enduit de plâtre qu'on applique ſur des lattes, qui forment les cloiſons ou les plafonds.

Ce mot vient ſelon quelques-uns du latin *ambrices*, qui ſignifie *lattes*, & ſelon d'autres de *lambruſq*, mot celtique qui ſignifie la même choſe.

En terme de menuiſerie, on appelle *lambris*, les panneaux de menuiſerie, dont on revêtit les murs d'un appartement.

Lambris d'appui, c'eſt celui qui n'a que deux ou trois pieds dans le pourtour d'une piéce.

Lambris de *revêtement*, c'eſt celui qui prend depuis le bas juſqu'au haut.

Lambris de *demi-revêtement*, c'eſt celui qui ne paſſe pas la hauteur de l'attique de la cheminée, & au-deſſus duquel on met de la tapiſſerie.

Lambris feint, c'eſt un *lambris* de couleur, fait par compartiment, qui imite un véritable *lambris*.

Lambris de *marbre*, c'eſt un revêtement par divers compartimens de marbre, qui eſt ou araſé, c'eſt-à-dire, ſans ſaillie, comme aux embraſures des croiſées de Verſailles, ou avec des ſaillies comme à l'eſcalier de la Reine au même Château.

On en fait des trois hauteurs, comme dans la menuiſerie.

LAMBRISSER, c'eſt appliquer un *lambris* de quelque matiére qu'il ſoit.

LAMINER. On dit *laminer* le cuivre, *laminer* le plomb.

Laminer un métal, c'eſt le réduire d'une certaine épaiſſeur à une moindre. Cette réduction ſe fait par le moyen d'une forte compreſſion. *Voyez* PLOMB.

LAMINOIR, c'eſt une Machine dont on ſe ſert pour *laminer* les métaux.

Voici de quelle maniere eſt conſtruite la machine du Fauxbourg S. Antoine pour le *laminage* du plomb. La Deſcription de cette curieuſe machine, ne peut qu'intéreſſer les amateurs, & ne paroîtra point déplacée dans ce Dictionaire, ſi l'on conſidére de quelle utilité eſt le plomb *laminé* pour l'Architecture.

Un arbre vertical mobile ſur ſon axe, porte une rouë de champ horiſontale. Deux autres arbres mobiles comme le premier ſur leurs axes, ſont ſitués horiſontalement & parallellement l'un ſur l'autre; le plus élevé porte trois roues verticales qui lui ſont aſſujetties d'une maniere fixe. Celle du milieu eſt un Heriſſon. Celles des extrêmités ſont deux lanternes & la rouë, dite rouë de champ ou rouet, eſt engraînée dans celle dont elle eſt voiſine. L'arbre inférieur ne porte que deux lanternes, toutes deux verticales. Elles ne lui ſont point aſſujetties, & elles peuvent faire leurs révolutions indépendemment de l'axe commun ; l'une eſt ſous le Heriſſon ; l'autre répond à la derniere lanterne de l'arbre ſupérieur ; mais une rouë de renvoi ſe trouve entre ces deux rouës des extrêmités, & pour la placer, il a fallu diminuer leurs diametres.

Des chevaux attelés à des leviers de treize pieds de longueur, font tourner l'arbre vertical. Sa rouë agiſſant ſur la premiere lanterne de l'autre arbre horiſontal le plus élevé, met ce ſecond arbre en mouvement. Le heriſſon entraîné par les révolutions de ſon axe, oblige la lanterne inférieure correſpondante de ſe mouvoir dans une direction oppoſée, & la lanterne portée par le même arbre, que celle-ci eſt forcée au contraire par la rouë de renvoi, de ſuivre la même direction que les rouës ſupérieures. Entre ces deux lanternes eſt un verouil, avec lequel on peut attacher alternativement à chacune l'arbre qui leur ſert d'eſſieu. Un cylindre dont la ſituation eſt horiſontale, eſt adapté fixement à l'extrêmité de cet arbre. Ce cylindre eſt de fer fondu, il a un pied de diamétre, ſur cinq pieds de long, & ſon poids eſt de deux mille huit cens livres. Selon que l'arbre eſt conduit par l'une des deux lanternes, le cylindre tourne en différens ſens ; il tourne plus vîte quand il eſt mû par la plus éloignée : la raiſon en eſt ſenſible. Alors quatre roues seulement agissent. Dans l'autre cas, cinq roues sont nécessaires, & par-là les frottemens sont augmentés.

Au-dessus de ce cylindre, en est un second de même matiere, de même volume, & dans la même position. Celui-ci est embrassé à ses deux extrêmités par un double collet, qui lui laisse la liberté de se mouvoir sur son axe, & qui traversé perpendiculairement par quatre colonnes de fer, peut monter ou descendre le long de ces colonnes, mais toujours parallellement au premier cylindre. Chaque colonne est tournée en vis dans sa partie supérieure.

Le double collet, attiré par une bascule, tend toujours à l'élever ; mais quatre forts écrous, que les vis des colonnes retiennent, & dont chacun par le bas est armé d'une roue de fer horizontale s'opposent à l'effort du contrepoids.

Une vis sans fin, qui à l'aide de deux pignons, fait marcher les écrous en tel sens qu'on veut, fournit le moyen de hausser ou de baisser le double collet, autant qu'il convient d'approcher ou d'éloigner les cylindres, & malgré leur grand poids, la moindre force suffit pour cette opération. Les différentes piéces qui peuvent y servir, composent ce qu'on appelle le *Regulateur*.

C'est entre les cylindres, que les tables de plomb se laminent.

Le cylindre supérieur recevant son

mouvement de l'inférieur par le secours de la table interposée, les révolutions de l'un & celles de l'autre, sont toujours contraires, & par cette diversité concourent à chasser la table vers le même point. Après qu'elle a passé toute entiere par le *laminoir*, on tire le verouil, & pour lors les mouvemens des cylindres changent de direction, & la table retourne au lieu d'où elle étoit partie ; on la fait aller & venir ainsi jusqu'à ce qu'elle soit réduite de l'épaisseur qu'elle a en sortant de la fonte, à l'épaisseur qu'on veut lui donner.

Pendant le *laminage*, la table n'est soutenue dans toute son étenduë que par des rouleaux qui sont mobiles sur leurs axes, & portés par un chassis : ce chassis a cinquante pieds de long, sur six de large, & les cylindres sont posés en travers dans le milieu de sa longueur.

Près d'une de ses extrêmités, & vis-à-vis la forme où coule le métal, est une gruë tournante ; elle sert pour tirer du moule la table, & pour la porter au *laminoir*. Le Fondeur a soin en jettant la table, de former un anneau dans le milieu du côté qu'elle présente à la gruë. On accroche au cable de la gruë cet anneau, & quoique les tables, dont ordinairement la longueur est de six pieds, la largeur de quatre pieds huit pouces, & l'épaisseur de dix-huit lignes, pésent environ deux mille six cens livres ; deux hommes peuvent les enlever par la méchanique suivante.

Un cric adapté fixement au cylindre, ſur lequel ſe devide le cable engrene dans une petite lanterne de fer, & l'eſſieu de cette lanterne eſt terminé des deux côtés par une manivelle. Les hommes en tournant les manivelles, font marcher par le moyen de la lanterne le cric, dont le mouvement oblige le cable de ſe plier ſur le cylindre, & la table de monter à la hauteur à laquelle il eſt néceſſaire de l'élever.

Il ne faut pas une plus grande force pour verſer de l'auge dans le moule le plomb fondu. L'auge auſſi longue que le moule eſt large, préſente ſa longueur à la largeur du moule, & peut contenir trois mille cinq cens livres de métal : dix ou douze pieds au-deſſus de l'auge, eſt un arbre horizontal & immobile ſur ſon axe. Deux leviers ſitués ainſi que l'arbre horizontalement, le traverſent à angles droits, & vers chacune de ſes extrêmités, il eſt armé d'une demie poulie. L'auge eſt attachée par deux de ſes angles à des cables qui paſſent ſur des demies poulies, & qui, faiſant diverſes circonvolutions autour de l'arbre, lui ſont fortement aſſujettis. En baiſſant les leviers du côté oppoſé à l'auge, on la fait élever du côté dont elle eſt attachée, & le plomb coule en nappe dans le moule d'un mouvement toujours également prompt. *Mémoires ſur le laminage du plomb, par Mr Rémond.*

LANFRANC [Jean] diſciple des

Carraches, naquit à Parme, l'an 1581. Tant qu'il travailla dans la maniére des Carraches, il dessina fort correctement; mais lorsqu'il s'abandonna à son génie & à son impétuosité, il s'éloigna du bon goût & de la justesse. Il a peint à Rome la Coupole de S. André de Laval, & c'est un des plus considérables ouvrages de fraisque qui soit dans cette Ville. Ses derniers tableaux sont ceux qu'il fit à Naples dans l'Eglise de S. Charles des Catinares. Il mourut le même jour que ces tableaux furent découverts pour la premiere fois, c'est-à-dire, le 29 Novembre 1647. Il étoit âgé de soixante & six ans.

« *Lanfranc*, dit du Fresnoy, se maintint long-temps dans un excellent goût » de dessein, mais n'étant fondé que sur » la pratique, il lâcha bientôt le pied » pour la correction, de sorte que l'on » voit plusieurs choses de lui fort strapassées, & où il n'y a pas grande raison. »

Lanfranc ressembloit à certains de nos Poëtes, nés avec du génie, mais dépourvus de goût, & dont l'imagination secouant le joug des régles, ne produit rien qui soit marqué au sceau de la raison.

LANTERNE, petite construction de charpente ouverte de tous les côtés, faite pour donner du jour à un édifice, & dont la forme ressemble assez à une *lanterne*.

Lanterne de dôme, d'escalier, de colombier.

Lanterne

Lanterne ſignifie quelquefois la même choſe que Tribune.

Lanterne d'Egliſe, *lanterne* d'une ſalle d'Audience : c'eſt une tribune fermée de jalouſies, où l'on écoute ſans être vû.

LANTERNES CHINOISES : ce ſont des *lanternes* illuminées en-dedans, & peintes en-dehors, dont la capacité eſt quelquefois ſi grande, qu'on en voit de vingt-cinq à trente pieds de diamétre.

« Ce ſont des ſalles & des chambres, » dit le Pere le Comte, & trois ou » quatre de ces machines feroient des ap- » partemens fort raiſonnables ; de ſorte » qu'à la Chine, on peut manger, cou- » cher, recevoir des viſites, repréſenter » des comédies, danſer des ballets dans » une *lanterne.* »

Je ne crois pas que l'imagination de coucher & d'habiter dans les *lanternes*, vienne jamais aux Chinois. Il ne faut que faire attention à la ſtructure de ces machines, telles que le P. le Comte lui-même les décrit, pour voir que malgré toute leur capacité, la choſe ſeroit impraticable. Ce bon Miſſionaire a voulu ſans doute s'égayer : quoiqu'il en ſoit, voici ſa Deſcription.

« Les *lanternes* ordinaires, dit-il, ſont » compoſées de ſix faces, ou panneaux, » dont chacun fait un cadre de quatre » pieds de haut, & d'un pied & demi » de large, d'un bois verni, & orné de » quelques dorures. Ils y tendent une » toile de ſoye fine & tranſparente, ſur

» laquelle on peint des fleurs, des arbres, » des rochers, des figures : la Peinture » en eſt belle, les couleurs vives, & » quand les bougies ſont allumées, la » lumiére y répand un éclat qui rend » l'ouvrage tout-à-fait agréable.

» Ces ſix panneaux joints enſemble, » compoſent un Hexagone ſurmonté par » les extrêmités de ſix figures de Sculp- » ture, qui en font le couronnement. » On ſuſpend tout au tour des larges » bandes de ſatin de toutes couleurs en » forme de rubans, avec divers autres » ornemens de ſoye qui tombent ſur les » angles, ſans rien cacher de la Peintu- » re ou de la lumiére. On y met un » nombre infini de bougies ou de lam- » pes. On y repréſente auſſi, ajoute no- » tre voyageur, divers ſpectacles : il y » a des gens cachés, qui par le moyen » de pluſieurs petites machines, font » jouer des marionnettes de grandeur » humaine, &c. »

Le quinziéme jour du premier mois de l'année, eſt le jour ſolemnel où ces *lanternes* s'allument dans toute l'étendue de l'Empire Chinois : c'eſt ce qu'ils appellent la fête des *lanternes*.

LANTERNE magique, machine d'Optique, compoſée d'un miroir parabolique, qui reflêchit une lumiére, laquelle ſort par un tuyau, au bout duquel eſt un verre de lunette. On coule ſucceſſivement entre deux pluſieurs verres peints de diverſes figures, communément bizarres, qui vont ſe peindre en plus grand volume, contre un drap que l'on tend exprès, ou contre une muraille.

LAOCOON. Le *Laocoon* eſt un des plus beaux morceaux de Sculpture Antique que nous ayons.

Ce Prêtre d'Apollon eſt repréſenté avec ſes deux fils, entortillés de deux ſerpens. Il eſt nud, ce qui eſt contre toute vraiſemblance : car outre que *Laocoon* étoit fils d'un Roi, & premier Prêtre d'un Temple, il ſacrifioit ſur le rivage de Tenedos, dans le temps qne les ſerpens le ſurprirent. Ce célébre ouvrage eſt de Polidore, d'Athenodore, & d'Agéſandre, tous trois Rhodiens.

LAQUE couleur rougeâtre, qui tire ſur le pourpre : ce mot eſt feminin.

La *laque* Colombine ; la *laque* de Veniſe ; la *laque* du Levant.

La *Laque* fine de Veniſe & du Levant ſe fait de cette maniere.

Prenez une livre de bon bréſil, que vous ferez bouillir avec trois chopines de leſſive faite avec des cendres de ſarment de vigne, juſqu'à ce que le tout ſoit diminué de la moitié ; laiſſez-le repoſer, & le paſſez : faites bouillir ce qui ſortira du tamis avec du nouveau bréſil, de la cochenille, & du *terra merita*, c'eſt-à-dire, demi-livre de bréſil, & demi-quarteron de cochenille, y mettant encore une chopine d'eau claire, qu'il faut faire bouillir de même juſqu'a diminution de moitié de la chopine, & la laiſſer reposer, puis la passer : on ne met qu'une once de *terra merita*. Il faut observer en retirant cette composition du feu, d'y verser une once d'alun calciné, & pilé fort menu, que l'on fait fondre dedans en le remuant avec un bâton, & y joignant un demi gros d'arsenic. Ensuite pour lui donner plus de corps, prenez deux os de seiche, mettez-les en poudre, & les jettez dedans : laissez sécher le tout à loisir, puis le broyez dans une assez grande quantité d'eau, dans laquelle vous le laisserez tremper : ensuite après avoir coulé cette matiere, vous la partagerez en petites tablettes : quand on veut faire la *laque* plus rouge, on y met du jus de citron : quand on veut la faire plus brune, on y met de l'huile de tartre. *Traité de Mignature.*

La *laque* colombine se fait avec le brésil de Fernambourg que l'on laisse tremper pendant un mois dans du vinaigre distillé ; on y joint de l'alun en poudre, & de l'os de seiche.

La *laque* de la Chine n'est autre chose que ce beau vernis qui vient de ce païs. On a inventé en France des Vernis qui approchent beaucoup de celui de la Chine. *Voyez* VERNIS.

LARMIER, c'est dans le couronnement, ou la partie la plus haute d'un bâtiment, la corniche qui régne au pourtour, & qui empêche par sa saillie que les eaux ne tombent le long des murs : c'est sur cette corniche que pose l'extrêfinité des chevrons & des tuiles.

Larmier d'une cheminée, c'est le couronnement d'une cheminée.

LARGE, LARGEMENT, terme de Peinture. Lumiéres *larges*, c'est-à-dire étendues & grandes : peindre *largement*, c'est donner de grands coups de pinceau, & distribuer les objets par grandes masses. *C'est en vain que vous travaillez*, dit Mr de Piles, *si vous ne conservez vos lumieres larges, puisque sans elles votre ouvrage ne fera jamais un bon effet de loin.*

LATTE, morceau de bois, coupé en forme de régle, qu'on cloue sur les chevrons d'un comble, ou sur les solives d'un plancher qu'on veut plafonner, ou d'une cloison qu'on veut revêtir de plâtre.

Lattes volices : ce sont les *lattes* qui portent l'ardoise : elles sont plus larges que les *lattes* ordinaires.

LATTER, mettre des *lattes*.

Latter à claire voye : c'est laisser quelque espace entre les *lattes*.

Latter à lattes jointives : c'est clouer les *lattes* si près les unes des autres, qu'elles se touchent.

LAVER, LAVIS, se dit en parlant des desseins & des plans, dont les espaces sont ombrés ou coloriés : cette maniere de peindre s'appelle *lavis*.

La différence de la mignature & du *lavis*, consiste principalement en ce que la mignature se travaille en pointillant, au lieu que dans les *lavis*, les couleurs ſe couchent avec le pinceau ; il y a encore pluſieurs autres différences.

Dans les *lavis*, on doit ſe ſervir des couleurs les plus approchantes du naturel. Les eſpaces qui marquent l'endroit d'un foſſé rempli d'eau, doivent ſe *laver* d'un bleu clair, les briques & les tuiles de rouge, les chemins de terre d'ombre, les arbres & les gazons de verd, &c.

Les *lavis* ſe font par teintes égales, ou adoucies ſur les iours par de l'eau clair, & fortifiées de couleurs plus chargées dans les ombres.

Les couleurs les plus uſitées pour les *lavis*, ſont le noir de fumée, l'encre de la Chine, qu'on employe quelquefois ſeule ; l'encre commune, la céruſe, l'indigot, l'orpiment, le maſſicot, l'ocre, la gutta gamba, l'outremer, le cinabre, la laque, le carmin, la terre d'ombre, & le biſtre.

Lavis à l'encre de la Chine. Deſſein *lavé*; *lavé* de brun ; *lavé* de rouge.

Lorſque les deſſeins ſont *lavés* d'une ſeule couleur, les jours ſe marquent par des teintes plus légéres, & les ombres par des teintes plus fortes & plus chargées.

LE. Cet article ſe met ordinairement devant les noms propres de certains Peintres.

Le Titien, *le* Pouſſin, le Corrége, &c.

Les Baſſans, *l'*Albane. L'Annonciation *du* Guide, & non pas *de* Guide, ce qui ſeroit mal parler.

Je dis ordinairement ; car on ne se sert pas toujours de cet article : l'on ne dit pas par exemple, *le* Raphaël, *le* Michel-Ange, *le* Jule Romain : la Vierge *du* Raphaël, le jugement Universel *du* Michel-Ange : géneralement parlant, cet article ne se met point devant les noms de Batême.

Le caprice de la langue ne veut pas non plus qu'on dise, *le* Rubens, *le* Mignard, &c.

L'article *le* ne se met point encore devant les noms des Anciens Peintres Grecs, ni des Peintres de notre siécle : ainsi il faut dire Apelle, Protogene, Zeuxis, Rigaut, & non pas *le* Protogene, *le* Zeuxis, *le* Rigaut, &c.

LECHER, travailler & finir avec beaucoup de soin. Tableau *lêché.* Leonard de Vinci *lêchoit* tous ses ouvrages. Il faut soigner, mais il ne faut pas trop *lêcher.*

LEGER, LE'GERETE', pinceau *léger* ; *légereté* de pinceau. Les bords & les extrêmités d'un tableau doivent être *légers* d'ouvrage.

On le dit aussi dans l'Art de bâtir, en parlant d'un ouvrage bien percé, bien dégagé, où la beauté de la forme consiste dans le peu de matiere. Un portique, un perystile *leger.*

Quelquefois on le prend en mauvaise part en parlant de certains ouvrages où l'épaisseur n'est pas proportionnée à la charge, comme les murs de face trop minces, la charpente trop foible, les solives trop espacées, & d'autres mal façons. Plafond *léger*, cloison *légere*.

Il se dit encore en sculpture, des parties déliées, & des ornemens délicats, bien recherchés, bien évidés, bien détachés.

On dit, des draperies *légeres*, un chapiteau *léger*.

LEVIER, c'est la premiere & la plus simple de toutes les machines : c'est un bâton gros & fort qui a un coin à son extrêmité, qu'on appelle *orgueil*, avec lequel on souléve de grands fardeaux.

Le *levier* est une espéce de balance, qui au lieu d'être suspendue, est appuyée sur un point fixe. L'endroit où est le coin, & sur lequel porte le fardeau, s'appelle le *centre* du *levier* : la puissance ou les forces sont à l'autre extrêmité : plus un *levier* est long, plus il a de force. Les roues, les poulies, le cabestan & presque toutes les forces mouvantes n'agissent que par la force du *levier*.

Il y a des *leviers* de fer : on les appelle *pinces*.

LIAIS, pierre de *liais :* quelques gens disent *lierre*, mais mal. C'est une pierre fort dure, qu'on trouve dans les carrieres d'Arcueil, de S. Cloud, & des environs de l'Observatoire. Il y en a de plusieurs espéces qui se distinguent par différens noms.

Le franc *liais :* c'est une pierre médiocrement dure.

Liais féraut, eſt un *liais* plus dur : ils ſe tirent tous deux des carrieres de l'Obſervatoire.

Le *liais* roſe : c'eſt le plus doux & le plus poli.

Toutes ces eſpéces de *liais* portent depuis ſix juſqu'à huit pouces de hauteur. Le *liais* ſe coupe par feuilles ou par tranches, qu'on appelle *Dales*. Daviler.

LIAISON, en termes d'Architecture ſignifie aſſemblage, union, arrangement des pierres. Cette *liaiſon* conſiſte ; 1o à arranger les pierres de telle ſorte que les joints des unes, portent ſur le milieu des autres, comme on voit dans toutes les murailles dont les joints ſont ſenſibles ; 2°. à les bien unir entr'elles, ſoit par le poli ſeul de la coupe comme faiſoient quelquefois les Anciens, ſoit en rempliſſant les joints de mortier ou de ciment.

Liaiſon de joint ſe dit du mortier détrempé avec lequel on *jontoye*, c'eſt-à-dire, on joint les pierres. *Voyez* JONTOYER.

Liaiſon à ſec : c'eſt quand les pierres ſont poſées ſans mortier, leurs lits étant polis & frottez au grais : c'eſt un ſecret qu'avoient les Anciens, & qu'on ignore aujourd'hui, ou du moins qu'on ne pratique point. On aſſure cependant que cette maniere a été pratiquée dans l'Arc de Triomphe qu'on voyoit il y a quelques années dans le Fauxbourg S. Antoine.

On dit *liaiſonner*.

LIBERTE', facilité, aiſance, légereté. *Liberté* & franchiſe de burin, *liberté* de pinceau.

La *liberté* n'eſt autre choſe qu'une habitude que la main a contractée pour exprimer promptement & hardiment l'idée que le Peintre a dans l'eſprit. Il y a une *liberté* délicate preſqu'imperceptible, & qui n'eſt bien ſenſible qu'aux yeux ſçavans. Il eſt rare de concilier la *liberté* & la correction.

LIBRATION. *Voyez* PONDERATION.

LIEN, piéce qui dans un aſſemblage de charpente, ou dans une conſtruction de maçonnerie retient les parties. *Lien* de bois, *lien* de fer.

LIEUX, LATRINES, on les pratique ordinairement au rez-de-chauſſée, au haut d'un eſcalier, ou dans les angles. Dans les grands Hôtels, & dans les maiſons commodes, on les place dans de petits eſcaliers, jamais dans les grands; dans les maiſons Religieuſes & de Communauté, les aiſances ſont partagées en pluſieurs petits cabinets de ſuite, avec une cuilliere de pierre, percée pour la décharge des urines. Elles doivent être carrelées, pavées de pierre, ou revêtues de plomb, & en pente du côté du ſiége, avec un petit ruiſſeau pour l'écoulement des eaux dans la chauſſée percée au bas de la devanture. On place préſentement les aiſances dans les garderobes, où elles tiennent lieu de chaiſes percées: on les fait de la derniere propreté, & en forme de baguette, dont le lambris se léve & cache la lunette. La chaussée d'aisance en est fort large & fort profonde, pour empêcher la mauvaise odeur : on y pratique aussi de larges ventouses. Le boisseau qui tient à la lunette est en forme d'entonnoir renversé, & soutenu par un cercle de cuivre à feuillure, dans lequel s'ajuste une soupape de cuivre qui s'ouvre & se ferme en levant & fermant le lambris du dessus, ce qui empêche la communication de la mauvaise odeur. On pratique dans quelque coin de ces *lieux*, ou dans les entresolles, au-dessus, un petit réservoir d'eau, d'où l'on amene une conduite à l'extrêmité de laquelle est un robinet qui sert à laver les urines qui pourroient s'être attachées au boisseau, & à la soupape : on pratique aussi une autre conduite qui vient s'ajuster dans le boisseau, & à l'extrêmité de laquelle est un robinet qui se tire au moyen d'un registre vers le milieu du boisseau, ce qui sert à se laver à l'eau chaude ou à l'eau froide, suivant les saisons. Ces robinets s'appellent *Flageollets*, & ces aisances, *lieux à l'Angloise*.

Il ne se trouve point de preuves dans les écrits, ni dans les bâtimens qui nous restent des anciens, qu'ils eussent dans leurs maisons des fosses à privé ; ce qu'ils appelloient *latrinæ*, étoit un lieu public, (il y en avoit plusieurs de cette espéce à Rome) où alloient ceux qui n'avoient point d'esclaves pour vuider & laver leurs bassins : ces bassins s'appelloient aussi *latrinæ à lavando* selon le sentiment de Varron.

Les latrines publiques étoient en divers lieux de la ville ; on les nommoit encore *sterquilinia*, elles étoient couvertes & garnies d'éponges, comme nous l'apprenons de Seneque dans ses Epitres.

Ils avoient pour la nuit la commodité des eaux qui couloient dans toutes les ruës de Rome, où ils jettoient les ordures. Les gens riches avoient comme je l'ai dit, des bassins que les valets avoient soin de vuider dans les égouts, dont toutes les eaux se rendoient dans le grand Cloaque, & delà dans le Tybre.

LIGNE, trait de plume, de crayon, ou de pinceau. *Ligne* droite, *ligne* courbe, *ligne* diamétrale, &c. c'est à la Geométrie à donner ces définitions.

LIMON, c'est une piéce de bois, posée obliquement, qui sert dans un escalier à porter les marches, & à soutenir les balustres.

LIMOSINAGE, c'est une maçonnerie brute de moilon & de mortier, dressée au cordeau : les manœuvres *Limousins* pour la plûpart, ont fait nommer ainsi cette maçonnerie grossiere, à laquelle on les employe.

LIPPI, [Philippe] vulgairement appellé frere Philippe, parce qu'il porta quelque temps l'habit de Carme : c'est le premier qui ait peint des figures plus grandes que le naturel. C'étoit un homme fort adonné aux femmes, & l'on prétend qu'il fut empoisonné par les parens d'une fille qu'il avoit séduite. Il mourut âgé de 57 ans.

LISTEL, petite moulure quarrée, qui en accompagne une plus grande qu'elle couronne, & qui sert aussi quelquefois à séparer les cannelures d'une colonne.

Les Italiens disent, *listello*, qui signifie la même chose que ceinture.

LIT, se dit ; 1o. de la situation d'une pierre dans la carriere. *Lit* tendre : c'est celui de dessous : *lit* dur, c'est celui de dessus.

2o. Des différentes assises de pierres. *Lit* de voussoir : c'est le côté caché dans les joints.

3o. Des petites poûtres & des travons qui composent le plancher d'un pont de bois, avec son *couchis*, c'est-à-dire, avec les *couches* de sable qu'on met dessus, à la hauteur d'un pied, pour y asseoir le pavé ; c'est ce qu'on appelle le *lit* d'un pont.

4o. Des différentes couches, soit de pierres, soit de marne, qu'on trouve dans les carrieres.

On trouve dans certaines montagnes successivement, un *lit* de pierre, un *lit* d'argile, un *lit* d'ardoise, &c.

LITHARGE, c'est une espéce de plomb, impreigné de cuivre, dont les Peintres se servent pour des vernis, & pour les couleurs.

Il y a deux ſortes de *litharge*, l'une d'un jaune doré, l'autre argentée.

La premiere s'appelle *litharge* d'or, & la ſeconde d'argent : on employe celle-ci dans la Peinture du verre.

LITRE, bande noire qu'on peint le long d'une Egliſe en-dedans ou en-dehors, & ſur laquelle on met des armes & des écuſſons : c'eſt un droit honorifique.

LOCALE. (Couleur) On appelle couleur *locale*, la couleur propre & naturelle de chaque objet qui le diſtingue des autres, & qu'il conſerve toujours en quelque lieu qu'il ſe trouve.

Les couleurs *locales* d'un tableau ſont bonnes lorſqu'elles expriment fidélement la nature : elles ſont mauvaiſes quand elles s'en écartent.

Les couleurs *locales* de le Brun, ſont mauvaiſes : les Peintres Venitiens ont excellé dans les couleurs *locales*.

LOGE. Les Italiens appellent *loges* 1o. certaines galleries ouvertes, ou portiques, dont les arcades ſont ſans fermetures mobiles : les *loges* du Vatican, de Monte Cavallo ; 2o. certains cabinets, certains donjons ou belvederes qui ſont au-deſſus du comble des maiſons.

Les *loges* du Vatican ont été peintes par Raphaël, par Jule Romain, & par d'autres excellentes mains. On voit dans la *loge* de *Ghiſi*, une belle Galathée de Raphaël.

Loges de theâtre. *Loges* de foire, ce ſont

les boutiques qu'on voit dans une foire fermée : *loges* de la Foire S. Germain.

Loges de ménagerie, ce sont des cages de pierre, où l'on garde des animaux féroces, comme des Lions, des Tigres, &c. Les *loges* de Chantilli.

LOINTAIN, se dit en Peinture des parties d'un tableau qui paroissent dans l'éloignement.

Les *lointains* sont ordinairement bleus à cause de l'interposition de l'air qui est entre nous & ces parties éloignées, mais à mesure qu'ils s'approchent de nous, ils quittent cette couleur chargée, & ils s'éclaircissent.

Au reste c'est le Ciel qui détermine la force ou la foiblesse des *lointains*, ils sont plus obscurs, quand il est plus chargé, & plus clairs, quand il est plus serain.

LONDRE, Ville Capitale d'Angleterre, dans le Comté de Midlesex, à trente milles de la mer, sur la Tamise, est une des plus grandes, des plus riches, & des plus marchandes Villes de l'Europe. Elle est fort ancienne : Pline, Tacite, Ammien Marcellin, & quelques autres, cités par les Historiens d'Angleterre, & sur-tout par Camden, en font mention. Elle est séparée d'un fauxbourg par la riviere, & s'y rejoint par un très-beau pont de pierre de dix-neuf arches, long de six cens pas, & garni de boutiques des deux côtés. Le Château, appellé communément la Tour de *Londre*, est un lieu remarquable pour sa situation ;

il renferme le Trésor & les Archives de l'Etat : il sert en même-temps d'Arsenal, & d'Hôtel de la Monnoye.

Le Palais du Roi, dit Witheal, est médiocre pour les bâtimens, mais considérable par les Peintures & les ameublemens.

La salle est un bâtiment nouveau destiné pour les Audiences extraordinaires; c'est-là que l'on traite les Ambassadeurs, & c'est pour cette raison qu'on lui donne le nom de salle de festin : près de ce Palais est le beau Parc de S. James.

Westmunster est un bâtiment plus régulier : c'est-là que l'on couronne les Rois, & que le Parlement de la Nation s'assemble. Dans l'Eglise qui est très-spacieuse, sont les tombeaux des Rois & des Reines d'Angleterre. Le commun Jardin, *Lincolsinfields*, *Morfields* & *Smithfields*, sont les places les plus considérables de *Londre*, à quoi l'on peut ajouter *Bedlam*, maison des foux, près de *Morfields*, la nouvelle bourse où les Marchands s'assemblent pour les affaires du négoce, *Guildehall* qui est la Maison de Ville, &c.

S. Paul de *Londre*, est selon quelques connoisseurs, la plus belle Eglise du monde après S. Pierre de Rome.

Une partie de la Ville de *Londre* fut brûlée l'an 1666, mais depuis ce temps, ces ruines ont été réparées avec beaucoup de magnificence. La Ville s'est aussi accruë dans le même-temps du côté de Westmunster,

Weſtmunſter, & l'on pouroit faire une grande Ville des maiſons qui ont été bâties depuis ce temps-là.

LONGPAN, c'eſt un ſeul mot. Le plus long côté d'un comble, s'appelle *longpan*.

LORETTE, Ville de la Marche d'Ancone en Italie, eſt ſituée ſur une colline, à une demie lieuë de la côte du Golfe de Veniſe, & à une lieuë de Recanati, du côté de Rome : c'eſt-là que l'on voit la fameuſe *Santa Caſa*, c'eſt-à-dire, la chambre où la Vierge naquit, & qui fut, dit-on, tranſportée dans ce lieu par les Anges.

Lorette eſt peut-être l'endroit du monde où il y a le plus de richeſſes, que la piété des Princes & des peuples y a entaſſées. L'Egliſe eſt toute de marbre de Carrare d'un ordre Corinthien, avec des bas-reliefs, & un prodigieux nombre de ſtatuës. On y trouve tout ce que la Peinture & l'Architecture ont de plus riche. Elle fut commencée ſous le Pontificat du Pape Pie II. vers l'an 1460, & fut achevée ſous celui de Jules II. c'eſt un bâtiment magnifique & fort exhauſſé, à deux galleries, avec un Dôme au milieu, ſous lequel eſt directement poſée la *Santa Caſa*, qui ne conſiſte que dans une ſeule chambre longue de trente-deux pieds, large de treize, & haute de dix-ſept : cette chambre eſt ſans fondemens, & l'on a laiſſé de l'intervalle entre ſes murs & ceux de l'Egliſe qui l'environne, ensorte qu'ils ne se touchent point : le devant d'Autel est d'or massif.

Le Trésor est peut-être le plus riche qui soit au monde : il y a toujours dix lampes d'or, & quarante d'argent, qui font une très-belle & continuelle illumination, outre un grand nombre d'autres qu'on allume certains jours : le nombre des diamans, des perles, & des autres pierres précieuses, est presqu'incroyable. Autour des Images de la Vierge & du petit Jesus, on voit deux chaînes enrichies de pierreries, avec une croix d'émeraudes estimée quatre mille ducats : on y voit aussi une robe donnée par l'Archiduchesse Isabelle, qui est semée de deux mille cinq cens pierres précieuses, & une autre donnée par Philippe IV. Roi d'Espagne, qui est enrichie de six mille trois cens quarante-huit pierreries. L'An 1584. Henri III. Roi de France y envoya une grande Coupe d'une pierre de Saphir de couleur d'azur, couverte d'un cristal, & enrichie de pierres précieuses, avec un Ange d'or au-dessus, soutenant une fleur de Lys faite de trois diamans.

Louis XIII. & la Reine Anne d'Autriche son Epouse y firent présenter deux couronnes d'or enrichies de diamans, l'une pour la Vierge, & l'aurre pour l'enfant Jesus ; avec ces couronnes il y avoit un Ange d'argent massif, soutenant la figure du Dauphin, d'or massif, couché ſur un baſſin avec cette inſcription : *Acceptum à Virgine Delphinum Gallia Virgini reddit* : cet ouvrage eſt d'un beau travail, & le préſent vaut au moins cent mille écus.

L'ORME [Philibert de] naquit à Lyon, & fut le plus célébre Architecte François de ſon temps. Il vêcut ſous les régnes de Henri II. de François II. & de Charles IX.

Catherine de Médicis l'honora de ſa bienveillance, & le chargea de l'Intendance des bâtimens du Louvre & des Thuilleries, où il a fait des travaux conſidérables ; il a auſſi préſidé à la conſtruction d'Anet, de S. Maur des Foſſés, & de quelques autres édifices. Il mourut en 1577. Il a laiſſé un traité conſidérable d'Architecture.

LOUAGE. On appelle dans un tableau figures de *louage*, ou figures à *louer*, certains perſonnages inutiles, & deſtinés uniquement à faire nombre.

LOUVE, morceau de fer, avec une main qu'on enfonce dans une pierre qu'on perce exprès. On ſerre la *louve* dans le trou avec deux coins de fer, qu'on appelle *louveteaux* : & par ce moyen on enléve la pierre du chantier.

Louver une pierre, c'eſt y mettre la *louve*. Celui qui poſe la *louve*, s'appelle *louveur*.

LOUVRE, Maiſon Royale, dans la Ville de Paris, d'une grandeur & d'une magnificence dignes de nos Rois.

Le *Louvre* a été commencé par François I. sur les desseins de l'Abbé de Clagny, & non pas par Henri II. comme le dit Felibien. Il a été continué par Henri II, par Catherine de Medicis, qui a fait bâtir les Thuilleries, par Henri IV. qui a joint les Thuilleries au Vieux *Louvre* par la grande gallerie ; cette gallerie avec une partie de l'appartement du Roi, fut brûlée le 6 Fevrier 1661, & fut depuis réparée. Louis XIII. fit construire le gros pavillon qui est au-dessus de la principale porte ; mais aucun de nos Rois n'a plus contribué que Louis XIV. à l'agrandissement, & à l'embelissement de ce superbe Palais. Ce Prince qui étoit alors dans la résolution de l'achever, fit venir tout ce qu'il y avoit de plus habiles Architectes dans le monde. Il a fait élever dans la grande cour trois aîles qui ne sont pas encore achevées. On y voit trois rangs de colonnes Corinthiennes & Composites : le comble est en terrasse. La façade qui est un des grands morceaux d'Architecture qui soient dans le monde, est soutenue de colonnes Corinthiennes hors d'œuvre. Le fronton n'est composé que de deux pierres, qui ont chacune cinquante pieds de longueur. Quoique les dedans ne répondent pas tout-à fait à la magnificence du dehors, ils ne laissent pas d'être bien decorés, & l'on y voit d'excellens morceaux de Peinture du Poussin, du Romanelli, du Bourdon, & de le Brun : tels que les bains de la Reine, la gallerie d'Apollon, & les chambres qui sont sous cette gallerie. La grande gallerie avoit été commencée par le Poussin, qui avoit résolu d'y représenter les travaux d'Hercule ; mais les bruits désobligeans que ses envieux, sur-tout Voüet, & ses partisans, ne cessoient de répandre contre la réputation de ce grand homme, le dégouterent de ce travail, & l'engagerent à retourner à Rome, où il resta toujours depuis.

LUCARNE, petite fenêtre prise dans un comble, & portée sur le mur de face, pour éclairer une chambre pratiquée dans la couverture.

Lucarne quarrée ; *lucarne* ronde.

Lucarne faitiere : c'est une simple ouverture pratiquée dans le toît, & recouverte d'une tuile.

Lucarne Flamande : c'est une *lucarne* de maçonnerie, qui porte sur l'entablement, & qui est couronnée d'un fronton.

Lucarne damoiselle : c'est une *lucarne* de charpente, qui porte sur les chevrons, & qui est couverte en triangle. *Daviler.*

LUCAS, vulgairement appellé *Lucas de Leyde*, parce qu'il étoit de cette Ville, gravoit & peignoit fort bien.

Il étoit si occupé de son Art, que le jour même qu'il expira on trouva sur le chevet de son lit, une planche qu'il avoit achevée peu d'heures auparavant. Il naquit en 1494, & mourut en 1533.

Il a peint aussi sur le verre, & il a

beaucoup perfectionné cet Art.

LUDIUS, Peintre Romain, fleurissoit sous Auguste, & étoit dans une grande estime.

Il avoit l'imagination capable des plus hautes entreprises, & il excella dans les grands sujets. Ce fut lui qui commença le premier à peindre en-dehors les maisons de Rome. Il représentoit tantôt des païsages, tantôt des fabriques.

LUMIERE. *Voyez* CLAIR & JOUR.

LUNETTE, espèce de voûte qui traverse les reins d'un berceau, pour donner du jour, pour en soulager la portée, & en empêcher la poussée. On la nomme *lunette* biaise, ou oblique, quand elle coupe obliquement un berceau, & rampante lorsque son ceintre est corrompu, comme sous une rampe d'escalier. *Daviler*.

On appelle encore *lunette*, de petites ouvertures ménagées dans un comble, ou dans une flêche, pour donner du jour & de l'air à la charpente.

LUTTI, (Benedetto) naquit à Florence en 1666, il fut l'éléve de Dominique Gabiani, & à vingt-quatre ans il étoit son émule. *Lutti* étoit un Peintre patient, laborieux, & difficile sur ses ouvrages, qu'il retouchoit sans cesse, & qu'il finissoit avec le dernier soin. Son pinceau étoit ferme & moëleux, sa maniere tendre & délicate, son coloris plein de fraîcheur, son dessein peu correct. *Lutti* mourut à Rome en 1724, âgé de près de cinquante-huit ans.

LUXEMBOURG, [Le Palais du] c'est un des plus superbes Palais qui soient en Europe, & peut-être le plus régulierement beau.

Il fut construit par les ordres de Marie de Medicis, Veuve de Henri IV. sur les desseins de la Brosse, qui consulta les plus fameux Architectes d'Italie, auxquels il envoya son plan.

Les fondemens en furent jettés en 1615, & il fut achevé en 1620.

La façade qui est sur la ruë, est en terrasse, ou en gallerie découverte, au milieu de laquelle est un pavillon avancé, qui porte deux ordres d'Architecture, l'un Toscan, l'autre Dorique. Ce Pavillon est couronné d'un Dôme, terminé par une lanterne de figure ronde, & au pourtour duquel on a posé plusieurs statuës pour lui servir d'accompagnement : c'est le morceau le plus élégant de tout l'ouvrage.

La principale porte du Palais est dans ce Pavillon, dont l'entrée est décorée de colonnes Doriques d'une belle proportion. L'étage supérieur est ouvert de quatre côtés par de grand arcs, dont chacun est accompagné de quatre colonnes de marbre, d'ordre Dorique. A chaque extrêmité de la terrasse, au milieu de laquelle est le Pavillon dont j'ai parlé, s'élévent deux autres Pavillons quarrés, qui, avec celui du milieu, forment trois avant-corps : l'Architecture est par tout décorée d'un bossage qui fait un très-bel effet. Ces deux Pavillons se joignent à un autre corps de logis, qui est au fond de la cour, par deux galleries plus basses que le reste du bâtiment, mais fort longues, qui sont soutenues chacune par neuf arcades, avec de grands corridors voûtés, sous lesquels on est à couvert.

Le principal corps de logis est au fond de la cour : on y arrive par une terrasse pratiquée dans la cour même, & ornée d'une belle balustrade, avec un grand perron qui la sépare de la cour, ce qui fait que les carrosses ne peuvent aller plus loin, & que quelque temps qu'il fasse, on est obligé de mettre pied à terre ; ce qui a été un défaut de jugement dans l'Architecte.

Le principal corps de logis, qui comme je l'ai dit, est au fond de la cour, & après la terrasse dont je viens de parler, est flanqué aux angles de quatre grands Pavillons arasés, & d'un autre au milieu qui est en saillie, & qui répond au Pavillon de la façade de la rue.

Les ordres d'Architecture qui regnent dans le principal corps de logis sont le Toscan, surmonté du Dorique, avec un Attique au-dessus.

Dans les quatre Pavillons qui le flanquent, on a ajouté l'ordre Ionique au Toscan & au Dorique, parce que ces Pavillons sont plus élevés que le reste. Au pourtour des combles, est une balustra-

de

de avec pilastres qui commence à l'entablement, & qui régne également par tout.

Les appartemens sont beaux, spacieux, commodes, & magnifiquement décorés. Outre la magnifique gallerie peinte par Rubens, & dont je parlerai, on y voit d'excellens morceaux de Peinture : entr'autres un tableau du *Guide*, qui représente la Richesse avec les attributs qui lui conviennent : un portrait de Medicis, par *VandeicK*, un autre tableau du *Guide*, qui représente David nud, avec la tête de Goliath, & un morceau de *Charle de la Fosse*, peint sur le plafond d'un des appartemens.

Avant que de finir ce qui regarde l'Architecture de ce Palais, pour passer à la description de la gallerie : j'observerai avec Mr Piganiol, de qui j'ai extrait presque tout cet article ; que les connoisseurs ont remarqué des défauts dans cet édifice, tout admirable qu'il est. On trouve que le portail de la ruë est trop étroit ; que les arcades des portiques sont trop hautes pour leur largeur, & les pilastres trop gros pour la gaieté des arcades : que les deux pavillons du principal corps de logis qui sont du côté de la cour, sont trop pressés, que le vestibule est trop étroit, que l'escalier est obscur & massif, &c.

La grande gallerie a été peinte par Rubens : elle fut commencée l'an 1620, & finie en 1623.

Elle consiste dans vingt & un tableaux, de neuf pieds de large, sur dix de hauteur, dans lesquels Rubens a peint l'Histoire de Marie de Medicis.

Le premier tableau représente les trois Parques, qui en présence de Jupiter & de Junon, filent les jours de Marie de Medicis.

Le second représente la naissance de la Reine : on y voit *Lucine* le flambeau à la main, qui reçoit l'enfant, & le met entre les mains d'une femme assise, qu'on reconnoît à ses attributs pour la Ville de Florence.

Le troisiéme représente l'éducation de cette Princesse ; Minerve lui montre à écrire : on y voit l'harmonie, Mercure, & les trois Graces, qu'on a depuis couvertes d'une draperie.

Le quatriéme & le cinquiéme représentent, l'un le projet du mariage de Marie de Medicis avec Henri IV. l'autre le mariage même de cette Princesse, que le grand Duc son oncle épouse au nom du Roi.

Le sixiéme représente l'arrivée de la Reine à Marseille.

Le septiéme, la célébration du mariage à Lion.

Le huitiéme, l'accouchement de la Reine, & c'est le plus beau au jugement des connoisseurs, pour la belle expression de joie & de douleur, qu'on voit sur le visage de cette mere, au moment de sa délivrance.

Le neuviéme représente Henri IV. qui ayant formé de grands desseins qui l'appelloient hors du Royaume, projette de confier à la Reine pendant son absence la Régence du Royaume.

Le dixiéme représente le Sacre & le Couronnement de la Reine à S. Denis.

Ces dix tableaux remplissent le côté du jardin.

Le onziéme qui est adossé au fond de la gallerie du côté opposé à la cheminée, représente deux actions, qui suivant la réflexion bien remarquable de Mr Piganiol, n'ont que trop de liaison, d'un côté est la mort du Roi, représentée poëtiquement : ce n'est point l'abominable *Ravaillac* qui tranche ses jours, c'est le Temps qui l'enleve dans le Ciel, où Jupiter & les autres Dieux le reçoivent dans leurs bras : de l'autre est la Reine en habit de deüil, assise sur un Trône, qui reçoit les hommages de toute la Noblesse à genoux, & qui prend en main la Régence.

Le douziéme représente les premiers troubles qui agiterent sa Régence : Ce tableau est à la suite du précédent, mais sur une autre ligne, & c'est le premier de ceux qui sont sur la cour, en commençant de ce côté-là.

Le treiziéme représente la Reine à cheval, un casque sur la tête : la Victoire, la Force, & la Renommée la suivent.

Le quatorziéme représente l'échange d'Anne d'Autriche, donnée en mariage à

Louis XIII. avec Iſabelle de France, qui épouſa Philippe IV. Roi d'Eſpagne.

Le quinziéme & le ſeiziéme repréſentent la Reine qui quitte la Régence & remet le timon de l'Etat à Louis XIII.

Le dix-ſeptiéme repréſente l'évaſion de la Reine, qu'on avoit miſe en priſon au Château de Blois.

Le dix-huit & le dix-neuf, le vingt & le vingt-un, offrent l'Hiſtoire de ſa réconciliation avec ſon fils.

A l'extrêmité de la gallerie, ſur la cheminée, vis-à-vis du tableau de la mort du Roi & de la Régence, eſt le portrait de Marie de Medicis peinte en Pallas.

LYCE'E, c'étoit ce Collége célébre, cette fameuſe Académie d'Athenes, où Ariſtote, Platon, & d'autres grands hommes enſeignoient la Philoſophie. Il y avoit pluſieurs portiques, & des allées d'arbres plantés en quinconche.

Ciceron fit bâtir à *Tuſculum*, aujourd'hui *Freſcati*, une eſpéce de *Lycée*, ſur le modéle de celui d'Athenes.

LYSIPPE, Sculpteur fameux de Sicyone, vivoit du tems d'Aléxandre le Grand, c'eſt-à-dire, dans le ſiécle des beaux Arts, environ 360 ans avant Jeſus-Chriſt. Il exerça d'abord le métier de Serrurier; mais par le conſeil du Peintre Eupompe, il s'adonna à la Peinture, qu'il quitta depuis pour ſe livrer à la Sculpture: il travailloit avec tant de facilité, que de tous les Sculpteurs de l'Antiquité, c'est celui qui a fait le plus grand nombre d'ouvrages. Un de ses plus beaux, étoit la statuë d'un homme qui se frotte en sortant du bain.

Agrippa l'avoit mise à Rome devant les *Thermes* qu'il fit construire. Le peuple étoit si enchanté de cette statuë, que Tibere l'ayant fait enlever pour la mettre dans son Palais, les Romains la lui redemanderent en plein Theâtre, & forcerent leur Empereur de la restituer.

Lysippe avoit encore fait une grande statuë du Soleil, sur un char, attelé de quatre chevaux, dont les Rhodiens firent une Divinité. Il fit aussi plusieurs statuës d'Aléxandre & de ses favoris, que Metellus transporta à Rome après avoir soumis la Macedoine.

Ce qu'on attribue de particulier à *Lysippe*, est d'avoir exprimé parfaitement les cheveux, & d'avoir fait les têtes plus petites, & les corps moins gros, qu'on n'avoit fait avant lui, ce qui donnoit beaucoup de relief à ses statuës.

Lysippe laissa trois fils, qui hériterent de ses talens, mais non pas tous au même dégré. *Eutycrate* s'est rendu le plus célébre.

M

MABUSE [Jean] Peintre, natif d'un Village de Hongrie, appellé *Mabuse*, étoit contemporain du fameux

Lucas de Leyde. Après avoir beaucoup travaillé dans sa jeunesse, & voyagé en Italie & ailleurs, il vint en Flandres, où il fit connoître le premier, la maniére de composer les Histoires, & d'y faire entrer le nud, ce qui ne s'étoit point pratiqué jusqu'alors.

On voit de ses ouvrages en plusieurs lieux des Païs-bas, & en Angleterre. Il fut fort sage & fort studieux dans sa jeunesse, mais dans la suite il s'adonna au vin. Il fut assez long-temps au service du Marquis de Verens. Ce Seigneur étant averti que l'Empereur Charle-Quint devoit lui faire l'honneur de loger chez lui, ordonna que tous ses domestiques fussent habillés de Damas blanc, & *Mabuse* comme les autres. *Mabuse* au lieu de laisser prendre sa mesure par le Tailleur, voulut qu'on lui donnât l'étoffe, sous prétexte d'imaginer quelque nouvel ajustement ; mais c'étoit en effet pour la vendre, & pour en porter l'argent au Cabaret comme il fit ; car sçachant que l'empereur ne devoit arriver que le soir, il crut qu'il lui seroit facile de se tirer d'affaire. Voici l'expédient qu'il imagina. Il colla ensemble des feuilles de papier blanc, y peignit un Damas à grande fleur, s'en fit lui-même une robe, & parut dans le cortége ; on le plaça entre un Poëte & un Musicien, qui étoient aussi de la maison du Marquis : l'Empereur trouva ce cortége si galant, quoiqu'il ne l'eût vû qu'aux flambeaux, qu'il voulut le lendemain matin le voir passer encore une fois avec plus d'attention : Il se mit pour cela à une fenêtre, & le Marquis auprès de lui. Quand *Mabuse* passa au milieu de ses camarades, l'Empereur remarqua l'étoffe du Peintre, & dit qu'il n'avoit jamais vû de si beau Damas; le Marquis le fit venir, & cette supercherie dont on s'apperçut de près, fit beaucoup rire l'Empereur; le Marquis fort en colére de ce que *Mabuse* avoit donné lieu de croire qu'il faisoit habiller ses gens de papier, le fit mettre en prison, où il demeura assez long-temps : il ne laissa pas de travailler dans la prison, & d'y faire quantité de beaux desseins. Il mourut en 1562.

MACHINISTE, c'est un homme qui a l'industrie d'inventer ou d'exécuter des machines, soit pour les Manufactures, soit pour le Theâtre, soit pour élever les eaux, soit pour soulever des fardeaux, &c.

Machiniste de l'Opera.

Mr le Marquis de Sourdeac & Mr Vigarani ont fait d'excellentes machines pour le Theâtre.

MAÇON, MAÇONNER, MAÇONNERIE. *Maçonnerie* se dit de l'art de *maçonner*, & de l'ouvrage même du Maçon.

Toutes les especes de *Maçonneries* se réduisent aujourd'hui aux cinq suivantes, que je vais expliquer.

Maçonnerie en liaison; c'est une construction de quartiers de pierres de taille, posés en recouvrement les uns sur les autres.

Maçonnerie de brique : c'est nne construction de briques posées en liaison, & proprement jointoyées, c'est-à-dire, cimentées avec du plâtre & de la chaux.

Maçonnerie de moilon : c'est une construction de moilons bien équarris, bien appareillés, & piqués dans leurs paremens, c'est-à-dire, dans leur côté apparent.

Maçonnerie de Limosinage ; c'est une construction de moilons brutes, dressés au cordeau, sans appareil, c'est-à-dire, sans être taillés. *Voyez* LIMOSINAGE.

Maçonnerie de *blocage* : c'est une construction de cailloux, & de rocailles, qu'on lie avec le mortier.

MADRIER, on appelle ainsi de grosses planches de chêne, d'environ trois pouces d'épaisseur, qui servent d'aire ou de plate-forme, soit à un bassin pour asseoir dessus la glaise, soit à un pont de bois, pour asseoir dessus le sable & le pavé, soit à une batterie de canon.

MALFAÇON, se dit en fait de constructions de tout défaut, soit du côté de la matiére, soit du côté de la forme. Ainsi employer de mauvais bois, de mauvais matériaux, faire des murs trop minces, de mauvaises fondations : mettre en œuvre du plâtre éventé & gâté, élever des murs sans leur donner l'empatement, & le fruit nécessaire, tout cela s'appelle *malfaçon*.

MANEUVRE, c'est le dernier des ouvriers de maçonnerie, celui qui sert les autres, & qu'on n'employe que dans les ouvrages les plus grossiers. On lui fait gâcher du plâtre, porter le mortier, les terres, les moilons, &c.

MANGANESE, c'est une pierre qui ressemble beaucoup à l'aiman pour la couleur & pour la pésanteur : c'est pourquoi on l'appelle en Latin *maganesia*. Lorsqu'on la mêle avec du safre, elle fait une couleur de pourpre, fort utile pour peindre le verre & les Emaux. On trouve cette pierre en Allemagne, dans le Piedmont, & en Italie aux environs de Viterbe : il y en a aussi en France dans le Perigord, c'est ce qui fait que nos ouvriers l'appellent communément, *Perigueux* : la meilleure est celle qui vient de Piedmont.

MANIER, MANIMENT. *Manier* le pinceau, le *maniment* des couleurs. Couleurs aisées ou difficiles à *manier.*

MANIERE, MANIERISTE, MANIERE'. *Maniere* en terme de Peinture est la même chose que style en terme de littérature : ainsi la *maniere* d'un Peintre est sa façon particuliere de dessiner, de colorier, de composer, d'exprimer ; selon que cette *maniere* approche plus ou moins de la nature & du beau : on l'appelle bonne ou mauvaise *maniere.*

C'est à la *maniere* qu'on reconnoît les ouvrages d'un Peintre, dont on aura déja vû quelque tableau.

La *maniere* dégénere en défaut lorſqu'elle eſt trop uniforme, & qu'un Peintre ſe copie continuellement lui-même, dans ſes attitudes, dans les airs de tête, dans les autres expreſſions : c'eſt ce que les Peintres appellent tomber dans la *maniere.*

Ceux qui tombent dans ce défaut, s'appellent *manieriſtes.* Un deſſein *manieré.* Les deſſeins du *Teſte* ſont *manierés.*

On diſtingue ordinairement trois *manieres* dans un même Peintre. La premiere, qu'il s'eſt formée ſur le goût de ſon maître : ainſi Raphaël travailla d'abord dans la *maniere* du Perugin. La ſeconde, qu'il s'eſt formée ſur ſon propre goût, & qui eſt la meſure de ſes talens & de ſon génie : ainſi Raphaël quitta la *maniere* du Perugin ſon maître, & s'abandonna à ſon propre génie. La troiſiéme qui dégénere ordinairement dans ce qu'on appelle proprement *maniere*, c'eſt le défaut dont je viens de parler, & c'eſt celui de preſque tous les Peintres, qui par ſterilité, ou par pareſſe, contractent la mauvaiſe habitude de ſe répeter. *De Piles.*

Maniere ne ſe dit qu'au ſingulier. La *maniere* du Pouſſin, & non pas les *manieres* du Pouſſin. Il faut en excepter deux cas : 1o. lorſqu'on parle de pluſients Peintres : connoître les *manieres*, c'eſt diſtinguer parmi pluſieurs tableaux, l'Auteur de chacun en particulier. 2o. Lorſqu'on parle des différentes *manieres* d'un Peintre ; Raphaël a eu plusieurs *manieres.*

MANNEQUIN, figure factice de bois ou d'ozier, dont les membres sont mobiles, & souples à tous les mouvemens que le Peintre veut leur donner ; on s'en sert pour disposer les draperies, & pour accommoder les différens plis. Il ne faut pas que les draperies sentent trop le *mannequin*, c'est-à-dire, qu'on doit éviter la rudesse & la dureté des plis, tels que ceux des étoffes qu'on arrange sur le *mannequin.*

Il est une autre espéce de *mannequins* ou de modéles, qui servent aux Peintres non seulement pour les draperies, mais pour toutes sortes d'attitudes, principalement pour celles qui sont difficiles à soutenir long-temps.

Ce sont des figures de cire ou de carton de grandeur naturelle, qui représentent des hommes, des femmes, des enfans, des animaux.

Ces *mannequins* se disposent, tantôt sur des plans inclinés ou sur des tables qui se haussent & qui se baissent, tantôt sous des plafonds, où on les couche sur des grilles ou sur des treillages, tantôt en l'air, suspendus par des cordons.

Le *Tentoret* imagina de petites chambres d'ais ou de carton, dans lesquelles il disposoit ses *mannequins* avec des portes & des fenêtres, par où il distribuoit des lumieres artificielles sur les figures.

MANSARDE ; on appelle Mansardes certaines fenêtres qu'on pratique dans un comble, que l'on coupe & que l'on brise en cet endroit, suppléant au défaut du véritable comble, par un faux comble qui fait la partie supérieure de la *mansarde* : ces fenêtres doivent leur nom & leur origine à François *Mansard*.

MANSARD, [François] un des plus grands Architectes du monde, naquit à Paris en 1598. Il apporta en naissant les plus heureuses dispositions pour son Art, un goût exquis, un esprit solide, une profonde pénétration, une imagination des plus belles, & un amour infatigable du travail. Ses pensées étoient nobles & grandes pour le dessein general d'un Edifice, & son choix toujours heureux & délicat pour les profils de tous les membres d'Architecture qu'il y employoit. S'il lui venoit en travaillant de plus belles idées que celles où il s'étoit d'abord arrêté, il les suivoit lorsqu'il en étoit le maître, & souvent il a fait refaire jusqu'à trois fois les mêmes morceaux. Il poussoit en cela la délicatesse jusqu'au scrupule, & jusqu'à l'indécision, étant quelquefois tellement partagé sur le choix de ses différentes idées qu'il ne sçavoit à laquelle se fixer : c'est ce qui lui arriva lorsqu'il fut question d'arrêter le dessein de la façade du Louvre.

Mansard en avoit fait plusieurs, qu'il présenta à Mr Colbert, mais il n'y en avoit aucun de fini. Dans chaque dessein il y avoit deux ou trois pensées, sur le choix desquelles il n'avoit pû encore se déterminer, M. Colbert témoigna être fort ſatisfait de la beauté de ces différens deſſeins, & ſur-tout de la fécondité de *Manſard*, mais il l'exhorta à choiſir celui de ces plans qui lui paroîtroit le meilleur, & à le mettre au net, pour qu'on pût le montrer au Roi. *Manſard* répondit qu'il ne pouvoit ſe lier ainſi les mains, & qu'il vouloit ſe réſerver toujours le pouvoir de mieux faire, & ſe rendre par-là plus digne de l'honneur qu'on lui faiſoit. Le ſage Miniſtre répliqua que s'il n'étoit queſtion que d'un bâtiment ordinaire, il ne ſeroit pas en peine de le voir recommencer à pluſieurs repriſes; mais que s'agiſſant d'un bâtiment d'une telle conſéquence, il ne pouvoit ni ne devoit ſouffrir qu'on courut les riſques de faire inutilement une ſi grande dépenſe.

Manſard ne ſe rendit pas à ces raiſons, & c'eſt ce qui l'empêcha d'avoir la conduite de cet ouvrage.

Manſard qui étoit auſſi mauvais courtiſan que grand Architecte, s'étoit brouillé encore à la Cour quelques années auparavant, au ſujet de l'Egliſe du Val-de-grace. Cette Egliſe, dont la Reine Mere l'avoit chargé de conduire & de diriger les travaux, étoit à peine commencée, qu'on fit entendre à cette Princeſſe que de la maniere dont s'y prenoit *Manſard*, elle ne pourroit être achevée qu'avec des ſommes immenſes, qui excéderoient beaucoup celles que la Reine y avoit deſtinées.

Cette Princesse proposa à *Mansard*, les difficultés qu'on lui faisoit, & ayant trouvé un peu de roideur & d'opiniâtreté dans ses réponses ; elle lui ôta la direction de cet édifice, qui quoique très-beau seroit sans doute plus parfait, plus simple, & plus Majestueux, si *Mansard* l'avoit achevé. Cet Architecte, quelque tems après entreprit la Chapelle du Château de Fresne, pour Mr de Guenegaud Sécrétaire d'Etat, & il y exécuta en petit le superbe dessein qu'il avoit projetté pour le Val-de-grace : c'est le morceau le plus élégant d'Architecture qui soit dans ce genre.

Les principaux ouvrages de *Mansard*, sont le Portail de l'Eglise des Feuillans de Paris.

Le Château de *Maisons* qui est un chef-d'œuvre.

L'Hôtel de la Vrilliere.

L'Eglise de la Visitation de Sainte Marie, ruë S. Antoine, dont le Dôme est d'une grande élégance, & l'Hôtel de Carnavalet dont il a fait la façade en conservant avec beaucoup d'Art, l'ancienne porte, & quelques bas-reliefs exquis de *Goujon*, qui se raccordent aussi parfaitement avec les nouveaux ouvrages qu'il y a faits, que si tous ces travaux eussent été faits en même-temps.

Mansard mourut au mois de Septembre de l'année 1666 ; c'est lui qui a inventé cette sorte de couverture qu'on nomme *Mansarde*, où en brisant les toits, on trouve moyen d'y pratiquer des logements commodes & agréables.

Il y a eu un autre *Manſard* (Jule Hardouin) qui étoit fils d'une ſœur de François *Manſard*, dont il prit le nom & les *armes*.

Il a fait une fortune beaucoup plus conſidérable que ſon oncle, & comme il avoit moins de mérite, elle fut moins enviée & monis traverſée. Il fut non-ſeulement premier Architecte du Roi, comme ſon oncle, mais Chevalier de S. Michel, & ſur-Intendant des Bâtimens.

C'eſt lui qui a donné les deſſeins de la plûpart des édifices qui ſe ſont faits ſous Louis XIV. & en particulier de Verſailles.

Il mourut à Marly le 11 Mai 1708, & il fut inhumé à Paris dans l'Egliſe de S. Paul, où l'on voit dans la Chapelle de la Communion, un monument de marbre, élevé à ſa gloire, & travaillé par Coizeveaux.

MANTEAU. Le *manteau* d'une cheminée.

C'eſt ce qu'on voit d'une cheminée dans une chambre, comme les jambages, le chambranle, la gorge ou attique, la corniche, &c.

Les anciens *manteaux* de cheminée étoient faits en hotte, comme celui de la grande chambre du Palais.

MANTOUE, ſi l'on en croit Euſebe, eſt une des plus anciennes Ville du monde. Elle a été bâtie 430 ans avant Rome, & par conféquent près de 1200 ans avant J. C. Elle eſt la Capitale du Duché qui porte ſon nom.

Cette Ville qui eſt ſituée dans un Lac qui l'environne de toutes parts, eſt d'une très-forte aſſiette: ſes murailles ont environ quatre milles de circuit, & ſa Citadelle eſt très-forte. Elle eſt grande, bien bâtie, ornée de pluſieurs Palais, & de magnifiques Egliſes. La Cathedrale ſurtout, qui eſt de l'Architecture de Jule Romain, eſt un vaiſſeau très-vaſte, & bien décoré. La voûte eſt toute dorée, & l'on trouve dans cette Egliſe d'excellens tableaux: comme le S. *Antoine* de *Paul Veroneſe*, le S. Paul du Parmeſan, &c.

Le Palais du Duc eſt très-vaſte & bien diſtribué, quoique l'Architecture extérieure ne ſoit pas fort réguliere. Rien n'étoit plus précieux que les ameublements de ce Palais, avant le dernier ſac de *Mantouë*, arrivé en 1630. On y voyoit entr'autres raretés, ſix tables d'une richeſſe & d'une ſtructure extraordinaire. La premiere étoit toute d'émeraudes, jointes ſi artiſtement qu'elle paroiſſoit d'une ſeule piéce; la deuxiéme étoit de Turquoiſes; la troiſiéme d'Hyacinthes; la quatriéme de Saphirs violets; la cinquiéme d'Ambre, & la ſixiéme de Jaſpe.

Le Palais du Duc avoit ſept ameublemens differens, pour chacun des appartemens, outre une infinité de tableaux, de ſtatuës, de vaſes d'or, &c. tout cela a été pillé par les Allemands, qui ont commis

mis d'horribles désordres dans cette malheureuse Ville : c'est assez leur maniere de faire la guerre.

MARAT, (Carle ou Carlo) naquit à Camerano, Ville de la Marche d'Ancône, l'an 1625. Il fut l'éléve d'André Sacchi, & il s'attacha particulierement aux ouvrages de Raphaël, des Carraches, & du Guide, qu'il prit pour modéles, & sur lesquels il se forma un excellent goût. » Ses compositions, dit Mr Gersaint, étoient sages & élégantes : sa maniere vague & spirituelle, ses figures » nobles & d'un beau choix, & sa couleur agréable : enfin il devint un des » plus gracieux Peintres de son temps, » & ses tableaux furent très-recherchés, » même pendant sa vie. *Catalogue du Cabinet de M. de Lorengere.* »

Il mourut le 15 Novembre 1713, âgé de 88 ans. Il a gravé quelques-uns de ses desseins à l'eau forte.

MARBRE, pierre dure & susceptible d'un beau poli : on en compte une infinité d'espéces : voici les principales.

Le *marbre* blanc ; le *marbre* noir ; le *Porphyre*, qui est d'un rouge foncé ; le Serpentin, qui est d'un verd brun ; le Granite, dont il y a deux espéces principales, l'une jaunâtre tachetée de blanc, l'autre bleuâtre, nuancée de gris ; le Jaspe, qui a diverses couleurs ; le *marbre* Africain, en partie rouge brun, avec des veines de blanc sale, en partie couleur de chair, avec quelques filets verds ;

le *marbre* d'Auvergne, de couleur de rose, mêlé de violet, de verd & de jaune; le *marbre* de *Carrare*, &c. le dernier est d'un très-beau blanc, & c'est le plus parfait pour les ouvrages de Sculpture : on le trouve sur la côte de Genes, & les plus beaux Palais de cette Ville, justement appellée la Superbe, en sont construits.

En parlant des défauts du *marbre*, on dit, *marbre fier*, c'est un *marbre* difficile à tailler, & sujet à s'éclater; *marbre filardeux*, c'est celui qui a des fils ou filets; *marbre terrasseux*, c'est celui qui a des tendres, ou des parties terreuses, qu'il faut remplir avec du mastic : les *marbres* du Languedoc sont *terrasseux*. On dit encore en parlant des différentes façons du *marbre* :

Marbre brut, c'est le *marbre* tel qu'il sort de la carriere; *marbre dégrossi*; *marbre* ébauché; *marbre* fini; *marbre* poli.

On polit le *marbre* de différentes manieres : la plus commune est de le frotter avec le grais & la pierre de Gothlande, d'y passer ensuite la pierre de ponce, & de le frotter à force de bras avec un tampon de linge, & de l'Emeril.

Quelquefois au lieu de linge, on prend un morceau de plomd qu'on passe & repasse continuellement sur l'Emeril : le *marbre* en acquiert un poli très-luisant & de longue durée, mais ce travail est fort long, & fort pénible.

Marbre Artificiel, c'est un *marbre* facti

ce : la compoſition la plus ordinaire, eſt de Gyp, qu'on maſtique en maniere de ſtuc, & qu'on peint de différentes couleurs.

MARBRER, peindre en façon de marbre.

MARBRIER, c'eſt l'ouvrier qui ſcie, qui polit, & qui taille le marbre.

Il ne faut pas confondre le *Marbrier* avec le Sculpteur, ce ſeroit confondre le Tailleur de pierre, avec l'Architecte.

MARBRIERE, c'eſt la carriere d'où l'on tire le marbre.

MARC ANTOINE RAIMONDI, natif de Bologne, Graveur célébre dans les XV. & XVI. ſiécles, fut un des plus excellens éléves de François Francia, qui peignoit dans cette Ville. Après avoir acquis une grande facilité de manier le burin dans les ouvrages d'Orfévrerie ; il alla à Veniſe où il vit des eſtampes qu'Albert Durer avoit faites au burin, & en taille de bois. Il en acheta pluſieurs, entr'autres la Paſſion gravée en taille de bois, & faiſant réfléxion ſur l'honneur & le bien qu'il auroit acquis s'il ſe fut occupé à graver de cette maniere, il réſolut de s'y appliquer entierement. Il ſe mit à copier ſi adroitement cette paſſion d'Albert par de groſſes hachures ſur le cuivre, qu'on l'eut priſe pour de la taille en bois, & pour que la contrefaction parut moins, il y mit juſqu'à la marque d'Albert, A. B. cet ouvrage trompa tout le monde, & perſonne ne le crut de Marc-

Antoine, & même on le vendit à Venise pour un ouvrage d'Albert Durer. On l'écrivit en Brabant à Albert, à qui l'on envoya une passion de celles que Marc-Antoine avoit gravées : cette contrefaction mit Albert dans une colere si violente, qu'il partit d'Anvers, & se rendit à Venise, ou il eut recours à la République, se plaignant du tort que lui faisoit Marc-Antoine; mais il ne put rien obtenir, sinon que la marque d'Albert ne pourroit être mise davantage sur les planches de Marc-Antoine : ce dernier se rendit à Rome, où la premiere piéce qu'il grava fut une Lucrece d'après *Raphaël*. On la fit voir à ce grand Peintre, qui prit Marc-Antoine en amitié, & lui fit graver son tableau du Jugement de Paris, celui du Massacre des Innocens, & plusieurs autres : cette maniere de faire connoître les tableaux, acheva de répandre la réputation de *Raphaël* dans toute l'Europe, & fit naître à plusieurs Dessinateurs l'envie de s'appliquer à la gravure, & de devenir éléves de Marc-Antoine. Les plus célébres furent Marc de Ravenne, & Augustin Venitien qui ont gravé plusieurs desseins de *Raphaël*, & de *Jule Romain*. *Marc-Antoine*, après la mort de *Raphaël*, grava d'après les desseins de *Jule Romain*, les planches fameuses qui furent mises dans le livre infâme de l'*Aretin*.

Il fut arrêté à Rome par ordre du Pape Clément VII. & s'étant sauvé de la prison, il s'en alla à Florence, où il acheva de graver le S. Laurent, du dessein de *Bacchio Bandinelli* : ce dernier se plaignoit quelquefois au Pape que Marc-Antoine gâtoit son ouvrage; cela vint aux oreilles de Marc-Antoine, qui dès que sa planche fut finie, l'apporta au S. Pere avec le dessein de *Bandinelli*. Clément qui étoit connoisseur, en jugea tout autrement, & reconnut que cet habile Graveur avoit corrigé beaucoup de fautes du Sculpteur *Bandinelli*, de sorte que par la beauté de cette estampe, Marc-Antoine regagna les bonnes graces de Clément VII.

Mais la prise & le sac de Rome, l'an 1527, réduisirent *Marc-Antoine* presque à la mendicité; car pour se tirer des mains des Allemands qui l'avoient fait prisonnier, il fut obligé de leur donner tout l'argent qu'il avoit : ainsi il sortit de Rome, où il ne retourna plus.

MARCHE, dégré, c'est la partie de l'escalier ou d'un perron, sur laquelle on pose le pied.

Marche de pierre; *marche* de bois; *marche* de marbre; *marche* de gâzon, dans des jardins.

Giron d'une *marche*, c'est sa largeur, ou sa capacité; *marche* droite, c'est une *marche* quarrée, & dont le giron est contenu entre deux lignes paralléles; *Marche d'angle*, c'est celle du quartier tournant, qui forme un angle entier, & qui est la plus grande; *marche* de demi-angle, ce sont les deux plus proches de la *marche* d'angle; *marches gironnées*, ce sont celles des quartiers tournants dans les escaliers ronds, ou ovales; *marches* rampantes, ce sont celles dont le giron ou la capacité est fort large, & en pente; *marche* palier, c'est la *marche* qui fait le bord d'un pallier. *Daviler*.

MARFORIO, c'est une grande statuë antique couchée de son long, qui paroît représenter un fleuve, & dont on ignore le nom & l'origine. Cette figure dont le travail est très-médiocre, n'est célébre que par les Satyres qu'on y attache à Rome, aussi bien qu'à celle de Pasquin, qui est une autre statuë du même genre.

MARGARETONE, Peintre & Sculpteur naquit à Arezzo, dans le XIII. siécle. Il fut employé par le Pape Urbain IV. à faire quelques tableaux dans l'Eglise de S. Pierre.

Depuis les habitans d'Arezzo le choisirent pour travailler au tombeau du Pape Grégoire X. qui étoit mort dans leur Ville, l'an 1275. Il fit la Statuë de ce Pape en marbre, & embellit de plusieurs tableaux la Chapelle où étoit son tombeau. Il mourut âgé de 77 ans.

MARINE. Les Peintres appellent *marines*, certains tableaux où ils représentent des mers, des vaisseaux, des Ports de mer, des tempêtes, & d'autres sujets *marins*.

Philippe de *Liano*, surnommé le Napolitain, a fait d'excellentes *marines*.

En terme d'Architecture on appelle colonne *marine*, une colonne taillée en glaçons, ou faite de coquillages par bandes en bossage, ou continués sur la longueur de son fût, ou bien par tronçons.

MARLY. Cette Maison Royale, quoique petite, & d'une Architecture très-commune, est une des plus délicieuses maisons de plaisance de nos Rois, & celle ou Louis XIV. se plaisoit le plus.

Les bâtimens consistent dans un grand Pavillon Isolé, & dans douze petits, qui sont en deça, six d'un côté, & six de l'autre.

Le Salon est la seule piéce considérable du principal Pavillon, & c'est un très-beau morceau. Il est décoré de seize pilastres d'un très-bel ordre, éclairé par quatre croisées vastes, & par quatre petites fenêtres ovales.

Les petits Pavillons de chaque côté se joignent par des berceaux, & se terminent de part & d'autre à deux Pavillons de treillage, qui sont derriere le château.

Les jardins sont moins spacieux & moins superbes que ceux de Versailles; mais ils ont quelque chose de plus naturel, & de plus galant, outre que la vûe en est sans comparaison plus belle.

Deux allées de tilleuls pliés en portiques se répondent, & forment un spectacle charmant; c'est peut être ce qui s'est jamais imaginé de plus galant en fait d'ornemens de jardins.

La *Cascade rustique*, & la *Fontaine des quatre gerbes*, sont de fort belles piéces d'eau.

La grande Caſcade qui a été détruite, étoit un ouvrage admirable.

Je ne puis finir cet article ſans dire quelque choſe de la fameuſe Machine de *Marly*.

« C'eſt un ouvrage unique dans ſon « eſpéce, dit Mr Piganiol. Elle eſt com» poſée de quatorze rouës, ſept ſur le » devant, & autant ſur le derriere. Ces » rouës ont chacune deux manivelles qui » ſont attelées à treize grandes chaînes, » à ſept petites, & à huit équipages, » qui menent ſoixante & quatre corps » de pompes ſur la riviere, ſoixante & » dix-neuf à mi-côte, & quatre-vingt» deux au puiſart ſupérieur : ces deux » cens vingt-cinq corps de pompes font » monter les eaux ſur une tour qui eſt à » ſix cens dix toiſes de la riviere. L'eau » étant dans la tour, entre dans l'aque» duc, qui a trois cens trente toiſes de » long, & de-là eſt conduite par deux » tuyaux de fer de dix-huit pouces, juſ» qu'aux réſervoirs de *Marly*, qui en ſont » éloignés de trois cens cinquante toiſes. » *Deſcription de Paris, Tome VIII. Art. Marly.*

MARNE, pierre graſſe, molle, & blanchâtre, dont on fait de la chaux.

La carriere d'où l'on tire la *Marne*, s'appelle *Marniere*, & l'ouvrier qui la tire, *Marneron*.

MAROC, Ville d'Afrique, dans la partie Occidentale de la Barbarie. Elle eſt ſituée dans une belle plaine, à cinq ou ſix lieuës du Mont-Atlas, & fermée

de

de bonnes murailles : cimentées à chaux & à sable, mêlés avec de la terre grasse, ce qui rend le ciment si dur, que le pic en fait sortir du feu comme du caillou.

Quoique la Ville ait été plusieurs fois saccagée, il n'y a pas une seul brêche, ce qui est surprenant, d'autant que ses murailles sont d'une hauteur extraordinaire. Elle a vingt-quatre portes, & peut contenir cent mille habitans. Du côté du Midi, il y a une grande Fortéresse qui renferme plus de quatre mille maisons. Proche d'une des portes de cette Forteresse, on voit une superbe Mosquée qu'Abdulmumen deuxiéme Roi de Maroc, de la lignée des Almohades fit bâtir, & que Jacob Almansor petit fils de ce Prince, embellit de pierres de Jaspe & d'Albâtre qu'il emporta d'Espagne, y ajoutant comme par trophée les portes de la grande Eglise de Seville, couvertes de petites lames de bronze, dont le travail est admirable.

Il mit aussi dans ce Temple deux grosses Cloches qu'il enleva d'Espagne, & qu'il fit suspendre renversées, parce que les Maures, non plus que les Mahométans, n'ont point l'usage des Cloches.

Il y bâtit encore une Tour, au haut de laquelle il fit attacher à une grosse barre de fer quatre pommes revêtues de lames d'or, les unes au-dessus des autres : la plus grande tient huit mesures de bled, la seconde quatre, & les autres à proportion. Chaque mesure est d'un boisseau

& demi, ou environ : le corps de chaque pomme est de cuivre, couvert d'une lame d'or.

Il y a dans la Ville une belle & grande Place, nommée *Cereque*, où se font les réjouissances publiques, dans les fêtes solemnelles.

Le Palais du Roi est en face, & accompagné de plusieurs Hôtels magnifiques, les uns à l'antique, & les autres à la moderne.

Dans le Palais du Roi, il y a une Mosquée avec sa Tour, où l'on voit trois pommes de cuivre doré attachées de la même maniere que celles d'or qui sont au haut de la Tour, bâtie par Jacob Almansor, proche de la Forteresse, mais elles ne sont pas si grosses.

La plus célébre Mosquée de Maroc, est celle qui porte le nom *d'Ali-Ben-Joseph*, qui la fit bâtir. La structure en est admirable, & la Tour est estimée la plus haute de toutes celles d'Afrique. Les murailles ont douze pieds d'épaisseur, & trois hommes à cheval peuvent monter de front jusqu'au haut, tant les dégrés de l'escalier sont plats & larges. Au faîte de la Tour, il y a trois pommes d'argent attachées à une grande barre de fer de la même façon que celles dont nous avons parlé : on dit que la plus grosse contient douze mesures de bled, la seconde huit, & la troisiéme quatre.

Les Historiens du païs, disent, qu'*Ali-Ben-Joseph* les fit mettre là en mémoire d'une grande Victoire qu'il avoit remportée sur les Chrétiens en Espagne, & que cet argent est la dixiéme partie du butin qui lui appartenoit.

Une des choses les plus remarquables de cette Ville, est un superbe Château d'eau, ou Réservoir dans lequel les eaux s'assemblent & se distribuent par quatre cens aqueducs qui viennent tous du midi, & sont creusés en terre fort avant.

Quelques-uns disent que cette eau venoit d'une riviere qui sort du Mont-Atlas à six lieuës de-là, & dont le canal étoit caché sous terre; d'où il arrivoit qu'on ne pouvoit découvrir d'où venoit l'eau, ni par où elle couloit: pour s'en éclaircir, quelques Rois firent entrer des hommes par ces canaux avec des lanternes, & des provisions de bouche pour deux ou trois jours, leur commandant d'aller jusqu'à la source, mais ils ne rapporterent rien de certain, & alleguerent chacun divers obstacles qui avoient embarrassé leur recherche; les uns dirent qu'au bout de deux lieuës ils avoient trouvé un air si froid & si vif, qu'il éteignoit les flambeaux; les autres qu'ils avoient trouvé le canal bouché par des pierres, ou par la terre; quelques-uns, qu'ils avoient rencontré en quelques endroits des flaques d'eau qu'ils n'avoient pû traverser; mais le cherif *Mulei* Abdalla, qui régnoit l'an 1560, fit construire de grands puits du côté d'où venoient les eaux à deux ou trois lieuës de la

Ville, où la terre commence à s'élever; & recueillant toute l'eau dans un réservoir, il la conduisit par un aqueduc dans la Ville; ensuite il fit boucher tous les puits & les regards, ensorte qu'on ne sçait plus d'où vient l'eau, ni où sont les aqueducs. Ce fut un trait de la politique de ce Prince qui en agit ainsi, afin que dans un siége on ne pût ôter entierement l'eau aux assiegés.

MAROUFLER, terme de Peinture: c'est coller un tableau peint sur toile avec de la colle forte, ou des couleurs grasses, en l'appliquant sur du bois, ou sur un enduit de plâtre.

MARQUETERIE. On fait avec des bois de differentes teintes des ouvrages de *marqueterie* qui imitent fort bien la Peinture, & qui représentent des bâtimens, des perspectives, des figures mêmes.

On refend, on scie ces bois par feuilles, de l'épaisseur d'une ligne ou deux. Les ouvriers en *marqueterie*, assemblent ces différentes pièces sur un dessein tout préparé: ils en forment les principales parties de leurs figures, en coupant les bois selon le profil du dessein. Quant aux petits ornemens, & aux choses plus délicates, ils les dessinent à part, & les posent dans des vuides, qu'ils ménagent adroitement.

Jean *Macé*, natif de Blois, est un des Artistes qui s'est le plus distingué dans les tableaux de *marqueterie*.

Les gens du métier appellent ce genre de peindre, la *Peinture en bois*.

MARS. [Temple de] On voit encore aujourd'hui de précieux vestiges de cet ancien Temple, dans un endroit de Rome appellé *la place des Prêtres*, entre la Rotonde, & la colonne Antonine. Sa forme est periptere, c'est-à-dire, qu'il est environné d'allées en forme de Cloître. Sa maniere est Picnostyle, ou à colonnes pressées. Les entre-colonnes ont un diamétre & demi: la largeur des portiques qui l'environnent, excéde celle des entre-colonnes de toute la saillie des antes, ou pilastres des murs; les colonnes sont Corinthiennes, & leur base Attique. Cette base a sous la ceinture de la colonne un petit tondin, ou astragale; le listeau de la ceinture a fort peu de saillie, & fait un très-bel effet. Le chapiteau est taillé à feuilles d'olives, & d'une bonne maniere. L'architrave au lieu du talon ordinaire qui la termine, a un ovicule, & au-dessus un cavet enrichi de beaux ornemens. La frise est bombée, & la saillie de sa convexité est de la huitiéme partie de sa hauteur: les modillons de la corniche sont quarrés, & le larmier est au-dessus, sans denticules, suivant les régles de Vitruve, qui les fait incompatibles avec les modillons, quoique cette régle soit rarement observée dans les bâtimens antiques. Au-dessus de la grande corniche aux côtés du Temple, il y en a une autre petite, le vif de laquelle tombe à plomb sur celui des modillons, & elle devoit porter des figures, qui par ce moyen eussent été vûes toutes entieres, au lieu qu'autrement les pieds & une bonne partie des jambes fussent demeurées couvertes par la saillie de la corniche. Au-dedans du portique il y a une architrave de même hauteur que celle qui est au-dehors, mais néanmoins différente en ce qu'elle est à trois faces : les moulures qui divisent chaque face, sont de petites doucines ornées de feuilles, & de petits arcs. Cette architrave soutient la voûte du portique. L'entablement entier fait une de cinq parties & demi de la hauteur des colonnes, & quoiqu'il n'ait pas tout-à-fait la cinquiéme partie, cependant il a beaucoup de grace, & fait un bel effet. Les murs étoient incrustés de marbre, avec des niches entre les colonnes, tout-à-l'entour. On voit une des aîles de ce Temple presque toute entiere, par le moyen de laquelle & de ce qu'on a pû tirer des autres ruines, *Palladio* nous a donné en entier le plan de cet édifice : c'est sur ce plan que l'on s'est réglé dans cette description.

MASCARON. Les Architectes appellent *Mascarons* certaines têtes comiques, ou certains masques de Sculpture qu'ils placent au-dessus des grandes portes, dans le milieu des arcades ou des portiques, au haut des grottes, à l'orifice des fontaines, &c. Les Italiens disent *Mascarone*.

MASO-FINIGUERRA, Orfévre

Florentin, fut l'inventeur de la gravure. *Voyez* ESTAMPE & GRAVURE.

MASSE, terme de Peinture, se dit des lumieres & des ombres. Il signifie amas; grandes *masses* de lumieres; *masses* d'ombres.

MASSICOT, c'est de la ceruse brûlée, & calcinée.

Massicot blanc; *massicot* citron; *massicot* doré.

Le dégré de cuisson & de calcination détermine la couleur du *massicot*.

Le *massicot* est une couleur terrestre & crasse fort difficile à manier.

MASSIF est tantôt adjectif, tantôt substantif: on le dit adjectivement d'un édifice pésant & peu dégagé. Un perystile *massif*; une colonne *massive*; un entablement *massif*.

MASSIF se dit substantivement de certains assemblages de maçonnerie.

Massif de pierre; *massif* de moilon; *massif* de blocage. *Voyez* MAÇONNERIE.

MASTIC, espéce de ciment & de mortier, dont on se sert pour fermer les jointures des marbres, pour boucher les ouvertures des tuyaux de grais, pour remplir les défauts du bois, & pour divers autres usages.

Le *mastic* qu'on employe pour jontoyer les marbres, est une composition de brique pulvérisée, de poix résine & de cire: l'on y mêle quelquefois des couleurs, afin que les jointures soient moins sensibles, & imitent la couleur du marbre. On dit aussi *mastiquer*.

MAT, se dit des couleurs ternes, & qui ont perdu leur lustre. Couleurs *mattes*, voyez EMBOIRE.

On le dit encore de certaines couleurs épaisses, & difficiles à manier ; la terre d'ombre & le massicot, sont des couleurs *mattes*.

MATERIAUX, on prononce matereaux.

On le dit de toutes les matieres qui entrent dans les constructions, comme la pierre, le plâtre, le bois, le fer, &c. On ne le dit jamais qu'au plurier.

MATRICES. On appelle *matrices* les cinq principales couleurs qui entrent dans les teintures, à sçavoir, le blanc, le jaune, le rouge, le bleu, & le noir. Ce terme n'est usité que chez les Teinturiers.

MAUSOLE'E, tombeau, avec ornemens d'Architecture & de Sculpture.

Le *Mausolée* du Cardinal de Richelieu, à Paris ; le *Mausolée* d'Urbain VIII. à Rome, sont des morceaux admirables.

Qui dit *mausolée*, dit un monument funebre d'un grand appareil.

Ces monumens s'appellent *Mausolée*, depuis le fameux tombeau qu'Artemise fit ériger à *Mausole*, son Epoux.

MAZZA [Damiano] Peintre de Padouë, fut un excellent coloriste. Il étoit disciple du Titien, & il imita si parfaitement sa maniere, que plusieurs de ses tableaux ont été confondus avec ceux de ſon maître. Il mourut à la fleur de ſon âge.

MÉCHANIQUE. La ſcience des *Méchaniques* ſi utile aux Architectes, a pour objet les forces mouvantes, qu'elle multiplie avec le ſecours du levier, de la rouë, de la vis, des moufles, de la balance & des autres inſtrumens.

MECQUE, (la) Ville de l'Arabie heureuſe; elle eſt célébre parmi les Turcs pour avoir donné naiſſance à Mahomet, ou du moins pour lui avoir ſervi de Sépulture, car les Hiſtoriens ne ſont pas d'accord ſur ce ſujet.

La *Mecque* eſt ſituée dans un vallon terminé de tous côtés par une chaîne de montagnes, qui laiſſent quatre petits paſſages pour ſervir d'avenue à cette Ville, qui eſt ouverte & ſans murailles. On n'y compte gueres que ſix mille feux : la plûpart des maiſons y ſont bâties de brique, & couvertes en terraſſes.

La plus célébre de toutes les Moſquées Mahométanes, & la plus fréquentée de l'Univers, eſt ſituée au milieu de la Ville. Elle paroît de loin par ſon toît, qui eſt élévé en Dôme, avec deux minarets ou eſpéces de tours, qui ſont d'une hauteur extraordinaire, & d'une belle Architecture : on y entre par plus de cent portes. Le terrain de la Moſquée eſt bas, & l'on y deſcend par dix ou douze dégrés.

Les Mahométans croyent l'emplacement de cette Moſquée ſacré, pour deux raisons : la premiere, parce que, disent-ils, Abraham y bâtit une maison ; la seconde, parceque Mahomet y a pris naissance.

La richesse des tapisseries & des dorures éclate dans toute cette Mosquée, & particulierement dans un espace qui n'a point de toît, & qui selon leur tradition, marque l'enceinte de la maison d'Abraham. On y entre par une porte d'argent qui est de la hauteur d'un homme ; à côté on voit une Chapelle qui enferme un puits très-profond, & dont l'eau est salée, mais si efficace selon leur religion, qu'elle sert à l'expiation de leurs péchés, quand ils en prennent pour se laver.

MEDE'E. La *Médée* de Timomaque, Peintre Grec, est un tableau des plus vantés par les Anciens ; la fureur & la compassion mêlées sur son visage, y étoient exprimées d'une maniere admirable : c'est sur ce tableau qu'Ausone a composé cette Epigramme.

Immanem exhausit rerum indiversa laborem.
Fingeret affectum matris ut ambiguum.
Ira subest lacrymis, miseratio non caret ira.
Alterutrum videas ut sit in alterutro.

MEDINE, Ville de l'Arabie heureuse, est très-considérable parmi les Mahométans, parce qu'elle renferme le corps de Mahomet.

Cette Ville est à quatre journées de la Mecque ; elle n'a pas douze cens feux, & ses maisons n'ont pour la plûpart qu'un étage ; mais elle a un grand nombre de Mosquées superbes, dont la principale qu'ils appellent *très-sainte*, est fameuse par le tombeau de *Mahomet*.

Cette Mosquée est soutenuë par quatre cens colonnes chargées de plus de trois milles lampes d'argent : c'est-là qu'est le cercueil de Mahomet, sous un dais de toile d'argent, en broderie d'or, que le Bacha d'Egypte y envoye toutes les années, par l'ordre du Grand Seigneur.

Il n'est pas vrai que ce cercueil soit de fer, ni que des pierres d'aiman le tiennent suspendu en l'air, comme quelques-uns l'ont supposé, car quoiqu'il y ait peine de mort contre les Chrétiens qui en approchent de quinze lieuës, on a sçû par des Pélerins Turcs qui se sont faits Chrétiens, qu'il est soutenu par des colonnes de marbre noir très-déliées, & qu'il est environné d'une balustrade d'argent, chargée de quantité de lampes, dont la fumée rend le lieu sombre & obscur.

Les Turcs sont obligés dans les principes de leur Religion, d'aller une fois dans leur vie, visiter le tombeau de Mahomet ; mais il n'y a plus que le petit peuple qui s'acquitte de ce pélerinage, & le grand Muphti, c'est-à-dire, le chef de la Religion Mahométane, en dispense les personnes de qualité, à condition d'y envoyer quelqu'un à leur place, & de faire des aumônes aux pauvres.

MEMBRE, se dit en Architecture de toute partie, soit essentielle, soit de simple décoration. Une frise, une corniche, une moulure, un chapiteau, sont des *membres* d'Architecture.

MEMMI, (Simon) naquit sur la fin du treiziéme siécle. Il excella particulierement dans les Portraits, & il perfectionna beaucoup le dessein, partie qui avoit été jusques-là fort négligée.

Il fut contemporain & ami de Petrarque, & il peignit la belle Laure. Il mourut en 1345. âgé de 60. ans.

MÉNAGERIE, endroit où l'on nourrit des animaux rares, de toute espéce. Les plus féroces s'enferment dans des cages de pierre, ou loges grillées.

La *ménagerie* de Versailles; la *ménagerie* de Chantilly.

Les Romains avoient de ces sortes de *ménageries*, où ils enfermoient les animaux qu'on gardoit pour les spectacles: ils les nommoient *vivaria*.

MENUISERIE. La *Menuiserie* est l'art de travailler & d'assembler le bois pour les menus ouvrages; c'est ce qui la distingue de la charpenterie, qui ne travaille que pour de grandes fabriques.

Menuiserie dormante, c'est un assemblage de panneaux immobiles comme ceux des lambris, à la différence des autres ouvrages mobiles, comme les chassis des fenêtres, les portes & les autres fermetures.

Menuiserie de placages, ce sont des feuilles de bois, ou piéces de rapport plaquées par compartimens sur un bois ordinaire comme le pratiquent les Ebénistes. *Voyez* MARQUETERIE.

MEPLAT. On dit fer *méplat*, bois *méplat*, c'est une piéce de bois ou de fer qui a beaucoup plus de largeur que d'épaisseur.

MESIUS. Quintin *Mesius*, ou *Messis*, est plus connu sous le nom de *Maréchal d'Anvers* : en effet il s'adonna pendant vingt ans à cette profession. Il devint éperdüement amoureux d'une fille d'Anvers qui avoit autant de goût pour lui, que d'aversion pour le métier qu'il exerçoit. Elle lui promit de l'épouser, pourvû qu'il changeât de profession, & qu'il se fit Peintre. *Mésius* le devint en effet, & l'amour fit d'un Maréchal un Apelle.

Connubialis amor de mulcibe fecit Apellem.

Il a fait à Anvers d'excellens tableaux. Il y mourut l'an 1529.

On vante sur-tout sa descente de croix : « c'est un grand tableau de forme irréguliere sur un fond de bois : le Christ » mort est d'une *carnation* si *livide*, & si

» *mortifiée*, que si c'étoit un sujet moins » respectable. . . . . il feroit horreur. La » Vierge est sans mouvement & sans » vie. Les femmes qui l'accompagnent » sont dans la désolation ; ceux qui ont » aidé à le descendre de la Croix, *ne sça-* » *vent ce qu'ils font* : enfin tous ces per- » sonnages sont dans la derniere désola- » tion. *Pig. Description de Paris.*

Les Jesuites de la Maison Professe de Paris, sont possesseurs de ce tableau, ainsi que d'une *Nativité* du *Carrache*, d'un *adieu* de *S. Pierre* & de *S. Paul*, d'une *Résurrection* du *Lazare*, par Sebastien *Del Piombo*, d'une priere au *Jardin des Oliviers*, par Albert Dure. D'une tête du Christ couronnée d'épines, par le *Titien*, d'un S. Jean Baptiste de l'*Albane*, & de trois tableaux *d'André del Sarte*, qui représentent ; 1o. Esaü & Jacob ; 2o. la manne qui tombe dans le désert ; 3o. Moïse qui frappe le rocher.

MESLER, MESLANGE. On *mêle* les couleurs : on fait des *mêlanges* de couleurs ; d'agréables *mêlanges* ; de mauvais *mêlanges*. Une seule couleur est souvent le composé de plusieurs *mêlanges* : en *mêlant* les couleurs, il faut prendre garde de les trop tourmenter.

MESQUIN : pauvre, trivial : maniere *mesquine* ; ornement *mesquin* ; ce Peintre est *mesquin*. On dit aussi Architecture *mesquine* ; ordre *mesquin*.

MESSINA, [Antonello da] ce fut le premier des Italiens qui peignit à l'huile. Ayant vû à Naples un tableau de Jean de Bruges, inventeur de cette maniere de peindre, il fit exprès le voyage de Flandres pour aller trouver Bruges, & il sût si bien gagner son amitié, que ce Peintre lui fit part de son secret. Antonello étoit de Messine, & cette Ville lui a donné son nom.

METELLI, [Augustin] Peintre Polonois. Il réussit parfaitement dans l'Architecture pittoresque, & c'est un des plus grands décorateurs qu'ait eu l'Italie. Il mourut en Espagne la même année que l'Albane, c'est-à-dire, en 1660.

METOPE, c'est l'intervalle quarré qu'on laisse entre les triglyphes ou bossages de la frise Dorique : demi-*métope*, c'est un *métope* plus petit d'une bonne moitié que le *métope* ordinaire : on le place à l'encognure de la frise Dorique.

Métope barlong, c'est celui qui a plus de largeur que de hauteur.

MEUDON. [Le Châteu de] Ce Château a anciennement appartenu au Cardinal de Lorraine, qui le fit bâtir par Philbert de *Lorme*. Il a passé successivement à Messieurs de Servien, & de Louvois, qui l'ont fort augmenté. Louis XIV. l'acheta de Mr de Louvois, & le donna au grand Dauphin, sous lequel on l'a mis dans l'état où on le voit aujourd'hui.

On arrive au Château par une superbe avenuë de près de quatre cens toises : ensuite se présente la magnifique terrasſe qui a environ cent trente toiſes de longueur, ſur ſoixante & dix de largeur.

Cette terraſſe qui eſt revêtue d'une muraille ſolide, a coûté des ſommes immenſes : l'art a changé toute la forme de ce terrain, anciennement très-inégal, plein de rochers, qu'il a fallu couper, & de précipices qu'on a été obligé de combler.

Le Château conſiſte en deux grands corps de bâtimens dont l'un eſt l'ancien Château, & l'autre le Château neuf. L'ancien Château eſt compoſé d'un grand bâtiment en ſaillie à trois ordres d'Architecture, avec un large fronton au haut, & de deux aîles formées par deux ordres de fenêtres quarrées, & décorées de pilaſtres bien entendus : ces aîles qui ſont reculées ſont plus baſſes que le bâtiment qu'elles accompagnent, mais elles ſont flanquées toutes deux d'un Pavillon quarré, qui a la même hauteur que le corps avancé du milieu.

Au deux côtés du Château, régnent deux grands bâtimens au milieu deſquels eſt une galerie découverte, en forme de terraſſe, qui ſoutiennent quatre arcades, qui forment un beau veſtibule. Au fond de la terraſſe eſt une galerie couverte; le tout eſt terminé par deux gros Pavillons avancés qui font un fort bel effet.

Le Château neuf, quoique beaucoup moins étendu, ne laiſſe pas d'être beau & magnifique ; il eſt même beaucoup plus commode

commode, avantage qu'ont la plûpart des bâtimens modernes ſur les anciens.

L'eſcalier eſt fort eſtimé, & les petits apartemens ſont diſtribués avec goût, & avec intelligence.

Les jardins ſont beaux, les parterres d'un excellent goût, les piéces d'eau grandes, bien diſtribuées, & en aſſez grand nombre, les boſquets fort agréables, ſurtout celui des *plaiſirs*, le parc ſpacieux, bien percé, peuplé de beaux arbres, orné de piéces d'eau, & fermé d'une bonne muraille.

Sa longueur depuis la porte de la Baliſſonniere du côté des Capucins, juſqu'à la porte de Trivaux, eſt de dix-huit cens toiſes. *Deſcription de Paris par Mr Pig.*

MICHEL-ANGE. *Michel-Ange* étoit de l'ancienne maiſon des Comtes de Canoſſe: ſon pere ſe nommoit Louis Buonarotti Simoni.

Il naquit dans le païs d'Arezzo l'an 1474, & il fut nourri aux environs de Florence, par la femme d'un Sculpteur. Il diſoit à ce ſujet qu'il avoit ſuccé en naiſſant le lait de la ſculpture.

Il a eû la plus grande part à la conſtruction de S. Pierre de Rome, le plus ſuperbe Temple de l'Univers.

Ses plus beaux ouvrages de Sculpture ſont à Florence dans la Chapelle des Ducs, & à Rome dans l'Egliſe de S. Pierre aux liens, où il a fait le tombeau de Jule ſecond. Son chef-d'œuvre de Peinture eſt ſon Jugement Univerſel; tableau plein de feu, de génie, d'enthousiasme, de beautés, & de défauts.

Michel-Ange avoit l'esprit plus vaste que Raphaël, & rassembla beaucoup plus de connoissances, mais il lui céde pour la grace, pour la majesté, pour la justesse & ponr le goût.

Ce Peintre mourut à Rome le 17 Fevrier de l'année 1564, âgé de près de 90 ans.

MIGNART. Nicolas & Pierre *Mignart* étoient de Troye en Champagne, & fils de Pierre More, qui leur fit porter le nom de *Mignart*, à l'occasion que je vais dire. Henri IV. voyant Pierre More, avec six de ses freres, tous gens de bonne mine, qui servoient dans ses armées, dit par une de ses saillies qui lui étoient ordinaires, *ce ne sont pas là des Mores, ce sont des Mignarts;* le nom depuis ce tems-là en est resté à leur famille.

Nicolas étudia les premiers principes de son Art, chez un Peintre de Troye: ensuite il se rendit à Fontainebleau, où il profita beaucoup à la vûe des ouvrages du Primatice, qui éleverent son imagination, & l'engagerent à entreprendre le voyage de Rome pour aller à la source des beautés de son Art: de-là il fut appellé à la Cour de Louis XIV. où on le chargea de plusieurs ouvrages.

C'étoit un Peintre ingénieux, mais sans invention, exact & léché, mais sans feu & sans force, & fort inférieur à Pierre *Mignart* son cadet, surnommé le *Romain.*

Celui-ci naquit en 1610. son pere qui l'avoit destiné à la Médecine, ayant remarqué en lui les plus grandes dispositions pour le dessein, lui permit de suivre le penchant qu'il avoit pour la Peinture : en effet dès l'âge d'onze ans, *Mignart* dessinoit des portraits ressemblans. A l'âge de douze ans il fit un tableau où il représenta la famille d'un Médecin, chez qui on l'avoit mis pour étudier la Médecine. On y voyoit le Médecin, sa femme, ses enfans, & ses domestiques. *Mignart* fut bien-tôt attiré à Paris, où il se mit sous la conduite de Vouet. En 1636, il fit le voyage de Rome, où il fut bien-tôt connu : de Rome il se rendit à Venise, & il acheva de s'y perfectionner : enfin après vingt-deux ans de séjour en Italie, il fut rappellé en France. Le Cardinal Mazarin le présenta au Roi & à la Reine Mere, dont il fit les portraits, ainsi que ceux de la plûpart des Courtisans ; car outre ses grands talens pour l'histoire, il possédoit aussi celui des portraits. Les ouvrages qui ont fait le plus d'honneur à *Mignart*, sont la Coupole du Val-de-Grace, que Moliere a célébrée magnifiquement, la gallerie de S. Cloud, avec le Cabinet & un Salon, la petite gallerie de Versailles, qui a été détruite, & les deux salons qui la précédoient : voyez *Val-de-grace*, *S. Cloud*. Voici le jugement qu'un Auteur moderne porte de ce Peintre.

« *Mignart* étoit grand coloriste ; ses

» carnations sont vrayes, & ses ordon-
» nances riches & gracieuses; une pen-
» sée élevée, une grande harmonie, un
» pinceau moëleux & léger, le distingue-
» ront toujours.... il ne lui a manqué
» qu'un peu plus de feu: à force de fi-
» nir il devenoit froid, & quelquefois il
» a manqué de correction. »

Ce grand homme mourut à Paris en 1695, âgé de quatre-vingt-cinq ans. Il laissa une fille d'une grande beauté, qu'il a peinte plusieurs fois dans ses ouvrages, & qu'il avoit mariée à Mr le Comte de Feuquieres: cette dame qui n'a point eu la sotte & barbare vanité de rougir d'être la fille d'un grand Artiste a fait travailler pendant les dernieres années de sa vie à un Mausolée digne de ce grand homme, qu'on a placé dans l'Eglise des Jacobins de la ruë S. Honoré. Ce monument est en marbre; la Comtesse y paroît à genoux, au-dessous du buste de son pere, qui est de la main de Girardon: tout le reste a été executé par Mr le Moine le fils.

MILAN, dite la grande, est une des plus belles Villes de l'Europe: sa forme est ronde, le circuit de ses murailles est de dix milles, & l'on assure qu'elle contient trois cens mille habitans.

La Cathedrale de *Milan* est un ouvrage prodigieux, & quoiqu'elle soit moins grande d'un sixiéme que S. Pierre de Rome; on prétend qu'il y a beaucoup plus de travail.

On y compte ſept mille ſtatuës, tant en dedans qu'en dehors. Cette Egliſe fut commencée en 1386. & depuis on y a toujours travaillé ſans avoir pû encore a finir : le Portail eſt preſque nud, & eſt à peine commencé.

Le pavé de cette Egliſe eſt plus beau & plus ſolide que celui de S. Pierre de Rome : Il eſt de carreaux de marbre fort épais : le grand Autel n'a rien que de commun.

Il y a à *Milan* une Académie de Peinture où l'on voit d'excellens tableaux, entr'autres J. C. lavant les pieds à ſes Diſciples, par Raphaël, & les quatre Elémens du Brugle.

Les plus beaux édifices de *Milan* , ſont le Palais Ducal, le Palais de l'Archevêque, ceux du Marquis *Homodeo*, de Mr Marini, la Maiſon de Ville, & le grand Hôpital.

On voit dans l'Egliſe de S. Ambroiſe d'anciennes Peintures d'un très-méchant goût.

On prétend qu'il y a à *Milan* ſept cens Egliſes : les plus belles ſont la Cathedrale dont j'ai parlé, l'Egliſe de S. Paul, celle de S. Laurent, celle de S. Victor, celle des Jeſuites, & ſur-tout celle de S. Alexandre.

MILLAIRE doré, cétoit une colonne dreſſée au milieu de la Ville de Rome, d'où l'on commençoit, ſelon l'opinion de la plûpart des ſçavans, à compter les *milles* dont on ſe ſervoit pour meſurer les grands chemins. Ce fut l'Empereur Auguſte qui fit élever cette colonne dans la grande place de Rome, proche du Temple de Saturne.

Varron dit que tous les grands chemins d'Italie aboutiſſoient à cette colonne; d'autres ajoutent qu'elle étoit au milieu du monde, alléguant pour preuve de cette opinion, que l'Italie eſt au milieu du monde; que Rome eſt au milieu de l'Italie, la prenant ſelon ſa longueur, & que le *millaire doré* étoit au milieu de Rome. Il ne faut pas être grand Géographe pour ſentir le ridicule de cette opinion.

MINIATURE, on prononce *Mignature*, & quelques-uns même l'écrivent; c'eſt une Peinture fort délicate, qui ſe fait à petits points.

Il y a pluſieurs manieres de pointiller: les uns font des points tous ronds, d'autres un peu plus longs: d'autres hachent par petits traits, en croiſant pluſieurs fois en tout ſens: cette derniere maniére eſt la meilleure, c'eſt la plus hardie, & la moins longue.

Le grand Art de la *Miniature*, eſt que les points ſe perdent inſenſiblement dans le fond ſur lequel on travaille, que les couleurs ſe noyent tendrement les unes dans les autres, & que rien ne tranche trop.

On n'employe pour la *Miniature* que des couleurs en détrempe, & l'on peint ordinairement ſur le velin. On ſe ſert des couleurs les plus fines, & les plus légeres, telles que le carmin, l'outremer, la laque de Venise, l'ocre, le vermillon, l'orpin, le massicot, le blanc de céruse, le bistre, &c.

MINARET, on donne ce nom chez les peuples du Levant, à de petites tourelles fort minces, & fort pointuës, avec des balcons en saillie par étage, qu'on place près des Mosquées, comme des espéces de clochers, pour appeller les Mahométans à la priere; car ces peuples ne connoissent point l'usage des cloches.

MINIUM, couleur minérale qui se fait avec le plomb calciné.

Le *Minium* est d'un rouge oranger.

MIRIS [François] Peintre de Leyde, disciple de Girard Dau, a suivi entierement la maniere de son maître, si ce n'est qu'il avoit un meilleur goût de dessein, plus d'agrément dans ses compositions, & plus de douceur encore dans son coloris. Il se servit comme lui du miroir convexe pour juger de l'effet de ses tableaux: comme il est mort fort jeune, il a fait peu de tableaux. Il y en a un entr'autres de la grandeur de quinze pouces, où il a représenté une boutique de Marchand d'étoffes. Plusieurs étoffes y paroissoient déployées les unes auprès des autres, & l'on y reconnoît leur diversité très-sensiblement, les figures, & tout ce qui entre dans la composition du tableau sont admirables. Il eut deux mille livres pour cet ouvrage, & tous ceux qu'on voit de lui font regretter avec raison la mort précipitée d'un si habile homme.

Miris étoit sans conduite & sans économie; il contracta des dettes pour lesquelles il fut mis plusieurs fois en prison. Une fois qu'il y étoit retenu plus long-tems qu'à l'ordinaire, ses créanciers lui proposerent de faire un tableau, lui promettant de le prendre en payement, & de lui rendre la liberté. Il répondit qu'il lui étoit impossible de travailler, & que la vûe des grilles, & le bruit des verroux lui troubloient l'imagination. Sa vie déréglée le conduisit au tombeau à la fleur de son âge, l'an 1682.

MODELE. Les Dessinateurs, les Peintres & les Sculpteurs, appellent *modele* en général tout ce qu'ils se proposent à imiter.

Les Sculpteurs font de petits *modéles* de cire, de terre cuite, & d'autres matieres, pour les guider dans les grandes compositions.

On conserve dans les cabinets des curieux des *modéles* de cette nature. On voyoit dans celui de Mr Crosat, des *modéles* en terre cuite, de Michel-Ange, du Bernin, de le Gros, & d'autres célébres Sculpteurs.

Poser le *modéle*, c'est en terme de Peinture exposer une figure naturelle toute nuë, qu'on présente sous différentes postures, afin de la faire dessiner par les Eléves.

C'est

C'eſt le Profeſſeur en mois qui poſe le *modéle* dans l'Académie de Peinture.

MODELER, terme de Sculpture, c'eſt faire un *modéle* de cire ou de terre cuite.

MODILLON. Le *modillon* eſt un ornement d'Architecture fait en forme d'une S renverſée qu'on applique ſous le plafond de la corniche, & qui eſt particulierement affecté à l'Ordre Corinthien.

Modillons en conſole, ce ſont ceux qui ont moins de ſaillie que de hauteur, & dont l'enroulement inférieur, en forme de conſole renverſée, paſſe ſur les moulures de la corniche & ſe termine à la friſe.

Modillons à plomb, ce ſont ceux qui ne ſont pas d'équerre avec la corniche rampante d'un fronton, comme les *modillons* ordinaires, mais qui vont en biaiſant.

Modillons rampans, ce ſont ceux qui ſont d'équerre, non-ſeulement avec la corniche de niveau d'un entablement, mais avec les deux corniches rampantes d'un fronton.

MODULE, meſure arbitraire pour régler les proportions des colonnes, & dont on ſe ſert quelquefois pour la dimenſion des autres parties d'un bâtiment.

Le *module* eſt tantôt le diamétre, tantôt le demi-diamétre d'une colonne, d'un pilaſtre. On l'entend ordinairement du diamétre; mais de fort habiles gens, comme Palladio, Scamozzi, Chambrai, & des Godetz entendent par *module*, le demi-diamétre ſeulement, ce qui rend ce mot fort équivoque.

MOELEUX, c'eſt ainſi qu'il faut l'écrire, & non pas *mouelleux*, comme a fait Felibien dans ſon Dictionaire. On dit des plis *moëleux*, un pinceau *moëleux*. Faire gras & *moëleux*, c'eſt l'oppoſé de faire ſec.

MOERIS, [le Lac] c'eſt un des plus grands, & des plus admirables ouvrages des Rois d'Egypte. Herodote le préfere aux Pyramides, & au Labyrinthe même. Le Roi *Mœris* le fit conſtruire pour obvier aux irrégularités du Nil, trop inégal dans ſes inondations.

Ce Lac avoit douze ou quinze lieuës communes de circuit, ſur trois cens pieds de profondeur. Deux pyramides qui ſoutenoient chacune une ſtatuë coloſſale, placée ſur un Trône, s'élevoient de trois cens pieds au milieu du Lac, & occupoient ſous les eaux un pareil eſpace. Ce Lac communiquoit au Nil par le moyen d'un grand canal qui avoit environ quatre lieuës de longueur, ſur cinquante pas de large. De grandes Ecluſes ouvroient le Canal & le Lac, ou les fermoient ſelon le beſoin : pour les ouvrir, ou pour les fermer il en coutoit cinquante mille écus.

Quand le Nil étoit trop grand, & qu'on craignoit qu'il ne fit des ravages; on ouvroit les Ecluſes, & les eaux ayant leur retraite dans le Lac, ne ſéjournoient ſur les terres qu'autant qu'il falloit pour les engraiſſer, & quand l'inondation étoit trop baſſe, on tiroit de ce même Lac par des ſaignées, une quantité d'eau ſuffiſante pour arroser les terres.

Il n'est pas inutile de remarquer que Mr Bossuet, sur la foi d'Herodote, & de Diodore de Sicile, dont Pline ne s'éloigne pas, donne au Lac *Mœris* cent quatre-vingt lieuës de circuit ; mais Pomponius Mela, & les Voyageurs modernes, ne lui donnent que dix ou douze lieuës.

MOILON, pierre à bâtir, c'est la moindre de toutes celles qu'on tire d'une carriere. On l'appelle *moilon*, parce qu'elle est communément fort *molle* : on en tire cependant d'assez dure des carrieres d'Arcueil. Les fondations & les murs médiocres, se font de *moilon* : on s'en sert aussi pour le remplage des gros murs.

Moilou bloqué, c'est un *moilon* informe, qu'on ne sauroit tailler ni piquer, & qu'on pose à bain de mortier, sans parement extérieur.

Moilon d'appareil, c'est celui qu'on appareille, qu'on taille, & qu'on pique proprement dans un mur, ou dans une voûte.

MOINE, [François le] est un des plus fameux Peintres qu'ait eû la France. Il naquit à Paris l'an 1688, & montra dès l'enfance les plus heureuses dispositions pour la Peinture. Son talent se fit bientôt connoître, & l'Académie s'empressa de lui donner une place dans son corps. Il y fut reçu en 1718, & il fit pour sa réception le tableau d'*Hercule qui tuë Cacus.* En 1724, il fit le voyage d'Italie, où il ne séjourna qu'une année. A son retour il fut fait Professeur de l'Académie. Ce Peintre a fait d'excellens ouvrages, dont les plus célébres sont la Coupole de la Chapelle de la Vierge de S. Sulpice, le Chœur de l'Eglise des Jacobins du Fauxbourg S. Germain, & le fameux Salon d'Hercule à Versailles, morceau comparable à tout ce qui s'est fait de plus distingué en ce genre. Ce grand homme fut attaqué d'un accès de frenésie, qui le porta à se donner la mort le 4 Juin 1737.

MOLE, massif de maçonnerie fondé dans la Mer, qui lui sert de digue, & retient l'impétuosité des vagues. On met des *moles* devant des Ports, soit pour rompre l'eau, soit pour en rendre l'entrée plus étroite.

Les *moles* sont quelque chose de plus que les digues. *Voyez* DIGUE.

Mole est masculin.

Mole antique, c'étoit chez les Romains une espéce de Mausolée qui avoit la forme d'une Tour ronde, dont la base étoit quarrée, avec des colonnes en son pourtour, & un Dôme au-dessus.

Le *Mole* de l'Empereur Adrien, aujourd'hui le Château S. Ange, étoit le plus superbe, & le plus considérable de tous : on voit encore à Rome des restes de quelques autres *moles*.

MOLINO, (Château de) à deux milles de Padoüe, bâti sur les desseins de Scamozzi, l'an 1597.

Le plan de cette maiſon eſt un quarré parfait ayant ſoixante-dix pieds de long à chacune de ſes quatre faces. Il y a une gallerie au-devant, laquelle eſt d'Ordre Ionique; ſous cette gallerie eſt un vivier qui communique à la Riviere : la hauteur de l'Edifice conſiſte en deux étages; le premier eſt un peu élevé au-deſſus de terre, voûté, & diſtribué en cuiſines, offices, dépenſes, & autres piéces pour le commun ; à l'autre étage, il y a une grande ſale quarrée au milieu, dont les murs ſont ornés de pilaſtres, & d'une corniche ſoutenuë de modillons, & en haut un corridor, dont le deſſus eſt ſoutenu par des pilaſtres, entre leſquels il y a des appuis de baluſtrades : cette ſale eſt couverte d'un Dôme élevé. Au milieu de chacun des quatre côtés de cette maiſon, il y a un belvedere, d'où l'on peut jouir des belles & agréables vûes qui ſont aux environs. Dans les quatre angles, ſont les principales chambres, à côté de chacune deſquelles il y en a une petite qui aboutit à la grande ſale ; on trouve à gauche un eſcalier de dégagement, & ſur le derriere de la maiſon il y en a un grand, par lequel on monte à droite & à gauche, y ayant une rampe de chaque côté.

La face eſt ornée au ſecond étage de quatre colonnes d'Ordre Ionique, avec un pilaſtre à chaque extrêmité de l'avant-corps qui eſt au milieu, lequel, au deſſus de l'entablement, eſt couronné d'un fronton orné de ftatuës, pofées fur des acroteres. Les fenêtres avec leur bandeaux ornés de moulures, font couronnées de frontons, & leurs appuis foutenus de baluftres.

MOMIES. On appelle *momies*, certains cadavres embaumés & enveloppés de toiles qui réfiftoient à la corruption; on en trouve en Egypte proche du grand Caire, aux environs d'un Village nommé *SaKara*.

Le terrain où l'on trouve ces *momies*, eft comme un vafte Cimetiere, orné de plufieurs pyramides, difperfées en divers endroits. Il y a fous terre un grand nombre de grottes, ou chambres voûtées, taillées dans des carrieres de pierre blanche, où l'on defcend par une ouverture en forme de puits: ces puits font quarrés, & conftruits de bonne pierre; on les remplit de fable pour fermer la grotte, & l'on eft obligé de tirer ce fable lorfqu'on y veut entrer.

Ceux qui y defcendent font fufpendus par les bras, à une corde que ceux qui font en haut lâchent doucement jufqu'au fond, où eft la porte de la grotte. Ces chambres bâties fous terre font ordinairement quarrées, & contiennent plufieurs réduits, où l'on trouve diverfes *momies*, les unes dans des tombeaux de pierre, les autres dans des caiffes ou bierres, faites de bois de ficomorre, avec plufieurs ornemens. Ces corps font enveloppés dans de petites bandes de toile de lin, trempées dans une composition propre à empêcher la pourriture ; ces bandes font tant de tours & de retours qu'il y en a quelquefois plus de mille aunes. Souvent la bande qui régne en long depuis la face jusqu'aux pieds, est ornée de figures hieroglyphiques peintes en or, qui marquent la qualité & les principales actions du mort. Il y a aussi des *momies* qui ont sur leur visage une feuille d'or appliquée fort délicatement ; d'autres ont une maniere de casque, fait de toile, enduit de plâtre, sur lequel on représente encore le visage de la personne.

En développant ces *momies*, on trouve quelquefois dans leurs tombeaux des petites idoles de bronze, ou d'autre matiere, admirablement travaillées : quelques-unes ont une petite piéce d'or sous la langue.

On voit des *momies* enfermées dans des caisses faites de plusieurs toiles colées ensemble, qui sont aussi fortes que des caisses de bois, & ne se pourissent point.

Le baume qui conserve ces corps, est noir, dur, & luisant comme de la poix, & a une odeur agréable. C'est une composition de canelle, de myrrhe, & sur-tout d'*Amomum*, d'où vient peut-être le nom de *momie*, qu'on a donné à ces cadavres conservés.

MONTANT. En terme de Menuiserie, de Charpenterie, & d'Architecture, on appelle *montans* les parties des chambranles qui s'élevent à plomb , & qui vont en *montant* par opposition à celles qui traversent le chambranle.

Montans d'une porte , d'une fenêtre , d'un trumeau , d'un lambris , d'un balcon de fer , &c.

MONTE-CAVALLO, c'est un Palais de Rome, que les Papes habitent ordinairement pendant l'Eté. Ce Palais est beau ; on y voit plusieurs antiques, & les peintures en sont fort estimées : on y admire sur-tout une chambre peinte par Annibal Carrache , la Chapelle peinte par l'Albane , & la gallerie où l'on voit les Tableaux des plus grands Maîtres.

Vis-à-vis de ce Palais on voit deux chevaux de marbre sur lesquels les noms de Praxitele & de Phidias sont gravés, & qui ne sont point indignes de ces Sculteurs célebres , quoique selon toutes les apparences, ils soient d'une autre main. C'est Sixte V. qui les a fait placer sur cette petite montagne, qu'on a nommée depuis *Monte-Cavallo.*

MONTE'E , petit escalier à marches étroites.

MONTE'E , hauteur , élevation.

Montée d'une voûte ; c'est la hauteur d'une voûte depuis sa premiere retombée ou sa naissance , jusqu'au-dessous de la clef. Moins une voûte a de montée, plus elle est hardie.

Montée d'un pont , c'est la hauteur d'un pont considerée depuis le rez de chaussée de sa culée , c'est-à-dire, du massif de pierre qui arcboute & ſoutient ſa premiere arche, juſqu'au couronnement de la maîtreſſe arche, où eſt ſa plus grande élévation.

Le Pont Royal a ſept pieds & demi de *montée*. Pour qu'un pont ſoit d'un accès facile, il faut lui donner le moins de *montée* qu'il eſt poſſible, & tacher que cette *montée* ne ſoit point trop rude.

MONUMENT ; on appelle *monument* tout ouvrage d'Architecture & de Sculture fait pour conſerver la mémoire des hommes illuſtres, ou des grands évenemens, comme un Mauſolée, une Pyramide, un Arc de Triomphe, &c.

Les premiers *Monumens* que les hommes aient érigés, n'étoient autre choſe que des pierres entaſſées, tantôt dans une campagne pour conſerver la mémoire d'un grand évenement, comme d'une victoire, tantôt ſur un tombeau pour honorer un particulier.

Quand l'uſage des lettres & des caractéres fut connu, on y mit des inſcriptions & des hierogliphes. Ces *Monumens* groſſiers ſe ſont perfectionnés peu à peu.

Les Mauſolées, les Obéliſques, les Statues & les Pyramides ont ſuccedé. La Ville d'Athenes étoit ſi féconde en monumens, dit Ciceron, que par-tout où l'on paſſoit on marchoit ſur l'Hiſtoire.

MORDRE, MORDANT ; on dit de certaines couleurs qu'elles mordent, c'eſt-à-dire, qu'elles s'attachent à la toile. Les couleurs à huile *mordent* plus que les couleurs en détrempe. Couleur *mordante*.

MORE [Antoine] c'eſt un des grands Portraitiſtes que la Flandre ait eu. Il a fait auſſi quelques Tableaux d'hiſtoire fort eſtimés. Il peignoit avec force & avec verité, & ç'a été un grand imitateur de la nature.

More naquit à Utrecht, & mourut à Anvers âgé de 56. ans.

MORESQUES, *voyez* ARABESQUES.

MORTIER, c'eſt une compoſition de chaux & de ſable, ou de chaux & de ciment pour liaiſonner & jointoyer les pierres.

Mortier gras, c'eſt un mortier où la chaux domine. *Mortier* ſe dit auſſi d'un vaiſſeau propre à piler certaines drogues, certains mineraux dont on fait des couleurs.

Mortier de bronze. *Mortier* de porphyre.

MORTOISE; on prononce *mortaiſe*; c'eſt une entaille faite en longueur & creuſée quarrément juſqu'à une certaine profondeur dans une piece de charpenterie ou de menuiſerie pour y faire entrer le tenon, ou le bout pareillement équarri d'une autre piece de bois.

MOSAIQUE; on appelle Tableaux de *Moſaïque* des Peintures de pluſieurs pieces de rapport, arrangées par compartimens, mais avec aſſez d'art pour que les jointures de ces differens morceaux ne paroiſſent point, du moins à une certaine diſtance.

Pline parle d'un oiſeau fait de differentes pieces de marbre & representé sur le pavé d'un lieu qu'il décrit.

Les plus beaux ouvrages de *mosaïque* qui existent aujourd'hui, sont le lambris & le pavé de l'Eglise de S. Marc de Venise, la *Nave del Giotto*, qu'on voit sur la porte de saint Pierre de Rome, & le pavé de Sienne dont j'ai parlé dans l'article *Beccafumi*.

La *Mosaïque* de la voûte & du pavé de S. Marc est composée de petits cubes de verre & d'émail, petris & durcis au feu. Chaque cube n'a que trois ou quatre lignes d'épaisseur sur un pouce de longueur : le champ ou le fond est de *Mosaïque* dorée, d'un or très-vif & incorporé au feu sur l'une des faces du cube. Toutes les figures, avec les draperies & les autres ornemens, semblent coloriées au naturel par le juste rapport des pieces. Ces petits morceaux ont été disposés selon le dessein que l'ouvrier avoit devant les yeux, & ont été ajustés dans le stuc ou l'enduit préparé pour les recevoir. Il y a plus de 800. ans que cette *mosaïque* dure. Outre les cubes artificiels dont j'ai parlé, on a aussi employé dans cet ouvrage une infinité de pierres naturelles, comme le jaspe, le porphyre, le serpentin, le marbre, &c.

L'on y voit entr'autres un grand morceau de marbre blanc, qu'on appelle la Mer, parce que la nature y a representé une espece de mer. On a entrepris avec succès à Rome de copier de *Mosaïque* les tableaux des plus habiles Maîtres ; ces ouvrages coutent des sommes immenses, mais aussi ils sont d'un prix inestimable : ces copies sont aussi parfaites, & beaucoup plus durables que les originaux.

On attribue aux Maures l'invention de la *mosaïque*.

On dit peindre en *mosaïque*, *la mosaïque* de S. Marc.

Certains peuples d'Amerique ont inventé une maniere de *mosaïque*, composée de plumes d'oiseaux, assemblés par filets ; c'est un ouvrage d'une adresse infinie, & d'une patience encore plus grande. On voit dans le Trésor de la *Santa-Casa* quatre portraits de *mosaïque* de plumes.

MOSQUE'E, Temple des Mahometans. Les *Mosquées*, quant à leur structure, sont fort semblables à nos Eglises ; elles ont des aîles, des galleries, des Dômes, des minarets ou tourelles ; elles sont ornées de Mosaïques & d'Arabesques, parmi lesquelles on voit quelques passages ou quelques traits historiques de l'Alcoran.

Les principales *Mosquées* de Constantinople sont, la *Solimanie*, la *Validée*, la *Mosquée* du Grand Seigneur : c'est la fameuse Eglise de sainte Sophie.

MOUFLE ; la *moufle* est proprement la piece de bois ou de fer qui renferme plusieurs poulies enchassées séparément, & dans laquelle elles se meuvent : on le dit en général de la machine même, prise dans ſa totalité. La multiplication des poulies augmente conſidérablement la force de la *mouſle*. Cette machine ſert à enlever les plus peſans fardeaux.

MOUILLE' ; draperies de linge *mouillé*, *voyez* DRAPERIE.

MOULE, creux de plâtre ou de terre cuite taillé artiſtement, d'où les Sculteurs tirent des empreintes ou figures de cire, de carton, d'argile, de plâtre, de bronze, &c. On dit jetter en *moule*.

La ſtatue équeſtre de la Place de Vendôme a été jettée eu *moule* & d'un ſeul jet. *Voyez la Deſcription curieuſe qu'en a publiée M. de Boffrant.*

MOULER, c'eſt tirer une empreinte d'un *moule* ; c'eſt par exemple jetter dans des creux de plâtre ou de terre cuite des modillons, des conſoles, des maſques, des feſtons & d'autres ornemens pareils pour les appliquer enſuite & les ſceller dans les endroits pourquoi on les deſtine.

Une figure *moulée*.

Mouler, ſignifie encore en ſculpture, tirer une copie en plâtre d'après un original qui ſert de *moule*.

Louis XIV. a fait *mouler* les bas-reliefs de la colonne Trajane, & les creux ont été apportés en France. On a moulé pareillement le Laocoon & la Venus de Médicis, dont on voit les copies *moulées*. Le plâtre laiſſe ordinairement des rayures ſur les pieces *moulées* trop ſouvent. La Venus en eſt toute couverte.

Colonne *moulée*, c'eſt une colonne faise avec impaſtation de gravier & de cailloux de diverſes couleurs, liés avec un maſtic, qui durcit parfaitement, & reçoit le poli du marbre.

MOULIN; c'eſt proprement une machine qui ſert à *moudre* : on l'entend particulierement des plus grandes machines de ce genre, dont l'eau ou le vent, ou quelqu'autre force étrangere eſt le premier mobile. *Moulin* à vent. *Moulin* à eau. *Moulin* à bras. *Moulin* à moudre le grain. *Moulin* à poudre. *Moulin* à papier.

Les *moulins* à eau n'étoient pas inconnus aux Anciens, quoiqu'ils s'en ſerviſſent rarement.

Les *moulins* à vent ſont d'une invention plus moderne; on en rapporte l'origine au tems des Croiſades, & l'on prétend que le modele en a été apporté d'Aſie, où ils étoient & ſont encore d'un fort grand uſage, à cauſe de la diſette d'eau.

Jouſſe dans ſon Traité de la Charpenterie, explique fort au long tout le détail de la ſtructure du moulin à vent, & fait une analyſe exacte de toutes les pieces qui le compoſent. *Daviler.*

MOULINET; c'eſt un tour traverſé de deux leviers, paſſés en croix, qui s'applique aux engins, aux gruaux, aux Cabeſtans, aux haquets & charrettes, pour traîner ou pour élever des fardeaux.

MOULURE; on appelle *moulures* certains petits ornemens en ſaillie au-delà du nud d'une muraille, ou d'un lambris de menuiſerie, dont l'aſſemblage compose les corniches, chambranles, & autres membres d'architecture.

Moulures couronnées; ce sont celles qui sont accompagnées, & comme couronnées d'un filet.

Moulures simples; ce sont les *moulures* qui n'ont point de filet, & qui n'ont d'autre ornement que la grace de leur contour.

Moulures quarrées. *Moulures* rondes. *Moulures* mixtes, c'est-à-dire, en partie rondes, & en partie quarrées.

Les grandes *moulures* sont les doucines, les oves, les gorges, les talons, les tores, les scoties, &c. les petites sont les astragales, les filets, les congés, &c. *Daviler.*

La maniere de traiter les *moulures* est differente, selon les endroits où l'on les employe : il faut sur-tout éviter de les faire d'un dessein sec & sans grace, comme Vitruve, qui ne s'est pas fort expliqué sur cette maniere, & que ses Sectateurs, comme Alberti & Serlio ont suivi aveuglément, lesquels ont plûtôt donné dans le mesquin que dans le grave, au lieu d'imiter Vignole, Sansovin & Palladio plus que tous les autres, dont la maniere a été grande, parce qu'ils se sont attachés à suivre l'antique, plus que les écrits de Vitruve.

Il faut observer que les *moulures* s'employent, tant dans les entablemens des ordres qui ont des profils, qui en font la distinction, que dans d'autres entablemens, où il n'y a point d'ordre ni de proportion déterminée; il est constant en ce cas que le jugement de l'Architecte a plus de part à la perfection de l'ouvrage que les préceptes que l'on pourroit donner, les occasions & les circonstances differentes étant ce qui en doit faire la regle.

Les *moulures* se doivent tracer géométriquement, étant composées de lignes de differente nature; mais leur principale proportion qui dépend de leur saillie & de leur contour, doit être déterminée par le dessein de l'Architecte, & suivant l'intention qu'il a de les faire paroître avantageusement, tant dans les dehors, où la lumiere est vague, que dans les dedans, où elle est répandue par accident, ce qui est d'une grande étude, & ce qui ne s'acquiert que par les observations qu'on aura faites, tant sur les ouvrages antiques, que sur les modernes, & par les expériences qui auront instruit ceux qui en ont beaucoup tracées.

Ces proportions générales sont, ou pour les grandes parties de l'Architecture, ou pour les petites, parce que les sujets les rendent bien differentes, & alors les *moulures* sont ou fortes, ou délicates, ou en plus grand, ou en moindre nombre, & elles doivent se contourner de diverses manieres, parce que leur forme contribue beaucoup à donner de la grandeur ou de la délicatesse aux profils, & ce n'est pas assez d'en faire les essais sur le papier, il faut, sur l'ouvrage, juger

de

de l'effet qu'ils doivent faire. C'eſt pourquoi ceux qui n'ont vû les antiques que dans les livres, prennent difficilement le goût de ces originaux, qui ſont le plus ſouvent mal copiés.

Pour les proportions particulieres, elles conſiſtent à faire que dans une même corniche il y ait de la varieté entre les *moulures*, enſorte que deux ou trois *moulures* quarrées ou rondes ne ſe rencontrent pas de ſuite, non plus que pluſieurs d'une même hauteur; mais il faut qu'il ſe faſſe un contraſte dans leur diſtribution, tant par l'oppoſition de leurs figures curviligues & angulaires, que par leurs grandeurs differentes. Par exemple, ce qui fait la beauté d'une baſe, eſt que ſes differentes *moulures*, dont les unes comme les filets & la plinthe ſont quarrées, & les autres comme les aſtragales, les tores & les ſcoties, ſont rondes, ſoient entremêlées. Leur ſaillie auſſi doit être proportionnée à leur hauteur, à moins que quelque poſition extraordinaire n'oblige à s'éloigner des regles générales, mais dans les ornemens des *moulures*, on doit ſur-tout éviter la confuſion, qui eſt traitée de richeſſe par ceux qui n'ont pas l'intelligence des beautés de l'art.

MOUTON, c'eſt une groſſe poutre de bois, garnie de fer, qu'on éleve à force de bras, & qu'on laiſſe retomber lourdement ſur des pieux, pour les ficher en terre & les enfoncer.

Daviler conjecture avec aſſez de fondement que le *mouton* a pris ſon nom d'une ancienne machine de guerre, qu'on nommoit *belier*, & dont on ſe ſervoit pour enfoncer les portes, & abbattre les murailles des villes. On dit enfoncer des pieux à *refus de mouton.*

MOYE ; c'eſt une veine tendre qu'on trouve dans les pierres les plus dures, & qui fait quelquefois qu'elles ſe fendent d'elles-mêmes lorſqu'elles ſont hors de la carriere. Lorſqu'on ſcie une pierre en pluſieurs feuilles, on a l'attention de la ſcier aux endroits où ſe trouvent ces ſortes de veines; c'eſt ce que les ouvriers appellent *moyer*, c'eſt-à-dire, couper la pierre ſelon ſa *moye*, ou ſelon ſon lit de carriere.

MUET (Pierre le) Ingenieur & Architecte du Roi, naquit à Dijon d'une bonne famille, le ſept Octobre 1591. & ſe diſtingua par ſon habileté dans les fortifications, particulierement en Picardie, où il fut employé par le Cardinal de Richelieu.

Il ſervit utilement le Roi Louis XIII. aux ſiéges de pluſieurs places importantes. Il a commenté & même compoſé pluſieurs ouvrages d'Architecture.

Son premier ouvrage qui fut imprimé à Paris l'an 1632. traite des proportions des cinq ordres d'Architecture de Vignole. Le ſecond fut imprimé en 1641. ſous le titre de *Traité des cinq Ordres d'Architecture, dont ſe ſont ſervis les Anciens, traduit de Palladio, augmenté de nouvelles in-*

ventions pour l'art de bâtir. Le troisiéme dédié au Roi, comprend la maniere de bien bâtir pour toutes sortes de personnes, & contient aussi plusieurs desseins, plans & élevations des plus beaux bâtimens & édifices de France.

Tous ses ouvrages ont été reçus avec approbation dans les pays étrangers aussi-bien qu'en France.

Le *Muet* fut choisi par la Reine Mere Anne d'Autriche pour achever la belle Eglise du Val-de-Grace à Paris, & mourut en cette Ville le 28. Septembre 1669. âgé de 78. ans.

MUETTE, c'est une maison bâtie dans les Parcs de certaines Maisons Royales, où l'on tient des relais de chasse, où sont les chenils, les équipages, & où logent les Officiers de Venerie, les Piqueurs, &c.

La *Muette* du Bois de Boulogne est une maison des plus propres & des mieux entendues en ce genre : on l'appelle par excellence le Château de la *Muette*.

Un mauvais usage a fait prononcer la *Meute*, contre la véritable étymologie de ce mot, qui ne vient pas de *Meute*, mais de *muë*, parce que c'est dans ces maisons que les Gardes & autres Officiers de Chasse apportent les *muës* ou bois que les cerfs quittent, & qu'ils laissent dans les Parcs.

MUFLE, c'est un masque de sculpture qui imite le *mufle* d'un lion, & qu'on place à peu près dans les mêmes endroits que les *Mascarons*. Voyez ce dernier mot.

MUR, MURAILLE, corps de maçonnerie qui sert de clôture & de séparation aux differentes pieces d'un bâtiment.

Mur de face, c'est tout *mur* extérieur sur cour & jardin, ou sur la ruë qui se presente de face.

Mur de refend, c'est un gros mur qui partage deux grands appartemens, deux aîles, deux corps-de-logis dans une même maison, deux Chapelles dans une Eglise, &c.

Mur mitoyen, c'est celui qui partage deux maisons, deux cours, deux jardins, & qui est également situé sur leurs limites.

Le *mur* mitoyen se construit à frais communs des Proprietaires.

Mur d'appui, c'est un *mur* à hauteur *d'appui*, c'est-à-dire, d'environ trois pieds de haut, qui sert de garde-fou à un quai, à un pont, à une terrasse, &c.

Les *murs* se font de matériaux differens, & différemment employés. Il y a des *murailles* construites de pierres, taillées & dressées de hauteurs égales, mais les lits entremélés alternativement de pierres longues & courtes, bien liaisonnées, les longues pierres couvrant deux joints des courtes, qui sont dessous, & les courtes, qui sont sur les longues, étant posées sur les extrêmités & milieu d'icelles, la muraille étant à parement poli.

Il y en a qui sont construites de moilon piqué, & dressé au parement & lit ſeulement, bien mis en liaiſon par lits égaux.

Il y en a d'autres de moilon piqué de même, & dreſſé au parement & lit, mais maçonné par lits inégaux, un haut & un bas alternativement, les pierres bien liaiſonnées, & les joints d'un lit de deſſous ſe trouvant exactement ſous le milieu des pierres de deſſus. On en voit qui ſont bâties de moilon vif & brute, de groſſeurs inégales, mais ſans ordre, & formant un ouvrage ruſtique.

Il en eſt d'entremêlées de lits de moilon, & d'autres lits de plus petites pierres taillées & polies, ou de briques.

On en voit d'autres qui ſont conſtruites de chaînes & lits de petites pierres polies, ou de briques, en liaiſon dans le ruſtique.

Il y a des *murs* de moilons, piqués au parement & lit, équarris, ou non équarris, mêlés de chaînes de grandes pierres de taille non polies, ne faiſant qu'un parement ruſtique.

Enfin il y a des *murailles* conſtruites de briques, ou de petites pierres égales, d'autres de longues pierres plattes, taillées à vive arrête, d'autres de pierres brutes & inégales, d'autres de grandes pierres de taille égales, & d'une belle hauteur, taillées à vive arrête, & parement poli, d'autres de briques longues & courtes, poſées alternativement & en liaiſon, ou poſées de telle ſorte qu'il y a à chaque bout des longues deux courtes.

MURILLO, (Barthelemi Etienne) naquit en 1613, à Pilas, en Espagne, à cinq lieuës de Seville. Il fut l'éléve de Jean Castillo son oncle, qu'il alla trouver à Seville. Delà il se rendit à Madrid, où il fit connoissance avec Velasquez, premier Peintre du Roi, qu'il prit pour son maître, & pour son guide. Son plus grand ouvrage est à Seville, ou il peignit en onze tableaux le Cloître du Couvent des Franciscains, ouvrage qui l'a immortalisé.

« Ses tableaux, *dit un Auteur moderne*, » sont extrêmement recherchés dans toute l'Europe. On y trouve une Peinture moëleuse, un pinceau frais, des » carnations admirables, une entente de » couleurs qui surprend, une vérité qui » ne peut être effacée que par la nature » même, de ces passages heureux qui font » briller avec prudence les endroits qui » doivent être piqués de plus grandes » lumieres: enfin toute la partie du coloris en est parfaite. Un peu plus de » correction, un choix plus heureux, & » tiré de la noblesse des têtes antiques, » mettroient les tableaux de ce maître au » plus haut dégré. »

Le *Murillo* mourut à Seville d'une descente, l'an 1685, âgé de soixante & quinze ans.

MUTIAN [Jerôme] étoit de la Ville de Bresse en Lombardie, mais il préféra l'Ecole Venitienne à celle de son païs, & il s'attacha à la maniere du Titien. Il réussit principalement dans le paysage, & il en a fait de fort grands & de fort beaux : il touchoit les arbres de très-bonne maniere.

Le *Mutian* naquit en 1528, & mourut en 1590. Il engagea Gregoire XIII. à fonder à Rome la célébre Académie de S. Luc, & il lui légua lui-même par son Testament deux maisons.

Il ordonna même que si ses héritiers mouroient sans enfans, tous ses biens seroient reversibles à cette Académie.

MUTULE. *Voyez* MODILLON.

MYRON, excellent Sculpteur, vivoit dans la LXXXIV. Olympiade, c'est-à-dire, l'an 310, de la fondation de Rome, & fut disciple d'Agelade. Une vache qu'il représenta en cuivre le rendit très-célébre, & a servi de sujet à un grand nombre de belles Epigrammes Grecques, dont quelques-unes ont été imitées en notre langue par Ronsart, & par Mademoiselle de Gournay.

Fin du premier Volume.

guyon de sardiere